数字新基建

开启数字经济新时代

沈寓实　金双根　徐　亭　薄智泉　徐贵宝　主编

电子工业出版社
Publishing House of Electronics Industry
北京·BEIJING

内 容 简 介

在当今"数实融合"改变世界的时代，如何发挥新型基础设施建设的"乘数效应"，全面了解数字新基建的重要工具、布局数字经济新时代成了人们关注的课题。本书深刻阐述了数字新基建与数字经济的内在逻辑关系，详细展示了新兴信息技术在新基建领域的内涵、外延及应用，并系统揭示了新基建对世界未来发展的革命性推动力。作者从全球视角和新兴市场发展趋势，阐述了国内外新基建开展的政策法规、前沿科技、应用场景和未来展望，并且描绘了新基建带来的伟大变革。全书内容覆盖新基建相关的新兴科技，如5G技术、F5G千兆光网络、大数据、人工智能、工业互联网和物联网。不仅深入浅出地介绍了科技发展的底层逻辑，而且有大量翔实的数据支撑，揭示了新基建数字信息技术变革带来的深远影响。

本书具有很强的系统性、实用性、科普性和前瞻性，适合新基建的规划者、前沿技术的从业者、经济领域的投资研究人员、在校学生、政府和企业科技管理人员，以及相关从业者和创业者等阅读。希望读者通过系统地认识新基建背后的科技创新，了解新基建带来的商业模式变革，把握新基建带来的机遇，迎接新基建带来的新时代。

未经许可，不得以任何方式复制或抄袭本书之部分或全部内容。
版权所有，侵权必究。

图书在版编目（CIP）数据

数字新基建：开启数字经济新时代 / 沈寓实等主编. —北京：电子工业出版社，2022.9
ISBN 978-7-121-44261-2

Ⅰ.①数… Ⅱ.①沈… Ⅲ.①信息经济－基础设施建设－研究－中国 Ⅳ.①F492.3

中国版本图书馆 CIP 数据核字（2022）第 163201 号

责任编辑：朱雨萌　　特约编辑：王　纲
印　　刷：三河市鑫金马印装有限公司
装　　订：三河市鑫金马印装有限公司
出版发行：电子工业出版社
　　　　　北京市海淀区万寿路 173 信箱　邮编 100036
开　　本：720×1 000　1/16　印张：17.5　字数：252 千字
版　　次：2022 年 9 月第 1 版
印　　次：2022 年 9 月第 1 次印刷
定　　价：89.00 元

凡所购买电子工业出版社图书有缺损问题，请向购买书店调换。若书店售缺，请与本社发行部联系，联系及邮购电话：（010）88254888，88258888。
质量投诉请发邮件至 zlts@phei.com.cn，盗版侵权举报请发邮件至 dbqq@phei.com.cn。
本书咨询联系方式：zhuyumeng@phei.com.cn。

编委会名单

高 级 顾 问：孙家广　张亚勤　李　颉　郭毅可　杨　军　容淳铭
　　　　　　曹建农　潘　毅　吴东方　刘德权　李雨航　章玉贵

编委会主任：徐　亭

编委会联席主任：沈寓实　金双根　朱　岩　杨宝卫　卢建新

编委会副主任：薄智泉　徐贵宝　杜玉河　张　澜　吴启锋
　　　　　　　张世光　王丁桃

编委会成员（按章节顺序）：
　　　　　　乔立君　邓　伟　刘　凯　贾　飞　杨　宇
　　　　　　洪万福　胡宝林　蒋国良　毕　得　葛　强
　　　　　　高文宇　董　振　周冬祥　刘星妍　王　坤
　　　　　　董　浩　沈一涵

序言一

近几年，新基建作为数字经济基础设施、第四次工业革命基础设施的代名词，已经成为一个政策热点、话题热点，受到经济界、科技界、投资界等各方的高度关注。

围绕布局建设信息基础设施、融合基础设施、创新基础设施等新型基础设施，国家"十四五"规划纲要明确了12项重点任务；"十四五"新型基础设施建设规划强调，坚持"系统完备、高效实用、智能绿色、安全可靠"的导向；最近，中央财经委员会会议提出，推动"新基建"和"老基建"融合发展。

2020年6月，我担任主编，组织国家信息中心为主的团队，编辑出版了《新基建：数字时代的新结构力量》一书，从新基建的领域、应用、技术、区域、投资、展望等多个维度，结合案例诠释了新基建是什么、为什么、干什么、缺什么、要什么等问题。有幸的是，该书入选了2020年度"中国好书"。

近日，收到沈寓实博士送来的《数字新基建：布局数字经济新时代》书稿，邀我写序。我读后深感欣慰和鼓舞：新基建的研究和实践，正以如火如荼之势深入推进，吸引着更多来自一线的科研人员、企业家、从业者满怀热情投身其中。本书聚焦新基建涉及的5G技术、千兆光网、数据中心、人工智能、工业互联网、物联网等新兴科技领域，运用大量的数据和案例，深入浅出地介绍基于新一代信息技术演化生成的新型基础设施的底层逻辑，揭示由此带来的产业数字化、数字产业化的时代变革。

新基建正处于从技术创新到应用推广的关键转换期。当前，面对核心技术供给不足、开源生态集聚不够、伙伴关系连接不紧、数字资源流通不畅等薄弱环节，我们必须强化产学研用深度融合的技术创新体系，发挥有效市场和有为政府协同推进的双重作用，构建多主体、多元化的投融资机制，加快建设高移动性、高稳定性的"双千兆"网络，建设自主高效的智能算力枢纽，建设活跃融通的开源生态系统，建设开放普惠的行业赋能平台，建设共建共享的基础数据库，以拓展应用场景，赋能千行百业。

行之不辍，未来可期。我相信"长风破浪会有时，直挂云帆济沧海。"

国务院参事室原参事
国家发展和改革委员会原副主任
2022 年 5 月

序言二

当下的"新基建"和传统意义上的"基建"有很大的不同,"新基建"里面包括对基础通信和智能设施的建设,包括对大型的数据中心、大规模云计算,还有垂直行业的基础设施。现在的"5G+边缘计算+行业应用",比如自动驾驶、智能交通,都是未来基础设施建设的大机遇。数字新基建所产生的对社会的效益、产生的商业机会,将达到几十万亿数量级,其中,1/3 的增长将来自中国等几个大经济体。放眼未来,新一代信息技术基础设施一定是在大型的数据中心、5G 甚至超 5G,以及大量边缘智能的应用,数字经济 3.0 时代已然到来。

数字经济 3.0 阶段涵盖 IT 行业、传统行业,并催生出许多智能化的新行业,这既是挑战,也是机遇。在数字内容方面,随着数字化 3.0 时代的到来,信息、物理、生物世界的融合将迈上新台阶。物理世界的数字化和生物世界的数字化已渗透到生活的方方面面,相比于数字 1.0 和 2.0 具有数据量大、数据产生数据和机器主导等特点,在数字智能方面,人工智能不仅是动力引擎,还是与产业碰撞融合之后呈现的"智能无所不在"的结果,信息、物理和生物智能的融合必将激发大量颠覆式的创新。在数字产业方面,智能技术的引入将为各个产业创造重大机遇,包括升级 IT 产业、改变现有传统工业和创造新兴产业,这些已无处不在、无处不有。

在这当中,以人工智能为代表的新技术基础设施在近 60 年来经历了很多变革,走向了融合。现在人工智能处于新的黄金时代,其中最重要的就是数字化和大数据。5G 所产生的数据量是巨大的,我们可以通过深度学习算法利用这些数据。自动驾驶集成多个关键技术的顶峰,对人工智能的感知能力、认知能力、决策能力均有极高要求。5G 将提供无所不在、高带宽、低延迟的广域网,所有行业都在利用人工智能和物联网等数字技术进行升级,以达到提高效率、降低成本和保持增长的目标。物联网安全与隐私、人工智能学习、数据分析、管理、软件和应用平台是工业互联网更广泛应用的关键。以上领域的任何突破都将是振奋人心的,也都将因新基建的赋能而更高速地发展。

在互联网、移动互联网时代,中国发挥"后发优势"成就了世界最大规模的互联网市场。近年来,中国数字经济发展速度之快、辐射范围之广、影响程度之深前所未有,这离不开人工智能技术对各个产业的赋能,更离不开新一代信息技术基础设施的支撑。当下,元宇宙方兴未艾,信息智能、生物智能和物理智能深度融合,5G 网络提供通信基础,云-边-端协同提供算力基础,人工智能在内容生产与呈现上发力,数字新基建已成为搭建元宇宙的重要基石。沈寓实博士、金双根院士、徐亭理事长等行业专家此时隆重推出《数字新基建:开启数字经济新时代》一书,可谓正当其时。本书的出版对于加快新型数字基础设施建设、夯实元宇宙发展根基意义重大。期望每一个读过本书的人都能够从这本书中看到数字技术和数字经济发展的大未来,共同参与打造"元宇宙中国"数字经济体,开启数字经济新时代。

中国工程院院士
美国艺术与科学学院院士
清华大学智能科学教授
清华大学智能产业研究院(AIR)院长
2022 年 6 月

序言三

数字新基建作为中国政府供给侧改革开辟的新蓝海,不仅是加速提升以信息化技术为代表的高端经济质量的一种手段,更是我国产业结构升级换代和关键技术创新的难得机遇,其持续健康发展备受科技、产业、投资等社会各界的高度关注。毋庸置疑,新型基础设施建设是社会经济数字化转型的必然趋势。

新型基础设施是以新发展理念为引领,以技术创新为驱动,以信息网络为基础,面向高质量发展需要,提供数字转型、智能升级、融合创新等服务的基础设施体系。当前,以云计算、大数据、物联网、人工智能、5G、边缘计算、数字加密、内生安全或广义功能安全等为代表的新技术集群的融合发展,推动着工程技术和商业服务范式的重大变革,并与各行各业广泛渗透和融通,成为新工业革命的主要驱动力,是改变经济活动方式、产业变革升级的强大新动能,正逐步成为数字经济的核心驱动力。

2022年2月17日,国家发展和改革委员会(简称国家发改委)等部门联合印发文件,在京津冀、长三角、粤港澳大湾区、成渝、内蒙古、贵州、甘肃、宁夏建设共计8个国家算力枢纽节点并规划10个国家数据中心集群,这标志着国家重大战略性工程"东数西算"全面启动。"东数西算"工程基于云计算、大数据、人工智能、内生安全、新型网络等技术,通过构建基于数据中心的一体化的新型算力网络体系,将东部海量数据有序引导到西部,优化数据中心建设布局,缩小东西部经济差异,促进东西部协同发展。更为重要的是,新型基础设施建设为解决传统信息与网络技术缺乏架构灵活性和敏捷性、高能耗导致经济性严重劣化、系统服务缺乏广义功能安全、产品技术物理形态陈旧、网络安全性不能量化设计和度量等紧迫问题提供了技术创新的巨大动力。为此，需要特别警惕那些"穿新鞋走老路""新瓶装旧酒""简单堆砌资源"等低层次重复或"歪嘴和尚念外经"的不良倾向。新基建需要标志性的创新技术支撑，高水平自立自强的技术也离不开新基建的应用检验，尤其要不折不扣地贯彻网络空间"一体两翼、双轮驱动"的发展方针，绝不能使新基建成为建在"沙滩之上的摩天危楼"！

在中国经济和科技升级转型的关键时刻，由沈寓实博士、金双根院士、徐亭理事长等联合编写的《数字新基建：开启数字经济新时代》一书正式出版，该书较为全面地介绍了数字经济新时代下新基建的主要技术，阐述了数字经济的发展趋势，为读者系统理解并把握数字新基建的内涵提供了宝贵的信息。在数字中国建设引领新发展格局的前提下，加速推进新技术在基础设施建设的研究应用，加快建造方式的转变，创新突破相关核心技术，将有效提质、增效、创新，进一步拉动内需，培育出国民经济新的增长点。

正当国家数字经济发展之初，双循环战略格局初创之时，新一代信息技术与产业洗牌之际，我们应时不我待地研发新一代信息技术与装备，打造具有中国特色、全球影响力的创新技术与产业高地。相信本书对数字产业化、产业数字化的发展能够起到积极的推动作用。

中国工程院院士

国家数字交换系统工程技术研究中心（NDSC）主任

2022 年 6 月

序言四

  数字技术是第四次工业革命的重要组成部分，包含时空大数据、计算机视觉、智能芯片、传感技术、边缘计算等一系列前沿科技。随着5G技术的成熟与落地，数字科技助推万物互联及数字经济转型升级。2020年3月，中共中央政治局常务委员会召开会议提出，加快5G网络、数据中心等新型基础设施建设进度。新基建涉及5G、数据中心、人工智能等诸多领域，包括空基、地基、空天地一体的基础设施信息网，以及类脑感知、"通（通信）导（导航）遥（遥感）"一体化和万物智联，为更多行业创造了更多的发展新机遇。

  5G技术已与各业务领域、各垂直行业、各应用场景广泛创新融合和孵化应用，其中，"5G+北斗"就是5G技术集成应用的场景之一，两者结合更好地实现了室内外无缝导航定位与时空位置服务。结合大数据、云计算、人工智能及各类智能终端等新基建，将会构筑空天地一体化信息网和多源终端新基建，实现万物互联、万物定位。

  无论是集成电路、空间信息，还是新能源等产业发展，都需要科技真正提升和自主发展，因此离不开配套的教育和平台支撑。除了引进马上转化为生产力的科学家和工程师等紧缺人才，还要培养和储蓄长期从事基础理论和技术创新的后备人才。同时，为持续有效实现技术原创、真正提升科技含量，广大高校、科研院所与产业各界还应发挥专家智囊的作用，为未来发展趋势做好顶层设计和制定战略，参与国际和国家战略项目。

  目前我国处于5G领先地位，面向世界科技前沿、国家重大需求等，需要更多科学家们从事通信、遥感、导航一体化理论和方法研究，需要高校围绕新工科和国家卡脖子技术等培养急需的人才,特别是高校前端基础原创性技术和企业智能制造应加强产学研衔接,将新技术、发明专利等尽快转化为产品并实现产业化。这样才能让国家科技领跑,抢占国际科技创新制高点。

本书正是在这样的指导思想下策划完成的,邀请来自高校、科研院所及前沿科技企业的专家学者共同组成编委会,从新基建涉及的多个数字信息技术切入,探讨数字新基建的基本原理、数字技术、建设重点和产业化落地思路,对广大从业者、高校学生,以及对数字经济感兴趣的相关人士,都大有裨益。

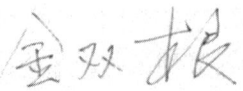

欧洲科学院院士、美国电磁科学院院士、欧洲人文与自然科学院院士、
俄罗斯自然科学院院士、土耳其科学院院士、河南理工大学副校长、
中科院上海天文台研究员

2022 年 4 月

序言五

人类社会正在从工业时代向数字时代迈进,在这样的时代交割当中,数字新基建进入新发展阶段,新基建将进一步促进技术创新和核心技术的自主可控,新基建将激活各行业企业参与的积极性,并找到与企业数字化转型的融合之路,"基础设施建设+应用场景创新"成为重要的产业实践路线。2021年,中国新基建成绩斐然,如中国5G基站建成开通数量超过140万个、卫星互联网布局初见成效、国家算力网枢纽结点正式启动,等等。2022年,基于已有成果,新基建将进入新的发展阶段:基础设施建设与行业应用场景创新开始紧密融合。基础设施的价值最大化,需要大量行业创新应用做支持。对于算力基础设施,全国算力网建设将加速,各地市更加重视城市算力的能力建设。基于算力网的数据安全性变得极为重要。

新基建是数字经济的基础保障。数字经济发展需要产业链的协同,需要进一步激活数据要素的价值,需要充分利用"上云用数赋智"等新生产力,把产业链、产业生态协同起来,全面释放数字经济的价值。数字经济时代,要素在发生巨大的改变,在工业时代里面最为重要的要素到了数字时代可能会发生根本性的变化。数据要素是数字经济的核心。数据成为要素并能够进行市场化配置,为各行各业利用数据资源创造价值奠定了基础。数据要素市场的成熟要以能创造新的价值为方向,推进以数据要素为基础的数字技术与实体经济的融合,产生新的模式。实现要素的数据化需要将土地、资本、技术、劳动力要素与市场化配置下的数据要素相融合,促使传统要素的经营方式发生根本性改变。

世界经济正从工业经济向数字经济转型，这将是人类文明的一次大飞跃，它将会涉及社会治理、经济运行、企业经营、个人生活等全方面的变革。数字化转型能给中国经济带来巨大的发展空间，是我国在特殊历史时期必须抓住的机遇。新基建对促进数字经济发展具有重要的意义。如同蒸汽机、电力是工业经济的生产力一样，数字技术是数字经济新的生产力，"新基建"是为塑造新型生产关系而构建的社会基础设施。

中国发展数字经济已经具备良好的基础，但仍任重而道远，我们还需要充分理解和落实党中央的相关政策精神，狠抓关键技术，重视数字经济理论和实践两个方面的创新。由沈寓实博士、金双根院士、徐亭理事长等联合编写的《数字新基建：开启数字经济新时代》一书系统地介绍了新基建的主要技术和应用实践，有助于读者快速了解数字技术的发展现状和方向，理顺数字化生产关系；有助于指导企业创造数字时代的价值，推进企业数字化转型实践。相信本书对当下我国数字经济建设和产业转型有一定的帮助作用。

朱岩

清华大学互联网产业研究院院长
清华大学经济管理学院管理科学与工程系教授、博士生导师

前　言

　　基础设施是经济社会发展的重要支撑，具有战略性、基础性、先导性作用。《中华人民共和国国民经济和社会发展第十四个五年规划和 2035 年远景目标纲要》提出："统筹推进传统基础设施和新型基础设施建设，打造系统完备、高效实用、智能绿色、安全可靠的现代化基础设施体系。"2022 年《政府工作报告》指出："促进数字经济发展。加强数字中国建设整体布局。建设数字信息基础设施，逐步构建全国一体化大数据中心体系，推进 5G 规模化应用，促进产业数字化转型，发展智慧城市、数字乡村。加快发展工业互联网，培育壮大集成电路、人工智能等数字产业，提升关键软硬件技术创新和供给能力。完善数字经济治理，培育数据要素市场，释放数据要素潜力，提高应用能力，更好赋能经济发展、丰富人民生活。"2022 年 4 月 26 日，中央财经委员会第十一次会议提出，要加强信息、科技、物流等产业升级基础设施建设，布局建设新一代超算、云计算、人工智能平台、宽带基础网络等设施。

　　数字经济的推进，离不开数字基础建设。数字新基建作为"新基建"的核心，是数字经济发展的底座和基石，已经成为推动我国经济高质量发展的重要引擎，以及拉动新一轮经济增长的主要方向之一。以 5G 为代表的新一代信息技术和工业互联网、数字化制造相结合，使我国在产业数字化和数字产业化的应用创新领先，已经融入工业、能源、医疗、交通、媒体、教育等各个领域，也为中国实体经济数字化、网络化、智能化的演进升级注入强劲、持续的新动能。政产学研各界在探索数字新基建创新发展的进程中正涌现更多的可复制、可推广的经验，将为实体经济的转型升级做出更多引领性、标杆性的成果和贡献。

　　本书从数字新基建的多个核心技术领域切入，深刻阐述了各技术领域的基本原理、技术应用和产业落地实践，同时论述了新基建对世界未来发展的革命性推动力。本书共设 7 章，分别从新基建与传统基建的深度对比、5G 移动通信技术、F5G 千兆光网、数据中心、人工智能、工业互联网、物联网等技术应用方向展开。每章不仅深入浅出地介绍了科技发展的底层逻辑，更有大量翔实的数据支撑，揭示了变革带来的深远影响。

　　本书由 SXR 科技智库上袭公司牵头发起，由 SXR 上袭研究院、飞诺门阵（北京）科技有限公司（简称飞诺门阵科技）、东网科技有限公司（简称东网科技）、中科华数信息科技研究院和中国云体系产业创新战略联盟共同负责执行并联合召开首次编委会视频会议，在电子工业出版社学术出版分社董亚峰社长的大力支持下，由徐亭理事长（SXR 科技智库上袭公司创始人及理事长、中国电子商会人工智能委员会联席会长、中国民营科技实业家协会元宇宙工作委员会联席会长、中国未来研究会元宇宙分会创办人及联席会长）牵头组织并担任编委会主任，由沈寓实博士（国家特聘专家、飞诺门阵科技创始人及董事长、清华智能网络计算实验室主任、中国云体系产业创新战略联盟秘书长）、金双根院士（河南理工大学副校长、中科院上海天文台研究员、欧洲科学院院士、美国电磁科学院院士、欧洲人文与自然科学院院士、俄罗斯自然科学院院士、土耳其科学院院士）、朱岩院长（清华大学互联网产业研究院院长、清华大学经济管理学院管理科学与工程系教授兼博士生导师）杨宝卫总经理（东网科技创始人及总经理、中国遥感应用协会副理事长、辽宁省遥感应用协会理事长、辽宁省云计算基础资源产业联盟理事长、辽宁省电子商务协会副会长、沈阳市大数据联盟理事长）、卢建新院长（中科华数信息科技研究院联席院长、中国安全产业协会电子商务分会理事长）共同推动并担任编委会联席主任，由沈寓实、金双根、徐亭、薄智泉（IHETT联合创始人、中国科协海智专家、美国国际应用科技研究院院长）、徐贵宝（中国信通院云计算与大数据所高级工程师，工业互联网产业联盟生物医药组副主席，中国互联网协会互联网医疗健康工作委员会副秘书长）担任共同主编。

本书由徐贵宝编写了第1章，薄智泉和乔立君（望海医联数据产业有限公司）、邓伟（中移物联网有限公司）联合编写了第2章，刘凯（华为光产品线产业发展部总监）与贾飞（华为光产品线产业发展部部长）联合编写了第3章，曹建农院士（欧洲科学院院士、香港理工大学教授）、杨宇（香港理工大学计算机科学博士）和沈寓实联合编写了第4章，洪万福（渊亭信息科技有限公司创始人）编写了第5章，杜玉河（工业4.0俱乐部创始人兼秘书长）、胡宝林（工业4.0俱乐部工业创新中心副主任）、蒋国良（盖勒普工程咨询有限公司董事长）联合编写了第6章。本书第7章，在薄智泉编写的《物联网》及朱岩、张澜（清华大学互联网产业研究院产业研究员、国家物联网标识管理平台高级顾问、中国云体系联盟副秘书长）与毕得（北京航空航天大学人机与环境工程工学博士、清华大学互联网产业研究院研究主管）编写的《卫星物联网》的基础上进行了合并，使本章内容更加完整、主线更加清晰、重点更为突出，并在金双根院士的梳理和指导下，由薄智泉和葛强（飞诺门阵科技高级技术顾问）最后修改完成。

本书在编写过程中得到了编委会高级顾问孙家广院士（中国工程院院士、第六届国家自然科学基金委员会副主任、中国云体系联盟理事长）、张亚勤院士（中国工程院院士、美国艺术与科学院院士、清华大学智能产业研究院院长）、李颉院士（日本工程院院士、上海交通大学教授）、郭毅可院士（英国皇家工程院院士、欧洲科学院院士、香港工程科学院院士、香港浸会大学副校长）、杨军院士（加拿大工程院院士、电子科大深圳高等研究院教授）、容淳铭院士（挪威工程院院士、中国电子商会人工智能委员会联席会长）、曹建农院士、潘毅院士（美国医学与生物工程院院士、乌克兰国家工程院院士、中国科学院深圳理工大学计算机科学与控制工程学院院长）、吴东方院士（俄罗斯工程院院士、乌克兰国家科学院、工程院两院院士）、刘德权院士（乌克兰工程院院士、华北科技学院教授）、李雨航院士（乌克兰国家工程院院士、云安全联盟 CSA 大中华区主席）、章玉贵院长（上海外国语大学国际金融贸易学院院长），以及编委会副主任吴启锋、张世光、王丁桃，编委会成员高文宇、董振、周冬祥、刘星妍、王坤、董浩、沈一涵和电子工业出版社徐蔷薇、朱雨萌等编辑的大力支持和各种形式的帮助，在此一并表示衷心的感谢。

本书知识覆盖面广，表达方式简明扼要、通俗易懂，也兼具一定的前瞻性、先进性、科学性和通用性，吸收国内外相关研究成果，博采众长，深度适宜，同时突出学科特色、体现科技成就、反映研究成果、结合产业实践，力求具有"新、特、深、精"的特点。本书可以作为新基建的规划者、前沿技术的从业者和经济领域的投研人员，包括在校学生、政府和企业科技管理及相关从业人员以及创业者的学习和参考读物。

目前我国数字新基建建设尚处于早期阶段和发展过程之中，本书在编写过程中可借鉴和参考的资料有限，加之本书作者的研究领域、视野和水平所限，导致本书编写可能有疏漏甚至错误之处，恳请广大读者批评指正并提出宝贵意见和建议。

本书编委会

2022 年 5 月

目 录

第1章 绪言 ·· 001

  1.1 传统基础设施建设与新型基础设施建设 ······················· 002

    1.1.1 概念辨析 ··· 002

    1.1.2 国内外新基建发展政策 ····················· 003

  1.2 新基建与数字经济发展 ·································· 006

    1.2.1 新基建的主要内容 ·························· 006

    1.2.2 数字信息技术催生数字经济 ················ 007

    1.2.3 数字技术赋能新基建 ····················· 010

第2章 5G技术 ·· 012

  2.1 移动通信技术的发展 ·· 013

  2.2 5G发展 ·· 016

    2.2.1 5G背景 ··· 016

    2.2.2 华为5G核心技术 ······························ 018

    2.2.3 国外5G技术 ······································ 019

    2.2.4 全球发展形势 ······································ 021

  2.3 5G与经济的关系 ·· 023

    2.3.1 5G与宏观经济的关系 ··························· 023

  2.3.2　5G 对全球经济的影响 ··· 024
  2.3.3　5G 创新引领中国经济社会发展 ······································ 024
  2.3.4　5G 与微观经济的关系 ·· 025
 2.4　5G 模块 ··· 025
  2.4.1　标准与专利体系 ··· 026
  2.4.2　芯片 ·· 027
  2.4.3　关键元器件 ··· 028
  2.4.4　系统 ·· 031
  2.4.5　设备 ·· 031
  2.4.6　终端 ·· 034
  2.4.7　网络覆盖 ··· 035
  2.4.8　应用场景 ··· 036
  2.4.9　长期运营及盈利模式 ·· 039
 2.5　5G 赋能新基建 ··· 043
 2.6　5G 产业链及应用生态 ·· 043
 2.7　5G 产业的挑战和机遇 ·· 045

第 3 章　F5G 千兆光网 ··· 051

 3.1　F5G 千兆光网的产生背景与定义 ·· 052
 3.2　全球各国重视 F5G 千兆光网发展 ······································· 054
 3.3　F5G 千兆光网延伸与光联万物 ··· 056
  3.3.1　全光品质专线 ·· 056
  3.3.2　千兆城市 ··· 059

3.3.3　工业光网 ……………………………………………… 062

3.3.4　数字乡村 ……………………………………………… 063

3.4　F5G 千兆光网与数字经济发展 ………………………………… 065

3.4.1　助力行业数字化转型 …………………………………… 066

3.4.2　提升民生服务 …………………………………………… 068

3.4.3　助力数字生活 …………………………………………… *069*

3.4.4　助力乡村振兴 …………………………………………… *070*

3.5　F5G 千兆光网绿色节能 ………………………………………… 071

3.6　F5G 千兆光网产业生态 ………………………………………… 073

3.6.1　我国各地方积极发展 F5G 千兆光网 …………………… 073

3.6.2　F5G 千兆光网产业建设 ………………………………… 074

3.7　F5G 千兆光网发展展望与建议 ………………………………… 076

第 4 章　数据中心 …………………………………………………… 078

4.1　数据中心的定义与发展历程 …………………………………… 079

4.1.1　时代背景：大数据 ……………………………………… 079

4.1.2　数据中心的定义 ………………………………………… 080

4.1.3　数据中心的发展历程 …………………………………… 080

4.1.4　数据中心的应用 ………………………………………… 083

4.2　数据中心与数智经济 …………………………………………… 086

4.2.1　数智经济的基石 ………………………………………… 086

4.2.2　数智经济的保障 ………………………………………… 087

4.2.3　宏微观经济数据采集与汇聚 …………………………… 089

  4.2.4　大数据驱动的宏微观经济分析 ………………………… 091
  4.2.5　数智新基建的大脑 ……………………………………… 095
 4.3　数据中心的构成 ……………………………………………… 098
  4.3.1　计算和存储设备 ………………………………………… 098
  4.3.2　通信、网络和安全设备 ………………………………… 099
  4.3.3　电力设备 ………………………………………………… 100
  4.3.4　冷源 ……………………………………………………… 101
  4.3.5　运营商 …………………………………………………… 102
 4.4　数据中心产业链及产业集群 ………………………………… 103
  4.4.1　数据中心产业链 ………………………………………… 103
  4.4.2　数据中心组网 …………………………………………… 105
  4.4.3　数据资产化 ……………………………………………… 106
  4.4.4　数据治理与场景运营 …………………………………… 107
 4.5　数据中心服务模式 …………………………………………… 108
  4.5.1　云计算数据中心 ………………………………………… 108
  4.5.2　边缘计算数据中心 ……………………………………… 109
  4.5.3　云边协同是必然趋势 …………………………………… 110
  4.5.4　云边协同的典型应用场景 ……………………………… 111

第 5 章　人工智能 ……………………………………………………… 115
 5.1　人工智能技术的前世今生 …………………………………… 116
  5.1.1　人工智能的定义及发展流派 …………………………… 116
  5.1.2　人工智能发展现状 ……………………………………… 118

5.2 人工智能应用及市场规模 ………………………………………… 120
5.3 人工智能关键技术 …………………………………………………… 123
 5.3.1 人工智能关键技术总览 ……………………………………… 123
 5.3.2 模式识别 ……………………………………………………… 124
 5.3.3 机器学习 ……………………………………………………… 125
 5.3.4 计算智能 ……………………………………………………… 129
 5.3.5 感知智能 ……………………………………………………… 131
 5.3.6 认知智能 ……………………………………………………… 133
 5.3.7 人工智能增强辅助 …………………………………………… 138
 5.3.8 其他前沿技术 ………………………………………………… 141
5.4 人工智能产业图谱 …………………………………………………… 143
 5.4.1 算力设施 ……………………………………………………… 144
 5.4.2 框架平台 ……………………………………………………… 144
 5.4.3 技术领域 ……………………………………………………… 145
 5.4.4 相关案例 ……………………………………………………… 146

第6章 工业互联网 ……………………………………………………… 150

6.1 工业互联网的发展 …………………………………………………… 152
 6.1.1 工业互联网发展背景与现状 ………………………………… 152
 6.1.2 消费互联网与产业互联网 …………………………………… 154
 6.1.3 第四次工业革命与工业互联网 ……………………………… 155
 6.1.4 专利和标准是争夺的主战场 ………………………………… 156
6.2 工业互联网与经济的关系 …………………………………………… 157

6.2.1　工业互联网与宏观经济的关系 ……………………… 157

6.2.2　工业互联网与微观经济的关系 ……………………… 160

6.3　工业互联网产业链 …………………………………………… 161

6.3.1　工业互联网新基建 …………………………………… 161

6.3.2　工业互联网产业集群 ………………………………… 162

6.3.3　工业互联网的全球化与经济双循环 ………………… 173

6.4　工业互联网的重要模块 ……………………………………… 175

6.4.1　物联网技术 …………………………………………… 176

6.4.2　边缘计算技术 ………………………………………… 177

6.4.3　IT基础设施 …………………………………………… 178

6.4.4　平台 …………………………………………………… 179

6.4.5　数据与标识体系 ……………………………………… 180

6.4.6　应用 …………………………………………………… 182

6.4.7　安全 …………………………………………………… 183

6.5　困境与保障 …………………………………………………… 184

6.5.1　新型制造业的诞生 …………………………………… 184

6.5.2　工业全要素的产业链重构 …………………………… 185

6.5.3　项目建设的模式与难点 ……………………………… 186

6.5.4　安全保障体系 ………………………………………… 190

6.6　工业互联网产业图谱 ………………………………………… 195

6.6.1　工业互联网技术体系 ………………………………… 195

6.6.2　工业互联网产品体系 ………………………………… 198

6.6.3　工业互联网企业体系 ·· 199

　　6.6.4　工业互联网全球主要参与者 ·································· 199

　　6.6.5　工业互联网平台参与企业 ···································· 200

　　6.6.6　工业互联网平台竞争格局 ···································· 202

　　6.6.7　国内前十大跨行业跨领域工业互联网平台 ···················· 203

　　6.6.8　工业互联网平台代表企业的对比 ······························ 203

　　6.6.9　相关政策解读与汇总 ·· 204

　　6.6.10　法律法规的建设与配套 ······································ 208

第7章　物联网 ··· 210

7.1　物联网的背景与发展 ··· 211

　　7.1.1　互联网的产生 ·· 211

　　7.1.2　物联网的发展 ·· 212

　　7.1.3　卫星物联网的诞生 ·· 213

　　7.1.4　万物互联时代的到来 ·· 214

7.2　物联网的技术架构及重要模块 ··· 214

　　7.2.1　物联网的感知技术 ·· 216

　　7.2.2　物联网的传输技术 ·· 217

　　7.2.3　物联网的应用技术 ·· 217

7.3　卫星物联网的发展与应用 ··· 218

　　7.3.1　卫星物联网的发展现状 ······································· 218

　　7.3.2　卫星物联网的业务特点 ······································· 220

　　7.3.3　卫星物联网的体系架构 ······································· 220

  7.3.4 卫星物联网的实现方式及系统特点 …………… 222

  7.3.5 卫星物联网的标准化 …………………………… 223

  7.3.6 卫星物联网的应用场景 ………………………… 226

7.4 物联网与经济的关系 …………………………………… 227

  7.4.1 物联网与宏观经济的关系 ……………………… 227

  7.4.2 物联网与微观经济的关系 ……………………… 228

  7.4.3 物联网是新基建的神经系统 …………………… 229

7.5 物联网产业链及应用场景 ……………………………… 230

  7.5.1 物联网产业链 …………………………………… 230

  7.5.2 物联网应用场景 ………………………………… 231

  7.5.3 物联网的全球化与经济双循环 ………………… 234

7.6 物联网产业图谱 ………………………………………… 236

  7.6.1 端 ………………………………………………… 237

  7.6.2 管 ………………………………………………… 239

  7.6.3 边 ………………………………………………… 240

  7.6.4 云 ………………………………………………… 241

  7.6.5 用 ………………………………………………… 242

7.7 物联网的发展挑战与未来展望 ………………………… 244

  7.7.1 物联网的发展挑战 ……………………………… 244

  7.7.2 物联网的未来展望 ……………………………… 247

参考文献 ………………………………………………………… 249

第1章
绪言

1.1 传统基础设施建设与新型基础设施建设

1.1.1 概念辨析

基础设施是指为直接生产部门和人民生活提供共同条件和公共服务的设施。新型基础设施与传统基础设施是两个相对的概念，不同时期的传统基础设施与新型基础设施的内涵也不同。

传统基础设施是指在前几轮的科技发展过程中，产业领域在相关技术的支持下发展起来的一批具有前几轮技术特征的基础设施。当前，一般将铁路、公路、机场、港口、管道、通信、电网、水利等基础设施称为传统基础设施，它们为人们提供交通、邮政、电信、供水、供电、商业、市政、物流、科研与技术、园林绿化、环境保护、文化教育、医疗健康、公共卫生等基础条件和公共服务。

相对于传统基础设施，新型基础设施是指在新一轮技术推动下，融合了新一轮技术特征的基础设施。一般来讲，新型基础设施可以分成三类。第一类是之前从未出现过、完全由新技术所带来的全新的基础设施，属于全新"品种"的基础设施。第二类是在传统基础设施上附加新技术，从而扩展传统基础设施的功能或性能，类似于"老树新枝"。第三类是支撑前两类新型基础设施的研发与实验基础设施。

无论是传统基础设施建设（简称"传统基建"），还是新型基础设施建设（简称"新基建"），对于经济和社会发展都具有极其重要的意义。

首先，基础设施建设可以在相当长的时间之内，为国民经济和社会发展奠定基础。我国历史上有许多大型的基础设施建设工程，如都江堰工程、葛洲坝工程、南水北调工程、西气东输工程、黄河小浪底工程、长江三峡工程、京杭大运河工程、赵州桥工程等，这些工程在当时都在很大程度上解决了相关的经济与社会发展问题，直到现在还在继续发挥作用。

其次，基础设施建设是刺激经济增长、稳定经济秩序、畅通经济循环、提高劳动就业率的重要手段。早在20世纪30年代，为了应对空前的经济大萧条，美国政府推行了著名的"罗斯福新政"，其中很重要的一项政策就是政府主导的大规模基础设施建设。这些基建项目不仅提高了就业、增加了民众收入，还为后期美国经济的大发展打下了坚实的基础。

除上述作用外，新型基础设施建设还具有推动新技术成熟与发展、提高产业竞争力的重要作用。

新基建与传统基建并不是互斥的关系，而是相辅相成的。传统基建奠定经济和社会发展的基础，新基建构建经济和社会发展的新型动力。因此，在强调加快推进新基建的同时，绝对不能弱化传统基建，而要根据当前和未来一段时间经济和社会发展的需求，统筹发展新基建和传统基建，共同推动经济和社会进入高质量发展阶段。

1.1.2 国内外新基建发展政策

本轮新基建浪潮是在云计算、大数据、物联网、工业互联网、5G（第五代移动通信）、区块链等新一代信息通信技术的推动下形成的。发达国家在新一代信息通信技术领域起步较早，所取得的成就较大，对本轮新基建的认识也相对较深，因此在政策推动方面具有丰富的经验。

美国近些年来先后发布了《国家机器人计划》《联邦大数据研发战略计划》《国家人工智能研发战略规划》《推进区块链法案》等政策文件，从国家战略和法律法规等方面积极推动新一代信息通信技术发展进步及新型基础设施建设，并进一步促进制造、医疗、农业、航天、军事、能源、急救、国土、金融、交通等行业与新一代信息通信技术的融合发展，以确保其在全球竞争中的领导地位。

欧盟及德国等欧洲国家先后发布了《机器人研发计划 SPARC 项目》《数字议程（2014—2017）》《数字化战略 2025》《工业 4.0 战略》等政策文件，并积极推动数字化技术在制造、农业、健康、交通、安全、家庭、环境等领域的应用，期望以此来保证其在全球经济发展中始终保持领先地位。

英国先后出台了《数字经济法案》《数字战略 2017》《农业技术战略》等政策文件，并进一步部署新一代信息通信技术在医疗、政务、农业等行业的应用，以便保障英国在国际产业链竞争中取得最大利益。

日本先后发布了《智能日本 ICT 战略》《超智能社会》《综合创新战略》《产业竞争强化法》等政策文件，并重点推动机器人在制造、服务、医疗、应急、农业、林业、渔业、食品、建筑等领域的应用，以持续保障日本在国际经济发展中的优势。

中国高度重视本轮新型基础设施建设，中共中央、国务院和相关部委先后出台了多项政策，并积极采取具体措施推动新基建的发展。一是从云计算、大数据、人工智能、物联网等方面，加大信息基础设施建设力度，提高产业发展支撑能力。二是从农业、工业、医疗、金融、教育、交通、市政等重大行业的需求出发，构建融合基础设施，推动行业数字化转型，促进产业自身高质量发展。三是以重点实验室、创新中心等为抓手，建设创新基础设施，打造经济与社会创新发展动力源泉。

近些年中共中央、国务院和相关部委先后出台的主要政策与内容举例如下：

- 2015年9月，国务院发布《关于促进大数据发展的行动纲要》，强调将推动政府信息系统和公共数据互联共享、消除信息孤岛放在首位。
- 2017年7月，国务院发布《新一代人工智能发展规划》，开始从整体上部署我国的人工智能发展，并提出面向2030年我国新一代人工智能发展的指导思想、战略目标、重点任务和保障措施。
- 2018年召开的中央经济工作会议提出，"要发挥投资关键作用，加大制造业技术改造和设备更新，加快5G商用步伐，加强人工智能、工业互联网、物联网等新型基础设施建设，加大城际交通、物流、市政基础设施等投资力度，补齐农村基础设施和公共服务设施建设短板，加强自然灾害防治能力建设。"
- 2019年7月30日，中共中央政治局会议在部署下半年经济工作时要求，"实施城镇老旧小区改造、城市停车场、城乡冷链物流设施建设等补短板工程，加快推进信息网络等新型基础设施建设。"
- 2019年12月10日，中央经济工作会议提出，加强战略性、网络型基础设施建设，推进川藏铁路等重点项目实施，稳步推进通信网络建设。
- 2020年1月3日，国务院常务会议提出，大力发展先进制造业，出台信息网络等新型基础设施建设投资支持政策，推进智能制造、绿色制造。
- 2020年2月14日，中央全面深化改革委员会第十二次会议指出，基础设施是经济社会发展的重要支撑，要以整体优化、协同融合为导向，统筹存量和增量、传统和新型基础设施发展，打造集约高效、经济适用、智能绿色、安全可靠的现代化基础设施体系。2月21日，中央政治局会议又提出，加大制剂、药品、疫苗研发支持力度，推动生物医药、医疗设备、5G 网络、工业互联网等加快发展。
- 2020 年 3 月 4 日，中共中央政治局常务委员会召开会议强调，要把复工复产与扩大内需结合起来；要加大公共卫生服务、应急物资保障领域投入，加快 5G 网络、数据中心等新型基础设施建设进度；要注重调动民间投资积极性。
- 2020 年 4 月 17 日，中共中央政治局会议强调，要积极扩大国内需求；要释放消费潜力，做好复工复产、复商复市，扩大居民消费，适当增加公共消费；要积极扩大有效投资，实施老旧小区改造，加强传统基础设施和新型基础设施投资，促进传统产业改造升级，扩大战略性新兴产业投资。

1.2 新基建与数字经济发展

1.2.1 新基建的主要内容

关于本轮新基建的主要内容，产业界各机构的理解大同小异。典型的观点包括 5G 基建、特高压、城际高速铁路和城际轨道交通、充电桩、大数据中心、人工智能、工业互联网七大方面。这些观点都是从新一代信息通信技术或某个行业的角度提出来的，只是一些零散的点。实际上，本轮新基建是一个比较完整的体系。为了准确理解并把握本轮新基建的实质，国家发展和改革委员会 2020 年 4 月 20 日在例行新闻发布会上对新型基础设施的内涵与主要内容进行了阐述。

关于新型基础设施的内涵，国家发展和改革委员会认为，新型基础设施是以新发展理念为引领，以技术创新为驱动，以信息网络为基础，面向高质量发展需要，提供数字转型、智能升级、融合创新等服务的基础设施体系。

关于新型基础设施的主要内容，国家发展和改革委员会认为，目前，新型基础设施主要包括信息基础设施、融合基础设施和创新基础设施三个方面。其中，信息基础设施主要是指基于新一代信息技术演化生成的基础设施，例如，以 5G、物联网、工业互联网、卫星互联网为代表的通信网络基础设施，以人工智能、云计算、区块链等为代表的新技术基础设施，以数据中心、智能计算中心为代表的算力基础设施等；融合基础设施主要是指深度应用互联网、大数据、人工智能等技术，支撑传统基础设施转型升级，进而形成的新型基础设施，如智能交通基础设施、智慧能源基础设施等；创新基础设施主要是指支撑科学研究、技术开发、产品研制的具有公益属性的基础设施，如重大科技基础设施、科教基础设施、产业技术创新基础设施等。

1.2.2　数字信息技术催生数字经济

当前，新一代信息通信技术的发展日新月异，物联网、5G、云计算、大数据、人工智能、区块链等技术基本成熟，人工智能也从实验室走向了产业领域。

物联网（Internet of Things，IoT）是指通过各种信息传感器、射频识别技术、全球定位系统、红外感应器、激光扫描器等，实时采集任何需要监控、连接、互动的物品或过程的各种信息，通过各类可能的网络接入，实现物与物、物与人的泛在连接，实现对物品和过程的智能化感知、识别和管理。

5G 是具有高速率、低时延和大连接特点的新一代宽带移动通信技术，是实现人、机、物互联的网络基础设施。国际电信联盟（ITU）定义了 5G 的三大应用场景，即增强移动宽带（eMBB）、超高可靠低时延通信（uRLLC）和海量机器类通信（mMTC）。增强移动宽带主要面向移动互联网流量爆炸式增长，为移动互联网用户提供更好的应用体验；

超高可靠低时延通信主要面向工业控制、远程医疗、自动驾驶等对时延和可靠性具有极高要求的垂直行业应用需求；海量机器类通信主要面向智慧城市、智能家居、环境监测等以传感和数据采集为目标的应用需求。

云计算（Cloud Computing）是一种通过网络将可伸缩、弹性的共享物理和虚拟资源池以按需自服务的方式供应和管理的模式。云计算的核心是将很多的计算机资源协调在一起，因而云计算具有很强的扩展性，使用户通过网络就可以获取无限资源，而且获取的资源不受时间和空间的限制。目前，云计算已经成为各行各业进行数字化转型的必选项，在工业、农业、医疗、政务等领域获得了广泛的应用。

大数据（Big Data）是指无法在一定时间范围内用常规软件工具进行捕捉、管理和处理的数据集合，是需要新处理模式才能具有更强的决策力、洞察发现力和流程优化能力的海量、高增长率和多样化的信息资产。2020年4月发布的《中共中央 国务院关于构建更加完善的要素市场化配置体制机制的意见》明确提出，数据已经成为除土地、劳动力、资本、技术之外的第五大生产要素。目前，大数据的采集、存储、加工、管理、挖掘等各相关环节都有大量的企业、研究机构等深度参与，涌现出了大量的技术和产品，形成了相对稳定的大数据产业。

人工智能（Artificial Intelligence，AI）是研究、开发用于模拟、延伸和扩展人的智能的理论、方法、技术及应用系统的一门新的技术科学。人工智能从概念提出到现在已经有60多年的发展历程，尤其是在本轮发展浪潮中，人工智能在算法、算力、数据等的联合推动下已经从实验室走向了产业界，机器视觉、语音识别、人脸识别、指纹识别、自然语言理解、智能搜索、辅助决策、自动规划、智能控制等基础性应用技术性能得到大幅提升，人机博弈、语音交互、专业机器人、机器翻译等专业应用逐渐走进大众视野，无人驾驶、智能制造、智慧医疗、智慧农业、智能交通、智能家居等行业产品陆续走入生产与生活之中，开始推动人类社会进入智能化时代。

第1章 绪 言

区块链（Blockchain）通过点对点的分布式记账方式、多节点共识机制、非对称加密和智能合约等多种技术手段，建立强大的信任关系和价值传输网络。区块链具有去中心化、开放性、独立性、安全性和匿名性等特点，整个系统信息高度透明，所有节点都能够在系统内自动安全地验证、交换数据，可以有效避免人为的数据变更，而且各节点的身份信息不需要公开或验证，信息传递可以匿名进行。鉴于区块链的上述特点，其已经在金融、保险、物流、数字版权、公共服务等领域获得了大量应用。

在物联网、5G、云计算、大数据、人工智能、区块链等新一代信息通信技术的推动下，一种新型经济形式——数字经济也应运而生。以我国为例，数字经济已经成为我国经济发展的重要组成部分，在国民经济中已经占据不可忽视的地位，并成为带动我国经济增长的核心动力。2020年，我国数字经济总体规模达到39.2万亿元，占GDP比重达38.6%，如图1-1所示。2020年，我国数字经济名义增长9.7%，是同期GDP名义增速的3.2倍多。

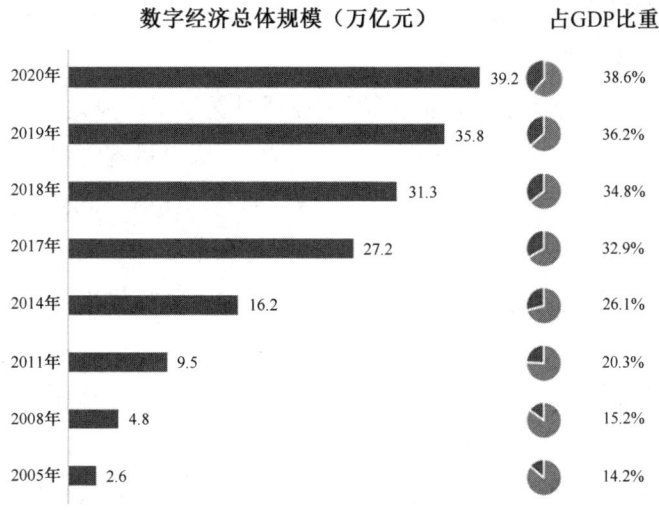

数据来源：中国信息通信研究院

图1-1 我国2005—2020年数字经济总体规模及占GDP比重

1.2.3 数字技术赋能新基建

随着新一代信息通信技术向各行各业的深度渗透,物联网、云计算、大数据、5G、区块链、工业互联网等数字技术为行业赋能的作用越来越显著,各行各业也陆续开始进入数字化转型阶段。数字化技术之所以能够产生巨大的赋能作用,主要是因为其在推动新型基础设施建设和行业数字化转型的过程中,在促进提质、增效、创新等几个方面产生了融合效应。

在农业领域,一方面可以依靠物联网进行海量数据的实时获取,实现精准农业、智能灌溉、智能温室、精准饲养等新型经营方式;另一方面可以通过大数据与人工智能进行生产经营决策的"数字化"制定,在种植各环节实现作物产量控制、疾病预防和研发进程的缩短,达到成本效益的最大化改善和提升。此外,在物联网、云计算、大数据等技术的支持下,还可以通过智能农机、农业无人机等,降低人力投入和综合成本,改善作业效率;通过农情监测、智能温室等,利用精准决策和控制进一步提高产量和品质;通过农产品电商、农产品溯源等,带动农业产业链全面升级。

在医药生产领域,一方面,药械企业通过数字工厂建设,提升研发、生产、管理能力,构建竞争优势;另一方面,医疗机构将数字化装备与系统融入诊疗过程之中,以提高医疗健康质量和水平。此外,药械企业可以综合利用工业互联网、物联网与过程分析等技术,在线收集关键质量参数和性能特征等,实现产品质量精准控制。医疗机构可以借助大数据、人工智能等技术,大大降低误诊概率;还可以利用远程医疗技术将城市优质医疗资源下沉到偏远地区,保证百姓可获得高端医疗资源,提高农村和偏远地区人民群众医疗服务的获得感。

通过数字技术对行业新基建的赋能作用,行业社会效益与经济效益都得到了较大的提升。

在人工智能方面,我国行业渗透加速并产生显著效益(见图1-2)。据IDC《2021—2022中国人工智能计算力发展评估报告》显示,我国采用人工智能技术三年以上的企业,平均收入增加9.8%,流程时间缩短20.4%,生产效率提升21.6%。

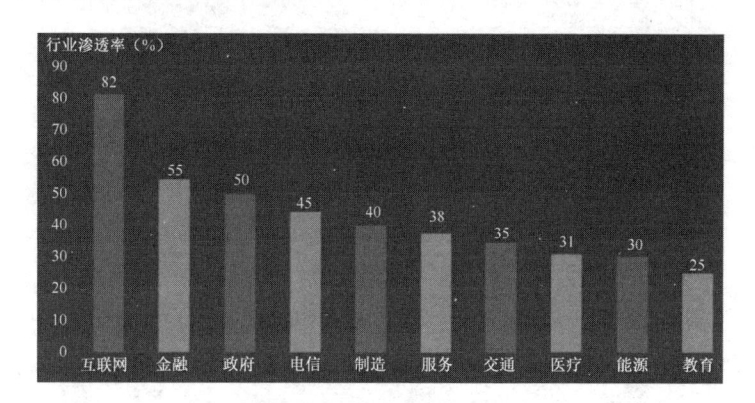

图1-2 我国2020年人工智能行业渗透率

在工业互联网方面,随着工业互联网与实体经济的深度融合,工业互联网已经开始带动各行业增加值规模持续扩大,逐渐成为我国各行业实体经济的强大驱动力之一。中国工业互联网研究院发布的《中国工业互联网产业经济发展白皮书(2021)》显示,2020年工业互联网带动第一产业、第二产业、第三产业的增加值规模分别为0.056万亿元、1.817万亿元、1.697万亿元(见图1-3)。

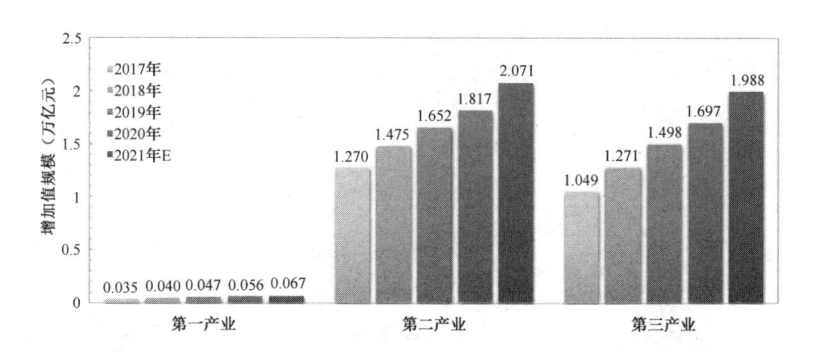

图1-3 我国2020年工业互联网带动产业增加值规模

第2章
5G 技术

2.1 移动通信技术的发展

移动通信网络如今已成为人们生活、学习、娱乐的必需品,而移动通信技术本身也在不断地迭代。第一代移动通信(1G,TACS/AMPS 等)只能实现模拟语音通信,第二代移动通信(2G,GSM/CDMA)可以实现数字语音与短信业务,第三代移动通信(3G,CDMA2000/WCDMA/TD-SCDMA)与第四代移动通信(4G,TD-LTE/FDD-LTE)可以实现移动数据与移动互联网业务,而第五代移动通信(5G)可以实现万物智能互联互通。

20 世纪 70 年代,以模拟技术为基础的蜂窝式无线电话系统出现,首次将人们带入个人移动通信时代。1981 年诞生了蜂窝移动通信系统,采用模拟技术、调频信号和数字信令信道,这就是后来所称的 1G。民用移动通信系统的出现当然是革命性的,但 1G 的缺陷也很明显,一是容量太小,模拟技术对频谱的利用率太低,当时的交换技术发展也还不够,无法接入大量用户,只能为少数人服务;二是保密性差,数据非常容易被截取;三是标准独立,各系统之间不能漫游,如北欧部署的 NMT 系统、德国部署的 C-Netz 系统、英国部署的 TACS 系统、北美部署的 AMPS 系统。

1982年，欧洲电信标准协会（ETSI）的前身欧洲邮政电信管理委员会（CEPT）决定开发第二代移动通信系统，即GSM（Global System for Mobile Communications）。该系统在1991年开始大规模部署，基本上实现了全球漫游，并使用了混合的时分多址（TDMA）和频分多址（FDMA）技术，从模拟技术迈向了数字技术，使用户容量得到了大幅提升。

GSM是迄今最为成功的通信系统之一，巅峰时期在全球拥有近45亿名用户，而且目前仍然在大规模使用，时间跨度达30年。2G为人类移动通信系统的普及做出了卓越的贡献，也拉近了人与人之间的距离。当然，2G的局限性也非常多，该技术在设计之初，只是为了满足人们的语音通话需求，并不能满足人们对移动宽带流量的需求。为了满足人们在数据业务上的需求，出现了SM上的GPRS(分组数据业务)和EDGE，以及美国的CDMA技术，它们被称为2.5G与2.75G技术，但它们的传输速率远远达不到人们的使用需求。

为了满足新的市场需求，实现2G网络到3G网络的平滑过渡，保证未来技术的可持续发展，1998年成立了3GPP（3rd Generation Partnership Project，第三代合作伙伴计划），最初的工作范围是为第三代移动通信系统制定全球适用的技术规范和技术报告。后来由3GPP完成了3G标准的制定，并在国际电信联盟形成了WCDMA、TD-SCDMA和CDMA2000技术标准，提供给全球运营商来部署3G网络。

2007年年初，苹果iPhone手机及苹果应用商店的出现带动了智能手机的爆发式增长，人们对高速率的移动网络与更低的流量资费的需求越来越迫切。2008年，3GPP提出了长期演进（Long Term Evolution，LTE）技术作为3.9G技术标准，之后准4G技术的LTE R8标准开始出炉。2009年底，全球第一个LTE商用网络开始部署。1G到4G移动通信网络发展及标准迁移如图2-1所示。

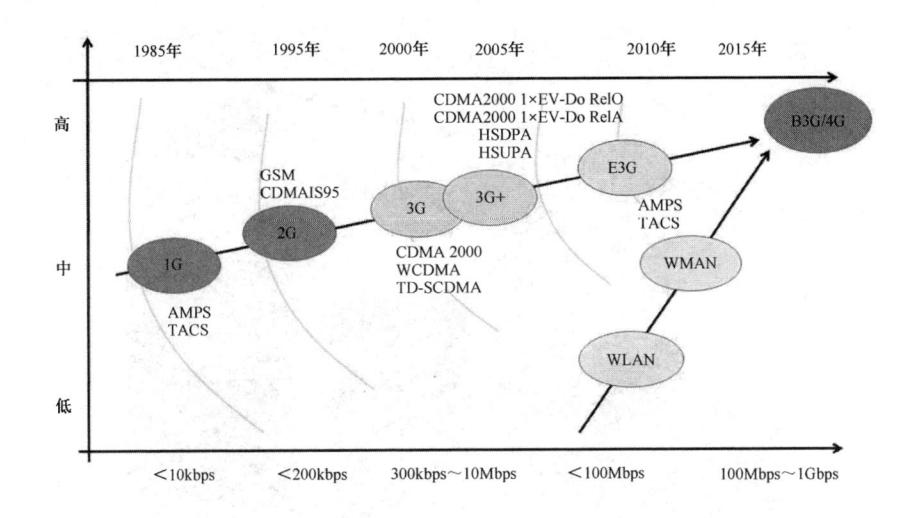

图 2-1　1G 到 4G 移动通信网络发展及标准迁移

4G LTE 最初是为分组数据业务而设计的,并且早期并不支持语音,移动宽带速率是其发展的重点,其对高速率、低时延和高容量有严格要求。LTE 只有频分双工(FDD)和时分双工(TDD)两种双工模式,在统一化标准上大大优于 3G 网络。LTE 在天线技术、多站点协调、利用碎片频谱和密集部署等方面都有很强的优势。LTE 还支持大规模机器类通信,拓展了移动宽带的使用范围。

5G 网络是面向全社会的业务应用与极致的通信体验的智能化网络,可以同时满足低时延与高速率需求。

总而言之,每一代移动通信网络都有典型的时代特征及应用场景。1G 时代是模拟时代,以语音通信为主。2G 就进入了数字时代,除了语音通信,还增加了短信。3G 开启了移动互联时代。到了 4G 时代,由于传输速率的提升,移动互联变成以数据为主。5G 的高速率、低时延及物联网的互联互通使通信进入了万物互联时代。移动通信网络的发展及迭代如图 2-2 所示。

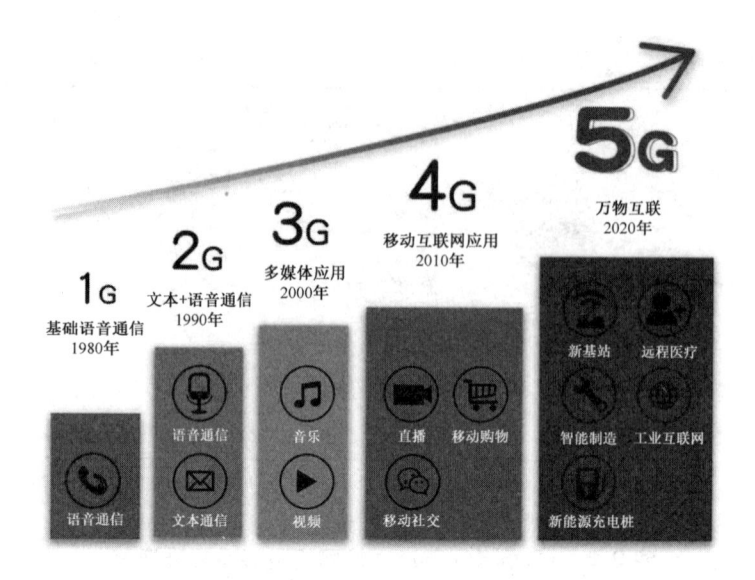

图 2-2　移动通信网络的发展及迭代

2.2　5G 发展

2.2.1　5G 背景

5G 网络是数字蜂窝网络，在这种网络中，供应商覆盖的服务区域被划分为许多被称为蜂窝的小地理区域。表示声音和图像的模拟信号在手机中被数字化，由模数转换器转换并作为比特流传输。蜂窝中的所有 5G 无线设备通过无线电波与蜂窝中的本地天线阵和低功率自动收发器（发射机和接收机）进行通信。收发器从公共频率池中分配频道，这些频道在地理上分离的蜂窝中可以重复使用。本地天线通过高带宽光纤或无线回程连接与电话网络和互联网连接。当用户从一个蜂窝穿越到另一个蜂窝时，移动设备将自动"切换"到新蜂窝中的天线。与 4G 网络相比，5G 网络具有更强的功能，其传输速率是 4G 网络的几百倍。5G 是全球范围内产业发展的重要主题之一，可以为工业 4.0、物联网、大交通、智能家居、金融科技、智慧城市等场景应用领域提供良好的基础。

要想了解全球 5G 的主要参与者，最好的办法就是分析不同公司拥有的 5G 专利数量。英国知识产权管理网站截至 2020 年 10 月的统计结果如表 2-1 所示。全球排名第一的是中国制造商华为，它拥有全球 18%的授权和有效专利，数量达到 6 372 项。紧随其后的是高通，其专利数量超过了三星的 4 052 项，达到 4 590 项，而在 11 个月前由 IPlytics 编制的排行榜中，高通仅名列第六。11 个月前，华为以专利总数 3 007 项同样排在第一，而排第二的是三星，其专利总数是 2 317 项。除了排名变化，还有一个很有意思的现象是，专利总数在 11 个月成倍增长，由此可以看出目前 5G 的发展已进入一个爆发期。

表 2-1　2020 年 10 月全球领先公司的 5G 专利数量

公司	申报专利数（项）	占比
华为	6 372	18.00%
高通	4 590	13.00%
三星	4 052	11.40%
诺基亚	2 690	7.60%
LG 电子	2 666	7.50%
中兴	2 665	7.50%
爱立信	1 838	5.20%
夏普	1 539	4.30%
大唐电信科技产业集团（电信科技技术研究院）	1 465	4.10%
NTT DoCoMo，日本电报电话公司的手机公司（或服务品牌）。NTT DoCoMo 是目前世界上最大的移动通信公司之一，也是最早推出 3G 商用服务的运营商	1 019	2.90%
英特尔	998	2.80%
OPPO	986	2.80%
vivo	616	1.70%
IDCC，一家美国无线电话通信公司、移动通信技术研发公司	607	1.70%
小米	462	1.30%
其他	2 827	8.00%
合计	35 392	100.00%

2.2.2 华为5G核心技术

在运营商市场，华为持续为客户创造价值，使5G网络的价值最大化，实现商业变现。在网络运维方面，华为提出自动驾驶网络，实现运营商网络效率提升，助力运营商数字化转型。在政企市场，华为围绕连接+计算+AI 的 ICT 基础设施，建立开放的生态，通过打造数字平台，赋能千行百业。华为行业解决方案发展情况如图2-3所示。

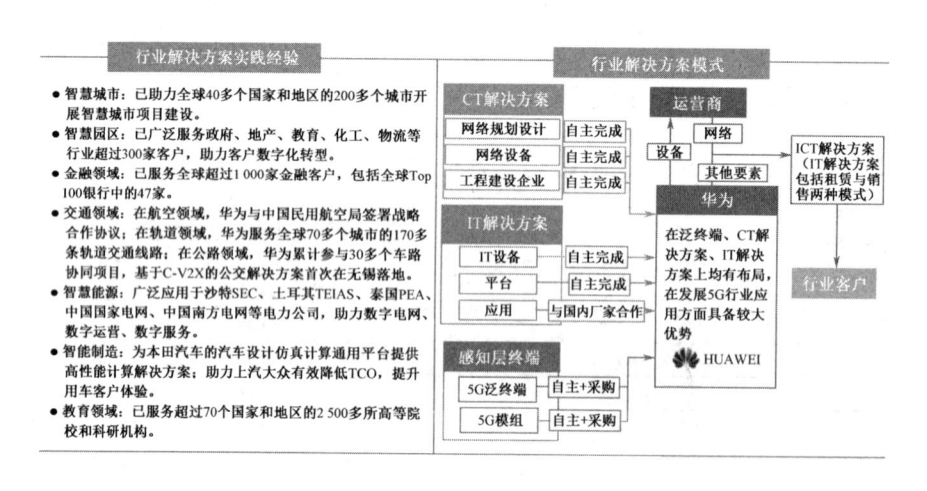

资料来源：华为年报

图 2-3　华为行业解决方案发展情况

华为是5G专利和3GPP相关标准的贡献者，所掌握的5G专利数量远远超过高通、诺基亚和爱立信等供应商，排名全球第一。得益于在4G领域的强大影响力，华为的5G网络业务在亚太地区、中东地区和一些欧洲国家均处于有利地位。

2.2.3 国外 5G 技术

当前，5G 在全球处于快速发展中，众多电信运营商均已经宣布或即将宣布 5G 商用。根据 GSA 的统计，截至 2020 年 9 月中旬，全球共有 129 个国家或地区的 397 家运营商对 5G 网络进行了投资，124 家运营商已经进行了 5G 网络的建设，其中来自 44 个国家或地区的 101 家运营商已经推出了符合 3GPP 标准的 5G 服务（94 家运营商推出了 5G 移动服务，37 家运营商推出了 5G FWA 或家庭宽带服务）。

尽管众多运营商开展了 5G 网络的投资与商用，但在全球范围内，5G 的发展极不均衡。根据工业和信息化部在 2020 年 11 月 23 日披露的数据，中国的 5G 基站达 70 万个，全球占比达 7 成，连接超过 1.8 亿个终端。除中国外，在全球范围内，仅韩国发展了 1 000 万户左右 5G 用户，建设超过 12 万个 5G 基站；美国发展了 500 万～600 万户 5G 用户，表现尚可。

由于基站建设尚有待提升，在全球范围内，与 4G 网络相比，5G 网络尚难体现出优势。2020 年 8 月，Opensignal 对 5G 网络和 4G 网络的下载速率进行了测试，结果如图 2-4 所示。最快的是美国威瑞森电信（Verizon）的 506.1Mbps（毫米波部署），最慢的是美国电信运营商 T-Mobile 的 47.0Mbps。对比各运营商 4G 网络和 5G 网络的下载速率，其中威瑞森电信差距最大，达到 18.4 倍，而 T-Mobile 仅为 1.7 倍，难以体现 5G 网络的优势。另外，根据 SpeedTest 同期测试，中国移动 5G 网络下载速率为 318.23Mbps，中国联通为 180.94Mbps，中国电信为 213.74Mbps，这体现了中国 5G 网络建设成绩。

目前，全球采用 Sub-6GHz 和毫米波两大频段部署 5G 网络，毫米波是 30～300GHz 频段，Sub-6GHz 是 3～4GHz 频段。这也是目前全球 5G 发展的两个方向。但实际上，毫米波只是个约定俗成的名称，没有哪个组织对其有过严格的定义。

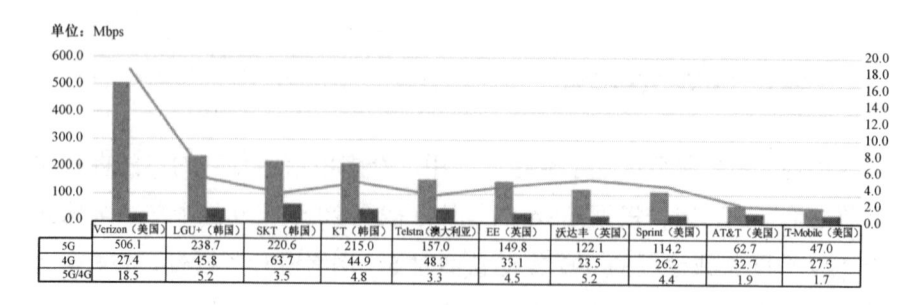

单位：Mbps	Verizon（美国）	LGU+（韩国）	SKT（韩国）	KT（韩国）	Telstra（澳大利亚）	EE（英国）	沃达丰（英国）	Sprint（美国）	AT&T（美国）	T-Mobile（美国）
5G	506.1	238.7	220.6	215.0	157.0	149.8	122.1	114.2	62.7	47.0
4G	27.4	45.8	63.7	44.9	48.3	33.1	23.5	26.2	32.7	27.3
5G/4G	18.5	5.2	3.5	4.8	3.3	4.5	5.2	4.4	1.9	1.7

图 2-4　全球各运营商 5G 网络和 4G 网络的下载速率和差距对比

Sub-6GHz 频段特点：信号穿透力强，覆盖范围广，但数据传输速率较低。目前，支持 Sub-6GHz 的芯片最高下行速率为 4.7Gbps，而支持毫米波的芯片下行速率可以达到 7.35Gbps，理论上甚至能达到 10Gbps。但 Sub-6GHz 比毫米波的传播距离更远、覆盖范围更广，能解决信号盲区问题，因此相对于高频的毫米波而言，其对基站的需求相对较少，并且可以在 4G 基站的基础上直接安装，所以对于运营商来说，可以降低建设成本。同时，其可以沿用 4G 时期开始发展的技术，不但可以大大减少基站的连线，还可以降低基站的总重量，而且 Sub-6GHz 频段相关的射频组件产业链相对成熟。

毫米波频段特点：毫米波是波长在 1~10mm 的电磁波，毫米波具有传输速率高、带宽大、时延低、容量大的特点，但穿透力很差，所以覆盖范围较小。采用毫米波技术不仅需要增加信号塔的数量，而且要持续输出高强度的信号，耗电量达到 4G 网络的 3 倍，仅耗电量就是一笔巨大的开支。采用毫米波技术的 5G 手机信号几乎可以被任何东西遮挡，如墙壁、玻璃、树木、人体和雨水等，只要基站和手机之间有遮挡物，5G 网速就可能降到 4G 网速。毫米波要想达到和 Sub-6GHz 一样的覆盖水平，其基站密度至少是 Sub-6GHz 的 5 倍，成本自然更高。毫米波的带宽更大，可以避免网络问题，能同时满足更多人上网。这种技术的覆盖范围比较小，适合在车站、机场、体育场馆等人员密集的场景应用。

Sub-6GHz 和毫米波是互补关系，而不是迭代关系。具体采用哪种频段要看使用环境的需求。中国现阶段选择 Sub-6GHz 频段，主要是为了解决 5G 网络的信号覆盖问题，降低 5G 基建投入资金，尽快使 5G 技术落地，让大多数消费者都能用上 5G 网络。当然，对于毫米波的建设，中国同样没有停下脚步。韩国、日本、欧洲等国家或地区则是两种频段都在发展。对于美国，由于 Sub-6GHz 中可分配的大部分频谱被军方占用，没有足够的无线频谱分给运营商使用，所以美国运营商的 5G 网络部署不得不从毫米波开始。

2.2.4 全球发展形势

全球主要国家和地区均出台了各自的 5G 扶持政策，各运营商也开始在 5G 网络方面进行投资，因此各国的 5G 技术都有不同程度的发展。

- 中国：全球领先，大部分用户和基站均位于中国

根据 IPlytics 在 2020 年 1 月发布的专利分析报告，全球 5G 核心专利中有 34%被中国企业掌握，位列全球首位。

在产业实践上，中国 5G 基础设施和用户数全面增长，70 余万个基站与超过 2 亿个终端连接遥遥领先于世界其他国家。根据 2021 年全国工业和信息化工作会议上的信息，2021 年，中国新建 60 万个以上 5G 基站，继续巩固全球领先的优势。

- 美国：毫米波领域率先实现规模商用

从产业实践来看，美国尚未公布基站数和用户数等指标，但 5G 网络主要覆盖少数城市，5G 用户数达数百万户（美国媒体估算）；其特色是在全球范围内率先实现毫米波频段组网，其中 Verizon 已经实现商用，AT&T 计划实施，这与美国政府释放更多毫米波频段资源用于 5G 网络相关。

- 日本：发展落后于预期计划

日本计划从 5G 时代开始，构建移动通信领域长期的国家优势。为此，2018 年发布了"Beyond 5G"战略，计划在 2023 财年达到 21 万个基站的规模，并且总共投入 110MHz 频段用于 5G 网络实施（其中 30MHz 来自重耕，80MHz 来自新增）；在无人驾驶、无线输电等前瞻性技术上加大研发力度；2030 年前，在全球率先实现 6G 商用，并获得全球基础设施 30%份额。目前，日本有 4 家移动运营商实现了 5G 商用。受新冠疫情及由此导致的东京奥运会延期等因素影响，日本 5G 发展乏力，截至 2020 年 10 月，基站总数为 3 万～4 万个，用户总数在 500 万户左右。

- 韩国：全球 5G 商用样板化地区

韩国实现 5G 商用后，韩国科学技术信息通信部发布了《实现创新增长 5G+战略》，旨在将 5G 全面融入韩国社会经济，使韩国成为引领全球 5G 新产业、领先实现第四次工业革命的国家。目前，韩国的 5G 用户数超过 1000 万户，5G 基站有 12 万个（相当于 4G 基站的 1/7）。根据 2020 年 10 月的统计数据，约有 56 万户用户重返 4G 网络，主要原因是：5G 网络实现了网速 4 倍提升，但缺乏匹配的内容和应用；套餐价格比 4G 网络高；网络覆盖不完善，众多地方无法使用。这些运营经验也给其他国家的运营商提供了借鉴。

- 欧盟：众多国家初步开展商用

欧洲运营商众多，且都重视 5G 的发展，但截至 2020 年 10 月末，全欧洲范围 5G 基站总数仅在 5 万个左右，一方面与欧洲各国运营商相互竞争性不足有关，另一方面与 20 年前 3G 频谱天价拍卖，导致运营商元气大伤有密切关联。

截至 2020 年年末，德国电信 5G 服务已覆盖全国 550 万人口，5G 基站达 4.5 万个，已在德国的 4700 个城镇部署了 5G 网络。到 2021 年年底，5G 为德国 80%的人口提供服务；到 2025 年年底，5G 将覆盖至少 99%的德国人口和 90%的国土面积。

2020 年 9 月 29 日，法国完成 5G 频谱拍卖，由于受新冠肺炎疫情影响，不再要求各运营商（共 4 家）在 2020 年年底之前完成部分城市的网络部署，但要在 2022 年年底之前，确保覆盖率达到 75%。

在西班牙，2018 年 5 月，通过频谱拍卖，沃达丰、Orange 和西班牙电信获得经营资质，并分别于 2019 年 6 月（沃达丰）、2020 年 9 月（Orange 和西班牙电信）开展商用。以西班牙电信为例，至 2020 年年末，5G 服务覆盖人口已达 76%，并且计划在 2025 年年底之前，完成 3G 网络关闭及频率重用工作，覆盖率达到 85%。

2.3 5G 与经济的关系

2.3.1 5G 与宏观经济的关系

据普华永道的模型预测，5G 医疗保健将给全球 GDP 带来逾 5 000 亿美元的增长。另外，随着 5G 赋能其他众多创新解决方案和用例，其他行业也显示出巨大的潜力。该研究分析了医疗保健、智能公用事业、消费者与媒体应用、工业制造和金融服务应用五大行业的新旧用例，到 2030 年，医疗保健无疑将是 5G 全球经济收益的最大贡献者，如图 2-5 所示。

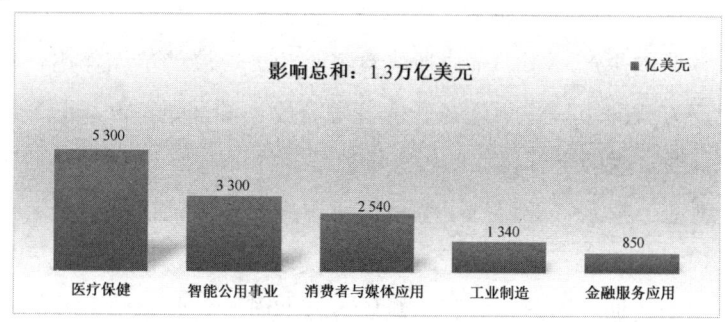

图 2-5 到 2030 年，5G 应用将为全球 GDP 带来 1.3 万亿美元的增长

2.3.2 5G对全球经济的影响

当前，5G对经济增长的贡献十分有限，因为电信公司主要将重点放在基础设施建设及技术推广上。但根据预测，从2025年开始，随着5G应用变得更加广泛，这些投资将对全球经济产生越来越积极的影响，如图2-6所示。

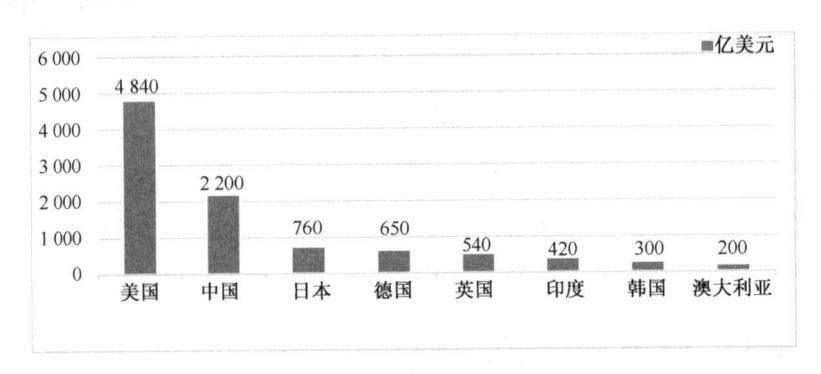

国家	金额（亿美元）
美国	4 840
中国	2 200
日本	760
德国	650
英国	540
印度	420
韩国	300
澳大利亚	200

图2-6 到2030年 5G对各国经济的影响预测

2.3.3 5G创新引领中国经济社会发展

5G开启了数字经济新篇章，5G新基建将改变商业的本质。5G是支撑数字经济发展的新型基础设施，不仅将进一步拉动经济增长，还将成为社会信息流动的主动脉，必将进一步促进智能连接、云网融合，贯穿各行各业的生产环节，充分释放数字对经济发展的倍增作用，为其他行业生产方式变革提供新途径。随着融合应用的演进，5G正深刻改变着传统行业，赋能千行百业的经济价值逐步体现，如5G在矿山、医疗、港口、制造等垂直行业得到了示范性应用，帮助传统行业实现低成本的远程操控；5G为社会治理和公共服务方式变革提供新可能，将5G海量连接能力与交通、医疗、教育、娱乐等行业融合，刺激消费升级，改善居民的生活体验。

2.3.4　5G 与微观经济的关系

5G 加速了产业数字化转型，最大的变化就是每个环节、每个组织、每个人、每个产品、每项服务、每个部件都会成为数据的生产者，同时也是数据的消费者。

微观经济学定义的生产要素包括资本、土地、劳动力、技术，而如今数据也成为生产要素之一。在传统企业运营过程中，企业管理者特别重视融资、人才招聘、建设厂房、开设商场等。在 5G 普及的时代，数据的运营与人才招聘、建设厂房、融资等一样重要。如果把数据看作资本，那么每个企业都应有自己的数据银行账户。

数据是为企业提供业务服务的基本要素。也就是说，数据是产品的原材料。这种原材料直接决定产品本身的市场竞争力，当然也决定一个企业的竞争优势。

任何企业、组织和个人在对外提供数据前都必须考虑如何获取数据。必须把数据的获取视为第一要务。在每个环节都要考虑这些数据是什么，会拿来做什么，以及能够带来什么样的价值。

企业在上下游产业链中进行价值交换时，除产品之外，数据的交换将会决定其在产业链中不可替代的作用和价值。

数据的管理，尤其是数据的安全和隐私管理，要保证数据处理的全过程安全。数据处理包括数据的收集、存储、使用、加工、传输、提供、公开等。

2.4　5G 模块

进入 5G 时代，各种技术在 5G 系统框架下完美地结合在一起，形成一个万亿元级的产业，覆盖人们工作和生活的方方面面。因此，在 5G 系统框架下包括很多重要板块。

2.4.1 标准与专利体系

- 5G 关键使能技术

5G 关键使能技术主要分为三类：核心网、回传和前传网络、无线接入网。

核心网的关键技术主要包括网络功能虚拟化（NFV）、软件定义网络（SDN）、网络切片与多接入边缘计算（MEC）。

无线接入网的关键技术有 C-RAN、软件定义无线电（SDR）、认知无线电（CR）、Small Cell、自组织网络、D2D 通信、Massive MIMO、毫米波、高级调制和接入技术、带内全双工、载波聚合、低时延和低功耗技术等。2020 年，全球 5G 商用网络继续以中频段为主，毫米波市场占比逐渐降至 10% 以下。

- 5G 标准必要专利态势观察

自 2012 年 ITU 启动 5G 工作之后，全球 5G 专利申请量持续上涨。从 2016 年起，全球 5G 关键技术专利出现快速增长的趋势，2016 年和 2017 年申请的专利数分别达到了 10 237 项和 17 544 项。

截至 2020 年 3 月底，全球 5G 关键技术专利申请量达到了 138 029 件，合并同族为 68 837 项。预计随着 5G 标准的不断演进，未来几年的 5G 专利申请量将持续上升。

从全球视角来看，5G 关键技术专利申请人多为中国、美国、欧洲、日本、韩国的传统移动通信设备商、运营商和芯片厂商。

从 5G 关键技术具体专利申请量排名来看，华为以 6 236 项的绝对优势遥遥领先。LG、爱立信、高通以微弱差距分别位列第二名、第三名和第四名。

中国、美国、欧洲、韩国和日本是各国企业和科研机构的主要目标市场。在中国公开的专利占全部 5G 关键技术专利的 28.1%，这一方面是因为中国企业积极在本土布局，另一方面是因为中国在移动通信市场的重要地位，吸引了全球各方力量的关注，全球各大通信巨头纷纷抢占中国市场，积极开展专利布局。

截至 2020 年 6 月，各企业共向 3GPP 提交 167 989 件 5G 有效提案。其中，Study Item 的提案量为 31 923 件，占比为 19%；Work Item 的提案量为 136 066 件，占比为 81%。

中国企业 5G 标准必要专利声明的时间窗口已与全球同步，这意味着中国的技术创新实力已经从 4G 的追赶态势转变为与美欧同步甚至引领 5G 创新的态势。

2.4.2 芯片

近年来，中国芯片产业快速发展，市场规模持续扩大，通信企业也在积极布局芯片研发。数据显示，芯片设计业销售收入从 2015 年的 1 325 亿元增长到 2020 年的 3 546.1 亿元。到 2021 年，中国芯片设计业市场规模接近 4 000 亿元，如图 2-7 所示。

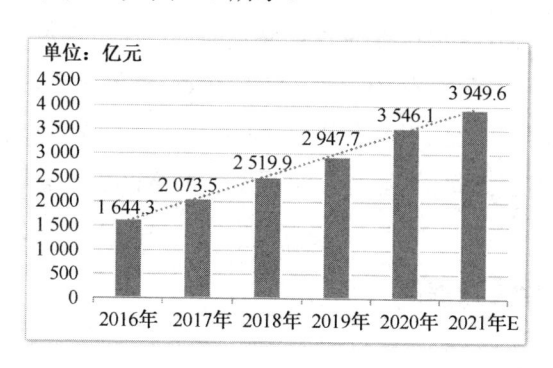

图 2-7　2016—2021 年中国芯片设计业市场规模

作为 5G 终端设备的"心脏"，5G 芯片的竞争前所未有的激烈，高通、华为、三星、联发科、紫光展锐等纷纷放大招。中国电信移动终端研究测试中心正式宣布了 2021 年第一期《终端洞察报告》，该报告针对国内市场不同厂家的 5G 旗舰芯片，从 SA 基础协议、吞吐量性能、时延性能、通话性能、CPU 性能及功耗性能这 6 个维度进行了全面的测评，并给出了综合排名。

第一名：高通骁龙 888。作为安卓阵营的高端旗舰产品，骁龙 888 采用了 5nm 芯片工艺，设计了 8 个核心，即 1 个超级核心 ARM Corte-X1、3 个 A78 大核心、4 个 A55 小核心，同时采用了最新一代 X60 基带，5G 吞吐量、时延、通话性能表现均是 5 颗星。然而，骁龙 888 存在一个缺陷，那就是功耗，评分为 4 颗星，虽然其在待机情况下功耗表现优秀，但在高频之下骁龙 888 的表现不佳。这一方面是因为骁龙 888 的设计过于激进，5nm 工艺很难压住 A78 架构的发热问题；另一方面是因为它由三星代工，在工艺上与台积电还存在差距。

第二名：联发科天玑 1200。作为联发科的 5G 旗舰芯片，天玑 1200 采用了 6nm 制程工艺，以及"1+3+4"的八核架构设计。其在吞吐量、功耗、通话性能方面的表现较为优秀，但时延性能、CPU 性能与行业领先水平还存在一定差距，不过已经可以满足广大用户的日常需求，重点是联发科的芯片在性价比方面具有很大优势，这是高通力所不能及的。

第三名：三星 Exynos1080。三星 Exynos1080 采用了 5nm 工艺和八核设计，性能与前一代相比提升了 200%，综合表现非常不错，但 CPU 性能、功耗性能、时延性能与行业领先水平还存在一定差距。

2.4.3 关键元器件

- 光模块

光模块由光器件、功能电路和光接口等组成。光模块的作用就是实现光电转换，发送端把电信号转换成光信号，通过光纤传送后，接收端再把光信号转换成电信号。光模块的传输速率一直是市场关注的焦点。一方面，"宽带中国"战略要求实现百兆光纤入户，这从政策层面推动了对高传输速率光模块的需求。另一方面,随着 5G 网络的部署,运营商需要更大的带宽,以实现大流量数据的应用,如远程医疗、高清视频等,因此移动网络必须具有更高的传输速率,这从市场层面推动了光模块的升级换代。

- 滤波器

滤波器是由电容、电感和电阻组成的滤波电路。基站射频系统是通信基站的核心模块之一,其在 2G 至 4G 时代一般由滤波器模块、合路器、放大器、数字收发信模块等组成,即射频拉远单元(RRU);在 5G 时代,RRU 与天线集成为有源天线单元(AAU),其中滤波器和天线组成天线滤波器一体化单元(AFU)。5G 对基站射频系统的影响主要体现在其对滤波器和天线新技术的影响,以及射频系统和天线一体化的趋势。目前行业主流滤波器的对比如表 2-2 所示。

表 2-2 行业主流滤波器的对比

项目	金属腔体滤波器	小型化金属滤波器	陶瓷介质滤波器
体积和重量	大	中	小
可承受功率	较大	适中	较小
插入损耗	较大	适中	较小
品质因数	低	适中	高
工艺水平	工艺成熟	工艺成熟	调试主要通过打磨等方式,调试过程不可逆,初期良品率较低
生产成本	较高	适中	较低
使用场景	2G、3G、4G 主流方案,5G 部分场景采取的方案	5G 商用初期主流方案	目前主要适用于多通道、低功率 5G 应用场景,未来将成为 5G 主流方案

- PCB

PCB(Printed Circuit Board)即印制电路板,是电子元器件的支撑体和电气连接的载体。中国 PCB 产值增长迅速,中国不断引进国外先进技术与设备,成为全球 PCB 产值增长最快的国家。2006 年,中国首次超过日本，成为全球第一大 PCB 生产基地。2015—2019 年，中国 PCB 产值年均复合增长率达到 5.61%，远高于全球平均增长水平，如图 2-8 所示。

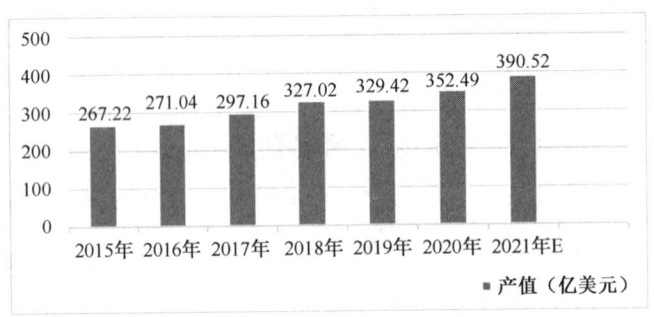

图 2-8　2015—2021 年中国 PCB 产值统计及预测

- 5G 驱动射频系统和天线一体化

目前，4G 基站的主流形式是"BBU+RRU+天线"，而 5G 基站采用的大规模天线（Massive MIMO）技术导致基站射频器件和天线数量大幅上升，会增加大量建设成本，通过滤波器与天线集成可以简化基站构成，节约空间，降低运营商维护成本。5G 时代，通信主设备商倾向于直接采购射频系统和天线一体化集成产品，从而要求上游射频系统供应商同时具备滤波器和天线的生产能力，以及组合的能力。因此，5G 基站将"RRU+天线"改进为有源天线单元（AAU），其主流形式为"BBU+AAU"，具体如图 2-9 所示。

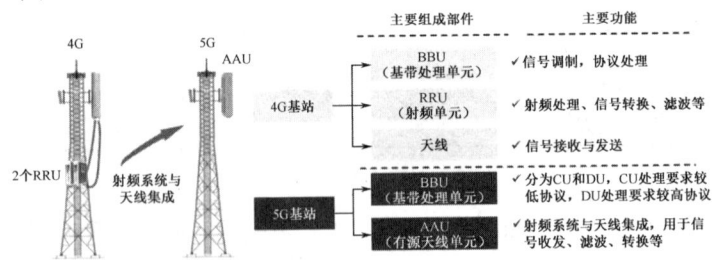

资料来源：中商产业研究院

图 2-9　5G 驱动射频系统和天线一体化

2.4.4 系统

5G 作为新一代移动通信技术，将利用其高带宽、低时延、高可靠性、海量互联等特质满足丰富的应用场景，实现全方位的数字化，进而向智能化方向转型升级。5G 系统架构示意如图 2-10 所示。

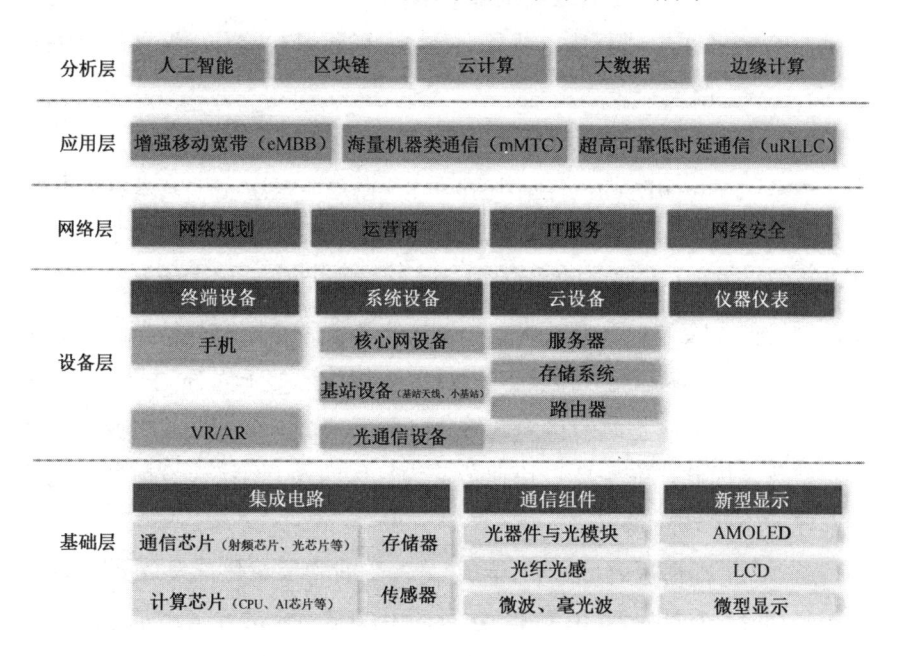

分析层	人工智能	区块链	云计算	大数据	边缘计算
应用层	增强移动宽带（eMBB）		海量机器类通信（mMTC）		超高可靠低时延通信（uRLLC）
网络层	网络规划		运营商	IT 服务	网络安全
设备层	终端设备：手机、VR/AR		系统设备：核心网设备、基站设备（基站天线、小基站）、光通信设备	云设备：服务器、存储系统、路由器	仪器仪表
基础层	集成电路：通信芯片（射频芯片、光芯片等）、存储器、计算芯片（CPU、AI 芯片等）、传感器		通信组件：光器件与光模块、光纤光感、微波、毫光波		新型显示：AMOLED、LCD、微型显示

图 2-10　5G 系统架构示意

2.4.5 设备

- 设备厂商

5G 网络由无线接入网、承载网及核心网三部分组成，对应的网元分别是基站、传输设备及核心网设备。2020 年，国内三大电信运营商 5G 设备招标规模近千亿元，其中基站规模最大，累计约 698 亿元。按照基站数量进行排名，由高到低依次是华为、中兴通讯、爱立信、中国信科，占比分别是 57%、30%、10.7%、2.3%，华为与中兴通讯份额累计 87%。除基站外，华为、中兴通讯及爱立信在核心网设备采购中也取得了前三的份额，华为与中兴通讯还在传输设备采购中取得了较高的份额。从 4G 网络主力建设周期来看，2013—2019 年，华为、中兴通讯及爱立信整体毛利率在 30%以上，而其运营商业务的毛利率还要高于公司整体毛利率。可见，5G 设备采购规模大、毛利率高，中兴通讯、华为及爱立信等综合型 5G 设备厂商受益最大。

- 小基站厂商

小基站（Small Cell）特指小型一体化基站，是区别于宏基站的基站类型统称。小基站的特点是体积小、功率小且安装灵活，是宏基站的有效补充，主要用在宏基站覆盖薄弱、盲点的区域。相较于宏基站，小基站门槛较低，除华为、中兴通讯、爱立信及大唐 4 家宏基站厂商外，大批中小企业也布局小基站领域。但目前该领域还处于充分竞争阶段，集中度低，尚未形成垄断的格局。从功能角度来讲，小基站的主要作用是补盲补热，因此，在主要以快速覆盖为目标的 5G 网络建设前期，电信运营商对小基站的需求小。

从 4G 招标情况看，2013 年 12 月，工业和信息化部发放 4G 牌照，间隔长达 23 个月后，2015 年 10 月，中国移动才进行了小基站的第一次集中采购。而从 5G 招标情况看，工业和信息化部在 2019 年 6 月发放 5G 牌照，2020 年第二季度三大运营商就已经完成了两次宏基站的采购。而到目前为止，运营商依然未开始 5G 小基站的采购。由于 5G 采用的频段比 4G 更高，导致需要的宏基站数量也更多、应用场景更复杂，所以小基站的优势会更加明显，5G 网络建设对小基站的需求也会来得更早一些。但整体来看，5G 网络建设对小基站的需求释放比较慢，小基站厂商受益较晚。

- 光模块厂商

光模块作为光电转换的核心部件，目前被广泛应用于移动通信基站及数据中心的传输设备中。随着 5G 网络的建设，光模块将会朝着功耗更低、传输速率更高、结构更为紧凑的方向发展。光模块主要的应用场景是电信和数通市场。不同应用场景对光模块的需求也各不相同。在5G网络建设中，光模块主要应用于BBU/DU到AAU的前传、DU到CU的中传，以及CU到核心网的回传。单站所需的光模块数量和型号根据网络架构及前传方式选择。在当前的网络建设中，前传大部分采用光纤直连的方式，需要3对25G灰光模块；小部分采用波分复用的方式，需要3对25G彩光模块。目前，现网中BBU还未分离，如若之后采用CU与DU分离的方式，则中传还需要一对25G光模块。根据中国5G网络建设规模推测，能带动约355亿元的光模块市场规模。光模块厂商服务的市场不同，生产的产品不同，但无论是聚焦于电信市场还是数通市场的光模块厂商，均可实现20%～30%的毛利率。整体来看，5G网络建设对光模块的需求高，聚焦于电信市场的光模块厂商受益大，如图2-11所示。

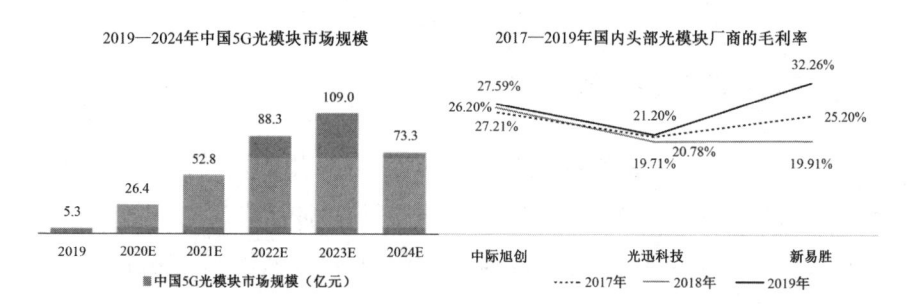

资料来源：艾瑞咨询研究院

图2-11 光模块厂商毛利率及市场规模

● 工程建设企业

5G网络建设是指工程建设企业根据设计院的规划报告进行网络建设，严格按照规划的设备位置、天线角度及布线规范等进行施工，这是5G网络建设周期的第二阶段。通信工程施工总承包资质是进入该行业的必备资质，且资质越高，能够承接的项目规模越大。目前，中国具备通信工程施工总承包资质的企业近4 000家，其中具备通信工程施工总承包一级资质的企业有290多家，行业竞争十分激烈。中通服系的企业资质硬，专业能力强，市场份额高，一直占据着龙头地位。以中国移动通信设备安装项目为例进行分析，中国移动通信设备安装施工采取两年一次的集采形式，每次规模均在百亿元级别，要求具备通信工程施工总承包一级资质。2017年，中国移动通过资源整合建立了中移建设，在移动市场占据较大优势。在最近一次招标中，中移建设中标份额达25%，Top10的份额累计高达60%。整体来看，在5G网络建设中，由于门槛高，只有10%的通信工程施工企业具备资格，小企业难进入。行业集中度高，中通服系及深耕通信施工的大型民企等"老牌"企业优势大，中移建设只在中国移动市场占据较大优势。可见，对于5G新基建，大多数通信工程施工企业难受益，"老牌"施工企业受益较大，但低价中标现象严重，利润薄。

2.4.6 终端

终端作为5G产业链的重要一环，对5G应用的发展有着重要的作用。2019年5月，全球已发布的5G终端只有64款；2021年5月，全球已发布的5G终端已超过800款，且有65%已经商用。在2021年5月全球已发布的5G终端中，手机、笔记本电脑及平板电脑累计占比约54.4%，CPE设备占比约17.5%。对于超高清视频应用来说，当前受限于分辨率和屏幕大小，电视和大屏是超高清视频应用的最佳载体，可通过CPE设备接入5G网络。对于云VR来说，虽然当前支持5G云VR的终端还比较少，但可以通过CPE设备接入5G网络。对于云游戏来说，中高端5G手机能够满足用户的良好体验。对于5G消息来说，安卓系统下的主流机型基本已支持5G消息。整体来看，当前5G手机的发展较为成熟，能够有效推动云游戏及5G消息的发展，CPE设备可支持超高清视频及云VR应用的发展，如图2-12所示。

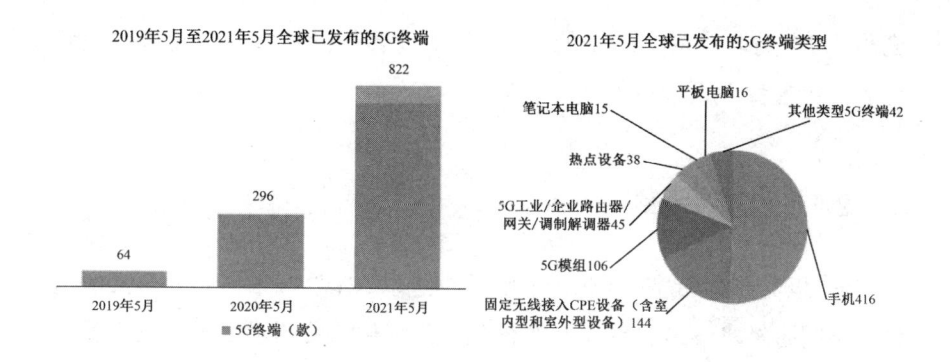

2019年5月至2021年5月全球已发布的5G终端：2019年5月 64；2020年5月 296；2021年5月 822（5G终端（款））

2021年5月全球已发布的5G终端类型：平板电脑 16、笔记本电脑 15、其他类型5G终端 42、热点设备 38、5G工业/企业路由器/网关/调制解调器 45、5G模组 106、固定无线接入CPE设备（含室内型和室外型设备）144、手机 416

资料来源：GSA 和艾瑞咨询研究院

图 2-12　5G 终端市场

5G 时代，除智能手机外，室内外 CPE 设备、5G 模块、5G 机器人、5G 电视机等各种终端形态不断涌现，打破了 4G 时代手机一枝独秀的局面。据全球移动通信供应商协会（GSA）统计数据显示，截至 2020 年 9 月底，终端形态数量已达 444 款，其中 5G 手机达到 200 款，占比为 45%。5G 终端作为 5G 应用的关键平台和控制中心，为传统终端设备与人工智能等新兴技术融合落地提供了物理实现基础。

2.4.7　网络覆盖

稳定、高速、覆盖范围广的高质量 5G 网络是优质用户体验的保障。在"宽带中国"战略推动下，三大运营商全力开展 5G 网络建设。在覆盖方面，2020 年底，全国开通的 5G 基站超过 70 万个，终端连接数超过 1.8 亿个，网络覆盖全国地级以上城市及重点县市。按照运营商先城市再农村的建网原则，下一步将逐渐完成县城及行政村的覆盖。按照工业和信息化部的要求，2021 年年底，5G 网络要基本实现县级以上区域、部分重点乡镇覆盖；2023 年年底，5G 网络要基本实现乡镇级以上区域和重点行政村覆盖。在网络架构方面，中国 5G 独立组网初步实现规模商用，可支持各类应用场景的发展需求，能够保障 C 端用户良好的应用体验，可支撑个人应用的快速发展。

2.4.8 应用场景

5G 以其超大带宽、低时延的特性推进以 5G 手机为核心的个人应用创新，同时经济发展带动用户个性化、定制化消费需求攀升，应用领域场景化需求增加。例如，在消费级应用领域，推动远程会诊、远程手术和远程救援等场景应用落地，实现远程高清会诊和医学影像数据的实时共享，提升诊断准确率和指导效率；在行业级应用领域，与 AI 等新兴技术结合，高效处理海量数据，实现多域场景协同管理，助力智能家居、智慧城市、智能交通等发展。

国际电信联盟正式确认了 5G 的三大应用场景，分别是增强移动宽带（eMBB）、海量机器类通信（mMTC）和超高可靠低时延通信（uRLLC），如图 2-13 所示。eMBB 场景对传输速率、容量、频谱效率、移动性、网络能效指标要求高，uRLLC 场景对可靠性及时延要求高，mMTC 场景则对连接数要求高。

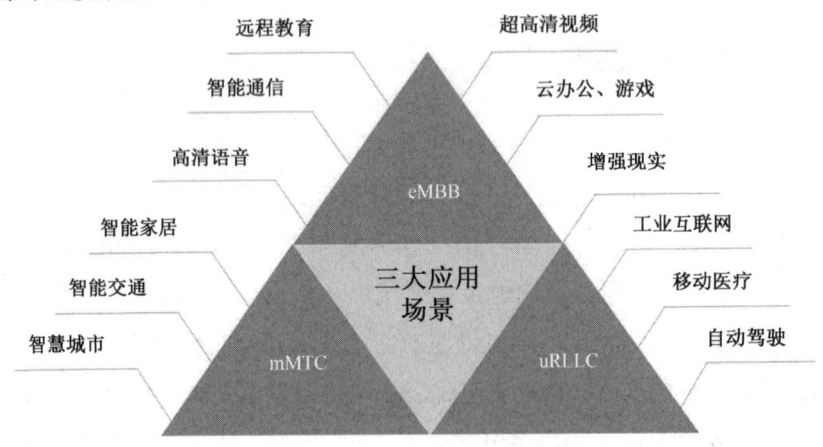

图 2-13　5G 的三大应用场景

1. 增强移动宽带

eMBB（Enhanced Mobile Broadband）是指，在现有移动宽带业务场景的基础上，进一步提升用户体验，就是以人为中心的应用场景，其特点为超高的数据传输速率。相关应用包括超高清视频、云办公、游戏、VR/AR、远程医疗、远程教育及外场支援等。增强移动宽带是 5G 发展初期面向个人消费市场的核心应用场景。

增强移动宽带引发直播行业全面爆发。对于直播行业来说，5G 可消除掉帧、卡顿现象，实现首屏秒开优化，让直播画质更好，画面传送能力更强，促进基于高清直播、多路直播、VR 直播等技术的直播应用创新。增强移动宽带引发的直播会迅速渗透到多个行业，快速形成增长点，将引领全场景沉浸式"直播带货"盛宴。直播与教育结合可以极大地改善课堂互动体验，使师生互动更加顺畅，打破线上、线下的局限，让偏远山区的孩子得到更高品质的教育。在定点医院或医疗智慧中心，某些患者检查信息必须是实时、动态、高清的，一旦在传输过程中出现画面卡顿或丢失，就有可能造成漏诊和误诊。可以基于 5G 高速率和低时延的特性，将急诊部分工作关口前移，力争实现上车即入院，争取宝贵的救治时间。5G 给影视娱乐和演艺行业带来的发展空间就更大了，实时转播及"云综艺""云演唱会""云竞赛"可能会成为常态，还可以结合 VR，带来沉浸式观影体验。

5G 与金融业融合虽然尚处于探索阶段，但银行、证券、保险等金融服务部门已经意识到，5G 网络有助于突破自身在交易中的介质、时间、空间、工具等方面的限制。随着 5G 与人工智能、区块链、VR/AR 等技术的融合，交易双方可随时随地获得沉浸式的交易和服务体验，促进金融服务人性化、普惠化。5G 为金融机构带来新的获客渠道及流量入口，并借助语音、刷脸等生物识别技术引导新的支付场景，进一步促进金融业务应用的升级创新，优化前台的服务体验和质量。5G 在金融业中的应用主要体现在智慧网点和虚拟银行两个细分应用领域。

智慧网点：智慧网点以 5G 网络为基础，深度融合大数据、人工智能、生物识别等科技手段，建立客户与金融服务场景之间的紧密纽带，有机连接服务引导、产品营销、业务办理、运营管理、安全防护等环节。目前，国内各大银行均在做 5G 与银行网点的融合试点。5G+智慧网点在提升客户体验与业务办理效率的同时，大幅降低了银行的人力与运营成本，为银行降本增效提供了新的途径。

虚拟银行：可以通过 5G 网络，结合 VR/AR、超高清视频等技术，建立网上虚拟银行，提供虚拟网点沉浸式体验，公众与银行职员进行远程互动，实现自助服务辅导。用户可以突破时空限制，无须前往银行网点，通过各类授权物即可办理金融业务。

2．海量机器类通信

5G 强大的海量通信能力有助于实现万物互联。相关应用包括智慧城市、智能家居、工业自动化、智能仓储和物流、环境监测、新零售等。在万物互联的情形下，人们的生活方式也将发生颠覆性变化。在这一场景下，数据传输速率较低，且对时延不敏感。

海量设备通信赋能智能交通。出行是人们重要的基本需求，5G 海量设备通信功能可将感知扩展到整座城市。通过 5G 将交通视频、人、车、气象、路况等多元数据实时传输到视频云，云上提供数据存储功能，除对视频数据进行实时查看、转码、加密和存储外，还可基于大数据分析平台实现对视频数据的实时计算和事件分析，为城市安防、交通治堵、人流分析、城市规划等提供高效的支撑。以 5G 为基础还可以进一步升级智慧站牌、智慧红绿灯等交通设施，将社会知识信息、公共交通信息、人流数据信息等，基于云计算、大数据分析和分发等，按需进行智能推送，极大地方便城市居民的出行。通过"聪明的车"+"智能的路"+"高效的云"，实现人、车、路、环境的全面监控、感知及智能决策。通过对一个城市的全面感知和 AI 智能集成，可以实时了解这个城市的交通及道路基础设施状况，为城市管理部门提高管理效能助力。

3. 超高可靠低时延通信

uRLLC（Ultra-Reliable and Low Latency Communications）主要用于对通信质量和时延等有高要求的运行环节。在此场景下，连接时延要达到 1ms 级别，同时要在高速移动（500km/h）的情况下实现高可靠性连接。这一场景下的典型应用包括智能制造、工业互联网、无人驾驶、车联网、无人机网络、远程医疗等。

超高可靠低时延通信成就智能制造。智能制造中对超高可靠低时延通信有明显需求的就是车间内异构生产要素的网络化协同制造。自动化技术在生产车间的广泛应用，迫切需要建设大规模的自动化生产线。这一般包括两种生产场景：多工序协同生产，单工序、多设备协同加工。产品设计是从创意到工程设计图纸的转换过程。产品创意人员可以发布产品设计创意，通过网络化协同制造平台寻找合适的设计人员完成产品的设计工作。产品设计人员也可以在平台上发布产品的设计方案，通过平台寻找设计方案需求方，获取设计方案的经济效益。

2.4.9 长期运营及盈利模式

运营商为用户提供高质量的 5G 产品和服务，依赖与产业链合作伙伴的合纵连横，通过整合内外部要素形成生态共同体，共同为客户创建稳固的运营系统。运营商可以针对垂直领域的不同场景、不同服务对象按需提供定制服务。在这一背景下，现有的传统运营模式将难以为继，迫切需要加快建立新型智慧运营体系。

- 产品模式

打造优质产品是 5G 发展的根本，5G 的发展依赖产品驱动、服务驱动。运营商要为客户提供高速率、高带宽、广覆盖、低时延的网络服务，更要为客户提供丰富的 5G 内容和应用，内容和应用的丰富性是决定性因素。运营商要为行业客户提供连接、边缘计算、切片、云计算等网络服务，满足行业用户个性化定制需求。5G产品主要包括连接、流量、平台、应用、终端及解决方案等。打造好的5G产品，要求运营商坚持以客户为中心，注重客户体验，提升技术创新能力，推动5G融合创新，实现由以提供连接为主向提供一体化解决方案转变。

- 专业化模式

5G为行业而生，5G行业应用一定要结合最终的场景。运营商应采取专业化发展模式。专业化发展模式主要体现在成立5G专业化研发机构、垂直行业运营中心，组织专业化团队，负责5G的垂直行业拓展、产品和解决方案的研发、产业合作、项目推进等工作。运营中心和研发机构应专注于产品，聚焦垂直市场，强化创新，注重客户体验，把产品优化做到极致，为客户提供一体化解决方案。由于5G具有产业链长、环节多、应用场景多、需求个性化和复杂化、应用广泛等特点，对于进入5G产业的企业来说，要聚焦5G产业链的某一环节或某一市场，集中资源、集中力量，做精、做专、做深、做强。专业化发展模式成功的要素，一是重塑企业新型核心竞争力，努力提升自主创新能力、一体化解决方案提供能力、跨界经营能力和面向垂直行业的运营能力；二是按照划小承包的要求，实现对专业化公司、垂直行业运营中心和研发机构充分授权，从而激发5G行业拓展的积极性、主动性和创造性；三是在人才队伍建设、考核激励、机制体制、企业文化等方面为垂直行业市场拓展提供强有力的支撑。

- 切片经营模式

在4G时代，运营商实现了从语音业务经营到流量业务经营的转型。如今，流量经营红利逐步消失，用户ARPU集体下滑，企业收入后继动力不足。5G和创新业务被寄予厚望，为运营商转型发展创造新的机遇。与4G网络相比，网络切片可以说是5G网络最鲜明的特征之一，网络切片不仅是一种技术创新，更带来了一种新的商业模式，为运营商打造新的收入增长点，驱动运营商由4G时代的流量经营模式向5G时代的切片经营模式转变。切片经营模式本质上也是产品模式,是指运营商能够根据客户的差异化需求,将5G物理网络切割成多个端到端的不同类型且逻辑独立的虚拟网络,快速灵活地满足客户多场景、个性化、差异化需求。切片经营模式主要包括B2C、B2B、B2B2C三种,运营商可以直接面向企业和个人销售网络切片,也可以将专用的网络切片批量销售给有实力的合作伙伴,再提供给用户使用。在切片经营模式下,运营商可以针对客户在连接数、时延、传输速率、带宽、QoS保障等方面的要求,并根据目标用户、产品形态、服务品质等条件,提供定制化的网络切片,制定差异化切片收入模型,提供差异化定价策略,实现一企一策。做好切片经营关键是以建设切片经营平台为抓手,根据客户差异化需求,做好切片设计、切片管理和切片营销,打造切片商城,引入AI技术,为客户提供标准化切片、定制化切片和开放化智能切片,不断提升服务水平。

- 品牌模式

品牌是企业的重要资产之一,是企业软实力的重要体现。众多企业进入新的领域,都会实行新品牌策略。运营商进入5G新市场,如5G终端市场、5G行业市场,应使用新品牌,启用新品牌远比品牌简单延伸更有竞争力。在MWC19展会上,中国电信、中国移动、中国联通都启用了新的5G品牌标识,中国电信以"Hello 5G 赋能未来"、中国移动以"5G+未来无限可能"、中国联通以"5G^{n}让未来生长",赋予5G品牌新的核心价值。从深化5G品牌经营来看,拓展5G市场应启用新品牌,一要给新品牌起一个叫得响的好名;二要不断丰富和完善5G品牌独有的价值、鲜明的个性与富有想象力的文化内涵,使品牌深入人心,真正占领客户心智;三要做强5G品牌,必须从产品、平台、应用做起,应以满足客户需求和提升客户体验为中心,努力打造杰出的产品。没有好的产品,品牌经营将是无源之水。

- 平台模式

平台模式应用广、威力大，已有很多成功案例，如淘宝、腾讯、海尔、苹果等都是平台模式的成功企业。平台模式之所以威力巨大，一是因为平台是一个双边或多边市场，二是因为平台具有网络外部性，三是因为平台具有规模收益递增的特征。平台模式同样适用于5G发展，运营商须致力于打造强大的5G平台。运营商发展5G，一头对接各生态合作伙伴，如设备商、集成服务商、软件提供商、终端厂商等，另一头对接广大用户，从这点来看，运营商发展5G本身就是一个大的平台。进一步看，运营商发展5G，可以说处处是平台，这些平台主要有边缘计算（MEC）平台、切片经营平台、数据和共享平台、5G终端平台、行业应用平台（如工业互联网平台）、面向消费者的5G应用平台（如智能高清视频平台）、5G开放实验室、5G联合创新中心、5G产业联盟等。这些平台相互联系、相互作用，共同构成了运营商的5G开放运营平台。5G平台经营的核心是坚持以客户为导向，打造好的产品，为客户创造价值。关键是打造良好的商业生态，能为利益相关者创造价值；重点是做好平台开放，提升平台运营能力；基础是建设5G极致网络和拥有庞大的5G用户规模。

- 生态模式

运营商为客户提供5G网络、产品和服务，离不开与产业链上下游合作伙伴的合纵连横。因此，生态模式是运营商发展5G的必然选择。打造5G商业生态，应始终坚持高质量发展观，坚持"开放共享，合作共赢"的发展理念，以应用创新为引领，以重塑新型核心竞争力为根本，通过积极建立跨界联盟、成立产业联盟、共建开放实验室、成立联合创新中心、成立产业基金等方式，广泛开展产业合作，加强生态治理，避免恶性竞争，构建新型的5G产业生态圈，在促进5G产业大发展中实现互利共赢、利益共享和共同成长。

以上商业模式紧密融合，共同构成了 5G 商业模式全景视图。5G 商业模式创新要紧紧围绕坚持为客户创造价值这一核心，从跨界经营、产品创新、平台经营、构建生态、品牌建设、补足短板等方面着手，最终实现生态共赢。

2.5　5G 赋能新基建

5G 是移动通信行业的重大变革点，5G 新基建将改变商业的本质。5G 不仅可以为大数据中心、人工智能和物联网等数字科技提供重要的网络支撑，而且可以将这些数字科技快速赋能给各行各业，对现有的传统基础设施进行提升，如智能电网、智能工厂、智慧城市、智能公路等。

在中国发展进入新时代，向高质量发展转变的进程中，数字经济全面发展已成趋势，而新基建已成为数字经济时代发展的基石，5G 是数字经济时代的基础设施。

基于 5G 全方位的连接，未来生活将更加智慧化，通过 5G 网络将其他所有智能设备终端与人连接起来，用户体验将产生质的飞跃。出行、居住、就医、教育等与生活息息相关的场景都在发生巨大的改变，这也是对 5G 需求的根本驱动力，因此 5G 被称为新基建中心的末梢神经一点也不为过。

2.6　5G 产业链及应用生态

5G 产业链涵盖非常之广，含运营商、主设备、零部件、下游应用等环节。5G 前期基础建设投入主要包括传输设备、无线设备、光通信设备、基站设备、小基站、网络规划设施等。从应用方向上看，5G 应用包括产业数字化、智慧化生活、数字化治理三大方向。5G 应用 80%在产业端，5G 通用应用（未来可能应用于各行业各种 5G 场景的应用）主要包括超高清视频、VR/AR、无人驾驶技术、机器人四大类；5G 应用到工业、医疗、教育、安防等领域，还将衍生出更多类创新型行业应用。

  5G 产业链的上、中、下游分别对应原材料、网络建设、终端产品应用场景。产业链上游产业主要包括芯片、传输介质、光器件和射频器件市场。其中，中国的芯片主要依赖进口，是比较薄弱的环节。但在 5G 技术发展和美国限制的推动下，华为、中兴通讯在芯片自主研发上加大力度，未来有望缓解当前局面。现阶段，上游产业各技术已趋于成熟，各国无论是自主研发还是通过付费，都有了一定的基础。中游包括传输设备、网络规划服务、网络架构建设及其他配套设备供应商。下游包括大数据、AI、物联网及工业互联网等应用场景，以及与场景相关产品/服务提供商，如图 2-14。

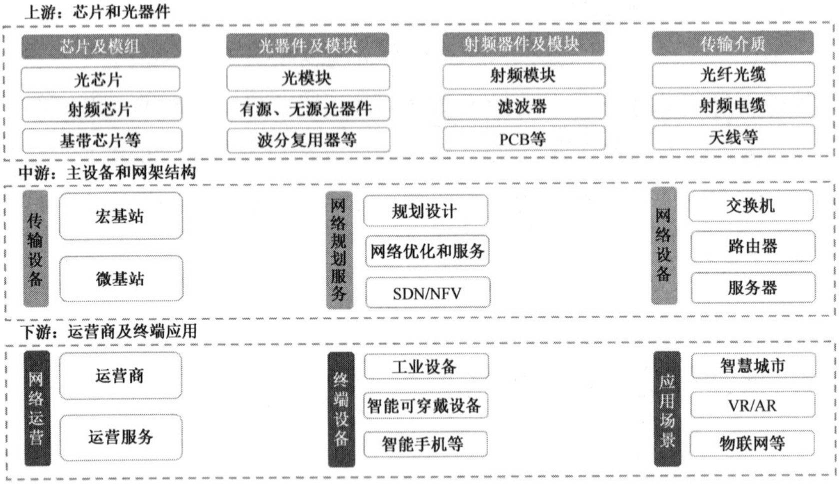

上游：芯片和光器件			
芯片及模组	光器件及模块	射频器件及模块	传输介质
光芯片	光模块	射频模块	光纤光缆
射频芯片	有源、无源光器件	滤波器	射频电缆
基带芯片等	波分复用器等	PCB等	天线等

中游：主设备和网架结构					
传输设备	宏基站	网络规划服务	规划设计	网络设备	交换机
	微基站		网络优化和服务		路由器
			SDN/NFV		服务器

下游：运营商及终端应用					
网络运营	运营商	终端设备	工业设备	应用场景	智慧城市
	运营服务		智能可穿戴设备		VR/AR
			智能手机等		物联网等

图 2-14　中国 5G 全景产业链图

围绕个人应用的产业链从内容、平台到终端都有许多知名公司布局，如图 2-15。

来源：艾瑞咨询研究院

图 2-15 5G 个人应用产业链图谱

移动通信技术源于 20 世纪 80 年代，几乎每十年迭代一次。21 世纪 20 年代，将是全球 5G 产业链爆发式发展的十年，根据 GSA 的统计，截至 2020 年 9 月，全球共有 44 个国家/地区的 101 家运营商推出 5G 服务。预计在未来，将有更多 5G 网络商用，并为社会经济提供新生产力平台。

2.7 5G 产业的挑战和机遇

4G 改变生活，5G 改变社会，5G 将开启数字经济的新篇章。5G 的网络架构、实现方式、服务对象等均发生了变化，在对产业链上中下游企业提出挑战的同时，也给企业带来了极大的机遇。5G 应用对象的覆盖面变广，拉动企业发展行业应用。产业链各企业纷纷根据自身优势布局 5G 行业应用解决方案。5G 将带动产业转型升级和经济高质量发展，有望推动经济社会全方位变革。为应对 5G 带来的变化，各企业大概率会基于现有业务做出一些改变，这必将导致行业环境不断变化。产业链上中下游的各个板块都将迎来挑战和机遇。

- 5G 基础建设的挑战和机遇

5G 新基建的带动效应将改变商业的本质，引领数字经济发展，5G 被赋予应对疫情带来的经济下行压力和为经济高质量可持续发展提供新引擎的重任。5G 从标准发布到大规模建网的时间间隔比前几代移动通信网络都短，技术、运维、产品、市场都面临成熟度压力，5G 基础建设面临的挑战如图 2-16 所示。新基建对 5G 而言不仅是建设工程，也是技术创新的延续，基础建设的挑战也是 5G 技术创新和应用推广的最大发展机遇。

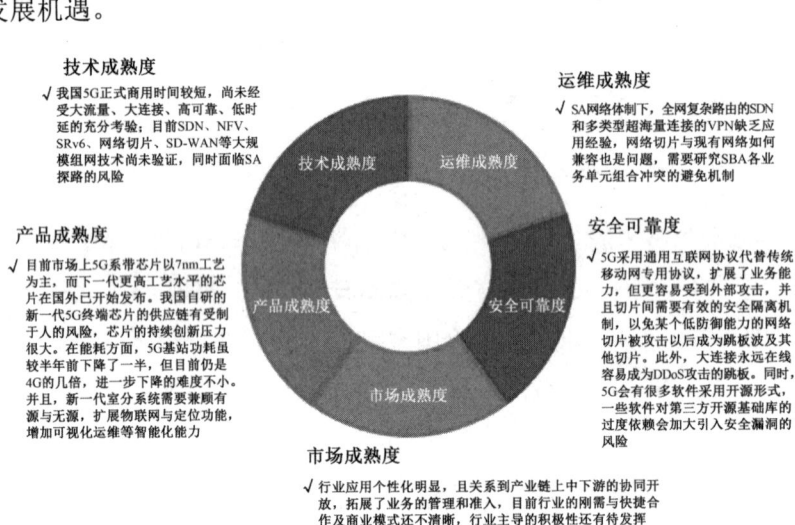

技术成熟度
√ 我国5G正式商用时间较短，尚未经受大流量、大连接、高可靠、低时延的充分考验；目前SDN、NFV、SRv6、网络切片、SD-WAN等大规模组网技术尚未验证，同时面临SA探路的风险

产品成熟度
√ 目前市场上5G系带芯片以7nm工艺为主，而下一代更高工艺水平的芯片也即将开始发布。我国自研的新一代5G终端芯片的供应链有受制于人的风险，芯片的持续创新压力很大。在能耗方面，5G基站功耗虽较半年前下降了一半，但目前仍是4G的几倍，进一步下降的难度不小。并且，新一代室分系统需要兼顾有源与无源，扩展物联网与定位功能，增加可视化运维等智能化能力

运维成熟度
√ SA网络体制下，全网复杂路由的SDN和多类型超海量连接的VPN缺乏应用经验，网络切片与现有网络如何兼容也是问题，需要研究SBA各业务单元组合冲突的避免机制

安全可靠度
√ 5G采用通用互联网协议替代传统移动网专用协议，扩展了业务能力，但更容易受到外部攻击，并且切片需要有效的安全隔离机制，以免某个低防御能力的网络切片被攻击以后成为跳板波及其他切片；此外，大连接永远在线容易成为DDoS攻击的跳板。同时，5G会有很多软件采用开源形式，一些软件对第三方开源基础库的过度依赖会加大引入安全漏洞的风险

市场成熟度
√ 行业应用个性化明显，且关系到产业链上中下游的协同开放，拓展了业务的管理和准入，目前行业的刚需与快捷合作及商业模式还不清晰，行业主导的积极性还有待发挥

图 2-16　5G 基础建设面临的挑战

- 电信运营商的挑战与机遇

在 3G、4G 时代，运营商提供的服务比较单一，错过了发展互联网应用的最佳时间窗口，最终沦为纯管道。5G 网络架构与实现方式的变

化为运营商提供了新的机遇。在网络架构方面,核心网是 5G 网络的中枢,承载着用户数据、网络安全、业务差异化、网络能力开放等关键功能。核心网用户面下沉,支持云化部署,可与 MEP 一云承载,为行业用户提供低时延的云服务。在服务对象方面,行业应用场景和业务创新也将正式开始发力,行业客户成为运营商重点服务对象,为运营商带来了巨大的增量市场,也带来了发展行业应用的机会。当前,各大电信运营商均成立了研究院以支持行业应用的发展。前期由政企客户部拓展行业客户,并将需求导入后台研究院。然后,研究院根据行业客户需求提供 ICT 一体化解决方案,并与电信运营商旗下的其他子公司、供应商共同完成交付。电信运营商行业解决方案商业模式如图 2-17 所示。虽然电信运营商发力边缘云及行业应用解决方案业务正当时,但当前仍以集成为主,受制于供应商,响应速度慢,缺乏自主开发能力和创新能力。

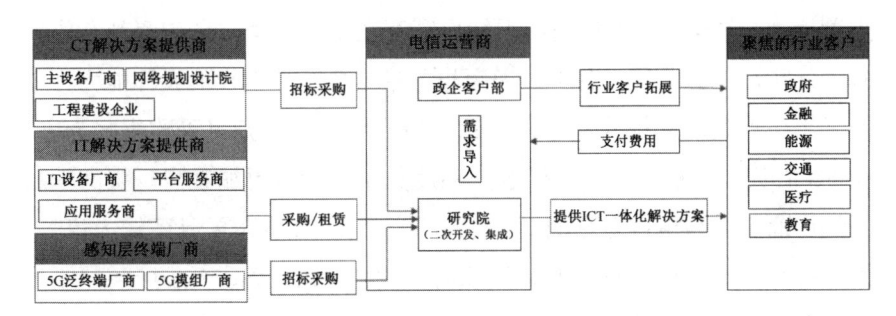

图 2-17 电信运营商行业解决方案商业模式

- 主设备厂商的挑战与机遇

目前,基站主设备市场呈现华为、中兴通讯、爱立信、诺基亚和三星这 5 家企业垄断的格局。在 5G 时代,由于基站的 IT 化降低了进入主设备领域的门槛,这种格局将被打破。在运维、优化中应用 AI 将给主设备厂商原厂业务带来冲击,但服务对象的变化也为主设备厂商带来发展行业应用的机会。在基站 IT 化方面,诺基亚将在其电信设备中增加开放接口,积极拥抱 OpenRAN,其他主设备厂商尚未进行规模投入。

在 5G 智能运维方面，华为、中兴通讯等主设备厂商已发布网络智能运维平台。整体来看，在 5G 时代，主设备厂商将面临更加激烈的竞争。在发展行业应用方面，主设备厂商在 CT 解决方案方面有较大优势；在 IT 解决方案方面，除华为外，其他主设备厂商以集成为主，缺乏自主研发能力。

- 基站天线厂商的挑战与机遇

5G 将成为天线行业发展的分水岭。在 4G 时代，基站天线是无源天线，运营商通过招标来采购天线厂商提供的设备。在 5G 时代，采购模式或将改变，天线厂商的竞争力将更有赖于下游通信设备商。5G 时代有源天线将成为主流，天线厂商需要和设备商集成后再一起将产品卖给运营商，电信运营商采用捆绑采购的方式，由主设备厂商打包为其提供完整的解决方案。这提高了进入供应体系的门槛，也削弱了天线厂商的盈利能力。主设备厂商与基站天线厂商存在生产代工与采购两种合作模式。目前，在主设备厂商中，华为与三星具备基站天线的设计能力，主要采用生产代工的模式。中兴通讯、爱立信及大唐则以采购模式为主。在 5G 时代，天线厂商的下游客户高度集中，竞争更加激烈。头部基站天线厂商长期与电信运营商、主设备厂商合作，在竞争中具备较大优势，而其他基站天线厂商将会面临生死的挑战。因此，基站天线厂商需要尽快转型，拓展业务范围，提升核心竞争力，向高端产品发展。

- 运维与优化服务商的挑战与机遇

在运维与优化服务产业中，人工运维将逐渐被淘汰，智能运维将成为主流。在 2G、3G、4G 时代，网络运维与优化服务以人工为主。运营商需要委托供应商为其提供网络运维与优化服务，主要按人员数量及工时付费。在 5G 时代，运维向智能化发展，这给运维与优化服务企业带来了极大的冲击。一方面，5G 智能运维将极大地提升运维效率，逐步代替人工，从而减少对运维人员数量的需求。另一方面，5G 智能运维对运维人员的技能要求更高。在 4G 时代，网络运维以网络为中心，对现场维护、支撑等低端运维人员的需求量大。在 5G 时代，网络运维以业务为中心，低端运维工作实现自动化、智能化，人员需求转向高端人才。目前来看，运维与优化服务企业大多已处于亏损状态，智能运维导致原运维市场萎缩严重，企业亟须转型。网络运维人员结构对比如图 2-18 所示。

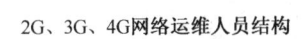

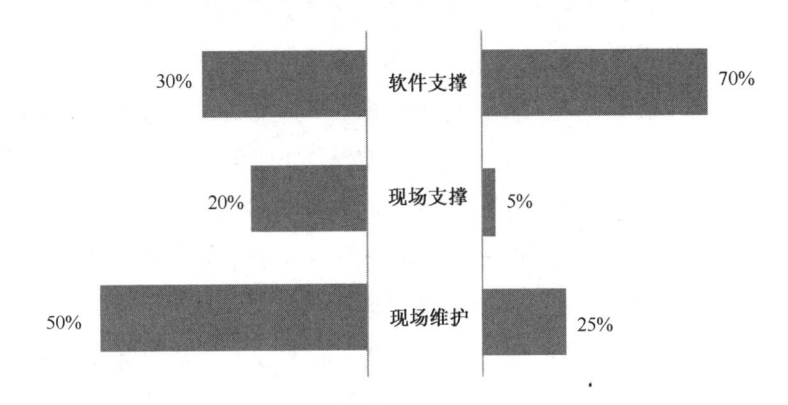

图 2-18　网络运维人员结构对比

5G 产业链涵盖主设备、运营商和下游应用等环节。前期投入主要包括无线设备、传输设备、基站设备、小基站、光通信设备、网络规划实施等。5G 产业链投资结构如图 2-19 所示。

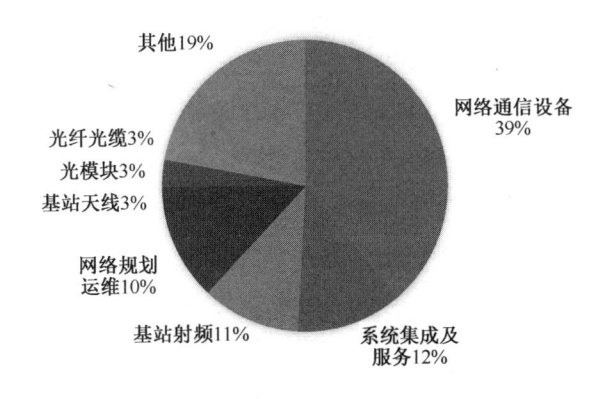

图 2-19　5G 产业链投资结构

从 5G 产业链投资中各个子行业的占比看，网络通信设备是占比最大的板块，占投资总额的 39%。网络通信设备是移动通信系统的核心环节，涉及无线、传输、核心网及业务承载支撑等系统设备，而主设备商在整个网络建设中扮演类似于总承包商的角色，为运营商提供完整解决方案，处于统筹地位。

总之，数字经济是今后数十年世界各国发展的核心驱动力，5G 作为新基建之首也将迎来重大发展机遇。应全力推进 5G 网络建设、应用推广、技术发展和安全保障，充分发挥 5G 新型基础设施的规模效应和带动作用，支撑经济高质量发展。应遵循 5G 应用发展规律，着力打通 5G 应用创新链、产业链、供应链，协同推动技术融合、产业融合、数据融合、标准融合，打造 5G 融合应用新产品、新业态、新模式，为经济社会各领域的数字转型、智能升级、融合创新提供坚实支撑。应坚持创新驱动，围绕 5G 行业应用个性化需求，加大技术创新力度，加强关键技术和产品研发，奠定 5G 应用发展的技术和产业基础。应遵循 5G 技术、标准、产业、网络和应用渐次导入的客观规律，紧扣国际标准节奏，有重点地推动 5G 应用发展，激发 5G 应用创新活力。

第 3 章
F5G 千兆光网

3.1　F5G 千兆光网的产生背景与定义

在加速全球数字化的进程中，固定网络已成为战略性公共基础设施，其发展水平已成为衡量国家综合实力的重要指标之一。近几十年来，固定网络技术与产业高速发展，分别经历了 F1G（64kbps）语音时代、F2G（10Mbps）Web 时代、F3G（30～200Mbps）视频时代和 F4G（100～500Mbps）超高清视频时代，当前我国固定网络已经迈入以第五代固定网络（F5G）技术为代表的千兆光网时代（见图 3-1）。

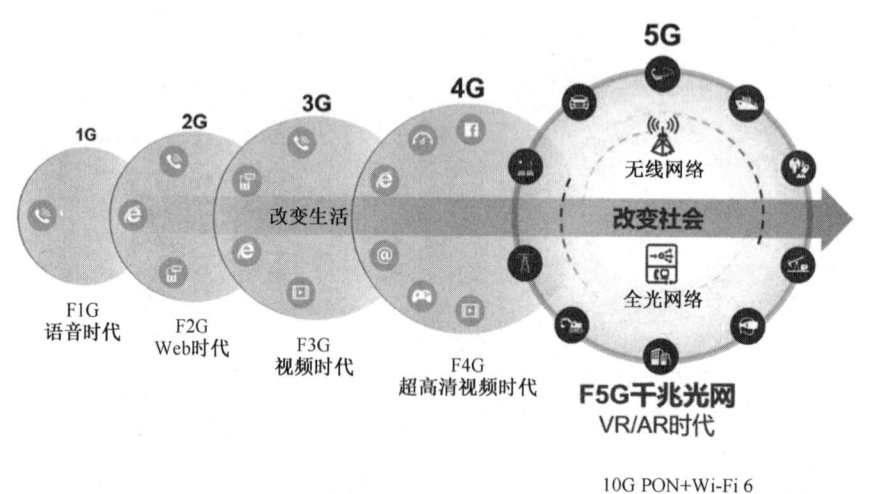

图 3-1　通信技术的代际演进

F5G千兆光网包含千兆全光接入网（10G PON、Wi-Fi 6）和全光传送网（200G OTN、OSU OTN、OXC）两部分。欧洲电信标准协会（ETSI）为解决固定网络标准组织不统一、缺乏明显的代际等问题，于2019年12月同意由中国电信、中国信息通信研究院、华为、意大利电信、葡萄牙电信等10家公司共同倡议创立第五代固定网络工作组（ETSI ISG F5G），并于2020年2月举办了"Fibre to Everywhere"F5G线上发布会，面向全球宣布成立F5G产业工作组。该工作组成员现已超过70家，致力于研究固定网络的代际演进和长期发展，团结产业生态上下游协同推动从光纤到户迈向光联万物，为产业的发展指明了方向。

F5G千兆光网具有全光连接（FFC）、增强型固定宽带（eFBB）、极致体验（GRE）三个关键特征。FFC利用全面覆盖的光纤基础设施，使光纤业务边界延伸到每个房间、每个桌面、每台机器，全力拓展垂直行业应用，业务场景扩展10倍以上，连接数提升100倍以上，实现每平方千米10万级连接数覆盖。eFBB借助更先进的技术，实现网络带宽提升10倍以上，提供上下行对称宽带能力，实现千兆家庭、万兆楼宇和T级园区。GRE支持零丢包、微秒级时延、99.999%可用率，配合智能运维，满足家庭及企业用户极致的业务体验要求。相比于前一代固定网络技术，F5G能够实现用户带宽提升10倍、连接容量提升10倍、通信时延降低90%。

F5G千兆光网面向固定接入场景，不仅能扩大我国家庭超高宽带覆盖面，而且能向园区（全光园区）、工业制造领域（工业光网）延伸，为个人、家庭、企业、工厂、学校、医院等室内接入业务提供抗干扰的稳定光纤连接，支撑千行百业数字化转型，同时为5G提供光底座运力支撑。5G面向无线接入场景灵活部署，适合室外或移动接入业务。两者共同构成双千兆网络，互为补充，协同支撑人们生产与生活的连接需求。

3.2　全球各国重视 F5G 千兆光网发展

我国持续重视 F5G 千兆光网发展，不断加快 F5G 千兆光网提速步伐。光纤网络政策一直是我国的核心政策，2013 年的"宽带中国"战略及"光纤入户"强制标准的出台，使我国光纤网络发展全球领先，光纤网络用户占比达 93.9%，光纤网络行政村覆盖率达 99.9%，固定宽带家庭普及率达 96%，百兆以上宽带接入率达 90.6%，加速向 F5G 千兆光网演进成为必然趋势。近几年，产业政策推动 F5G 千兆光网发展进入快车道。2019 年，工业和信息化部、国务院国有资产监督管理委员会启动专项行动，开展"双 G 双提"工作。2020 年，国务院常务会议明确提出要"建设千兆城市"。经过几年的发展，截至 2021 年 3 月，千兆光网覆盖家庭超过 1.2 亿户，千兆接入用户达 945 万户。

2021 年 3 月发布的《政府工作报告》中明确提出，"加大 5G 网络和千兆光网建设力度，丰富应用场景。"《中华人民共和国国民经济和社会发展第十四个五年规划和 2035 年远景目标纲要》中明确要求"加快建设新型基础设施""推广升级千兆光纤网络"。工业和信息化部为落实国家重点工作部署，发布了《"双千兆"网络协同发展行动计划（2021—2023 年）》，提出"计划用三年时间，基本建成全面覆盖城市地区和有条件乡镇的'双千兆'网络基础设施，实现固定和移动网络普遍具备'千兆到户'能力。"具体发展目标大致如下：到 2023 年年底，千兆光纤网络具备覆盖 4 亿户家庭的能力，10G-PON 及以上端口规模超过 1 000 万个，千兆宽带用户突破 3 000 万户，建成 100 个千兆城市，打造 100 个千兆行业虚拟专网标杆工程。在应用场景上充分发挥"千兆光网在室内和复杂环境下传输带宽大、抗干扰性强、微秒级连接的优势"，与 5G 协同发展、互促互补。2021 年 4 月，住房和城乡建设部等 16 个部门发布《关于加快发展数字家庭提高居住品质的指导意见》，明确提出"鼓励开展光纤到房间、光纤到桌面建设，着力提升住宅户内网络质量"。

全球各国都在积极探索 F5G 千兆光网建设，通过发布战略性文件或规划、给予资金补贴等方式加大推进力度。美国千兆网络业务起步较早，早在 2009 年就发布了"国家宽带"计划，2013 年启动了"千兆城市部署计划"，要求到 2015 年 50 个州均能享受千兆光纤网络。2020 年 4 月，FCC 划拨 204 亿美元农村宽带基金，为几个不同速率级别的宽带网络提供资金，其中也定义了千兆等级，要求资金获得者实现 1Gbps 速率，提供更高质量的网络服务。但目前美国整体光纤化水平还较低。欧洲早在 2016 年便推出了"千兆社会"战略，计划在 2025 年实现所有学校、交通枢纽等主要公共服务提供者和数字化密集型企业千兆网络接入，欧洲所有家庭可升级到千兆网络。德国于 2016 年推出"千兆德国"计划，目标是到 2025 年实现千兆光网全覆盖。英国通信管理局在 2020 年初宣布新提案，为了推动光纤网络的普及，英国政府将为农村地区提供 50 亿英镑的投资，政府将立法确保新建的住宅光纤预部署，以适应未来的千兆光网。日韩两国以国家战略推动光纤宽带发展，宽带建设名列世界前茅。日本高度重视 FTTH 的普及程度，相继推出"e-Japan""u-Japan"和"i-Japan"战略，目前商业用户接入速率为 1Gbps。韩国于 2012 年 4 月开始实施"Giga Korea"（千兆韩国）战略，目标是 2020 年达到 100%的千兆宽带覆盖。韩国 KT 公司已开始部署万兆级别宽带网络。新加坡政府于 2006 年和 2014 年两次提出"智慧国"建设规划，要求到 2015 年成为世界领先的"无线和有线宽带网络国家"，2016 年运营商开始部署速率可达 10Gbps 的新一代光纤网络，当前新加坡宽带速率排名世界第一。

3.3 F5G 千兆光网延伸与光联万物

随着万物互联的不断发展，城市、数据中心、专线、家庭和生产园区等场景连接将会以指数级增长，预计到 2025 年，全球连接数将达到 1 000 亿个。F5G 将推动光纤网络覆盖部署进一步延伸，最终实现光联万物（见图 3-2）。

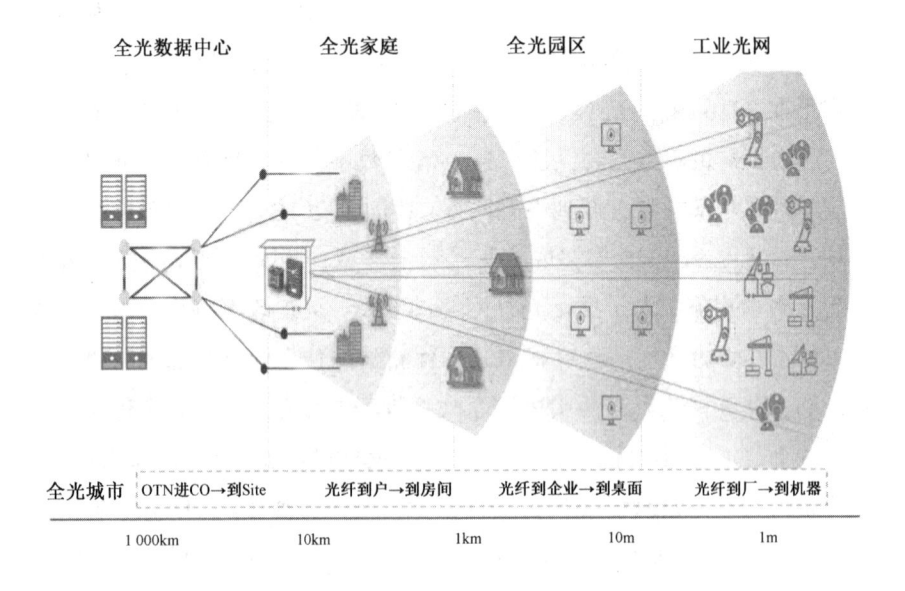

图 3-2 光纤网络覆盖部署趋势

3.3.1 全光品质专线

各行各业的应用场景千差万别，对通信的要求也存在差异。其中，快速增长的云服务需要高品质专线接入云数据中心，政务外网的革新升级要求更大容量和安全可靠的网络，视频和大数据应用需要带宽提速的专网承载，业务视频化、数据集中化、安防集约化的银行业务要求专线提速和连接升级，证券营业部到总部、总部到交易所需要低时延专线，教育行业需要高品质专线接入教育科研网。此外，医疗体系、大型企业与分支机构、视频监控专网等都有较高品质的专线需求。随着F5G技术日趋成熟，千兆光网将带来更多应用场景解决方案的创新，从而为企业提供更高品质的业务体验。OTN全光品质专线就是千兆光网时代衍生的新的商业场景，可以为企业用户提供可保证带宽、高可用率、低时延、低抖动、业务敏捷部署及在线自管理的五星级专线服务体验。目前，国内三大电信运营商已经建设了超过70个OTN政企专网，并广泛服务于政务、金融、医疗、OTT等大型企业客户。

OSU OTN是千兆光网的一种典型技术，可以支持2MB～100GB的灵活颗粒调度，能够更好地满足企业客户灵活的带宽需求，目前已经在各个行业开始应用试点。基于OSU OTN技术的OTN品质专线很好地继承了过去SDH技术的小颗粒、硬管道等能力，可以有效支撑大量企业从传统的SDH专线向OTN品质专线的升级，加速企业的数字化转型进程。

与此同时，随着企业上云的进程加速，OTN品质专线也在加快向品质云光网的演进，通过构建从企业用户到云端的直达通道，实现企业的"一跳入云"。当前，电信运营商已经在推进OTN品质专线产品和云服务产品的打通和融合，形成云光融合的产品形态，从而更好地满足企业用户的诉求。

另外，为了进一步让更多企业用户应用OTN品质专线产品，电信运营商已经开始推动基于OTN全光传送网和OLT全光接入网共站部署超级站点方案的OTN P2MP产品的创新，大量的中小企业只需要更换现有的企业CPE产品，就能以更优的性价比直接开通OTN P2MP品质专线服务，实现提速提质。

云为核心，网是基础，只有好的网络才能支撑行业数字化的高质量发展。目前，全球已有超过 50 个国家相继开展基于云网融合的新型基础设施建设来推动行业数字化转型。企业上云也在不断提速，从互联网行业走向传统行业，从办公系统走向生产系统，实现企业数据全链条流动。在这个过程中，品质专线无疑为企业提供了一个最佳方案，能有效地支撑企业的可持续发展。

一方面，F5G 作为新基建直接支撑传统基础设施数字化转型升级，更作为光底座为 5G、工业互联网、人工智能、物联网、数据中心等传送数据信息，是新基建的全光底座。另一方面，要构建一张端到端的高品质 F5G 千兆光网，除了家庭、办公园区、工业制造全光接入网络的建设升级，还要持续推动基础电信企业部署超高速、超大容量光传送系统，引导 200Gbps 及以上超高速光传送系统向城域网下沉，提升千兆光网传送站点密度，推动全光传送站点与全光接入网站点共站部署，筑牢全光传送网络这张"信息高铁"底座。光传送站点将进一步向网络边缘延伸，与光接入站点无缝衔接，构筑端到端 F5G 千兆光网，构建面向人口覆盖的千兆光网，提升每万人拥有千兆光网传送站点数，实现从用户侧到云端的一跳直达。通过"信息高铁站"有效支撑家庭千兆固定接入、5G、企业上云数字化转型等带来的流量增长，加快千兆光网传送节点向企业、居民、公共服务场所的延伸部署，实现用户就近接入千兆光网，保障业务快速开通和高质量业务体验。

全光传送站点与全光接入网站点共站部署，称为 F5G 超级站点解决方案，具有超级架构、超级体验、超级底座三大特征，为运营商业务打造高品质、全业务、一站式接入，构建数字世界的高速入口，将大幅提升千行百业的网络体验。超级站点有如下几个方面的特征。

第一，超级架构：通过独创光波导路由技术，实现单板级光交换功能，设备尺寸缩减 80%，将光交换能力部署到网络边缘，实现 Frog Hop（蛙跳）架构，让业务"一跳入云"，打造 1ms 时延圈。同时，利用

OTN ASON 自动保护，大幅提升业务可靠性，为千行百业的数字化转型带来高品质的云网体验，做到专网入专云。

第二，超级体验：业界领先的 OTN P2MP 技术，利用已经覆盖商务楼宇的 ODN 网络现有光纤资源，快速覆盖海量中小企业，将品质专线带入千行百业，助力运营商做大政企市场。OTN P2MP 专线通过类 SDII 物理隔离的技术，提供可保证的带宽，时延低至 200μs；同时，企业侧 CPE 支持即插即用，加上 NCE 端到端的智能管理与业务发放，可以做到专线天级开通。

第三，超级底座：F5G 超级站点提供室外站、街边柜或 CO 站点三种场景化的极简站点方案，大幅降低站点成本；点亮哑资源，实现光缆资源可视化，释放光纤潜力；支持网络长期平滑演进，一网用两代，生命周期内整网 TCO 降低 50%以上。

3.3.2 千兆城市

城市在我国网络基础设施建设中发挥着主力军作用，各个城市加速部署 F5G 千兆光网新基建，将全面支撑城市的社会经济发展。一是助力产业升级，培育新动能；二是带动创业和就业，利当前、惠长远；三是促进信息消费，支撑数字经济，助力社会治理。在家庭应用方面，支撑视频娱乐、在线教育、在线医疗、远程办公、智慧家庭等应用繁荣发展。在企业应用方面，助力企业高质量专线、企业上云、全光园区等应用快速发展，支撑交通、电力、油气、金融等国家支柱产业数字化转型。在工业应用方面，工业光网促进工业互联网能力提升，实现高带宽、抗电磁干扰的稳定、绿色、节能网络，打通各环节信息通道，推动工业生产数字化。

工业和信息化部印发的《"双千兆"网络协同发展行动计划（2021—2023 年）》明确：2021 年建成 20 个以上千兆城市，2023 年建成 100 个千兆城市。千兆城市标准中对千兆光网部分的具体要求是：城市家庭千兆光纤网络覆盖率为 80%，城市 10G-PON 端口占比为 25%，500Mbps 及以上用户占比为 25%，"双千兆"应用创新不少于 5 个。可以考虑从三个主要方面推进千兆城市建设：一是坚持适度超前的建设节奏，加快推动千兆光网的建设部署和广泛覆盖，从而形成"以建促用"的良性模式；二是孵化千兆光网创新应用，加快千兆光网业务的用户发展，推进千兆光网在各行各业的业务应用，带动千兆光网基础设施和产业发展；三是通过创造良好的政策环境，形成良好的发展态势，助力城市在信息网络基础设施上占据发展优势，可以优先覆盖核心商圈、产业园区、交通枢纽，同时面向有条件、有需求的农村及偏远地区，逐步推动千兆网络建设覆盖，最终建成全面覆盖城市地区和乡镇的千兆光网新型基础设施。

当前，我国千兆宽带套餐用户已接近 1 000 万户，并且还在快速增加中。在家庭场景中，随着 8K IPTV、8K VR 等超高清视频、在线办公、在线教育等业务的快速发展，用户对高品质家庭 Wi-Fi 的需求日益强烈。传统的光纤到户（FTTH）网络只解决了光纤宽带的接入问题，家庭内部还普遍存在 Wi-Fi 覆盖差及网线组网限制带宽的问题，可谓"千兆到家易，百兆入房难"，因此迫切需要更好的家庭内部组网方案。光纤凭借可支持万兆及以上网络的高速率、抗干扰能力强、丢包率低、高可靠性、绿色环保等突出优势，成为家庭内部组网的新介质。

FTTR 即光纤到房间，可通过一个主光猫与多个从光猫配合，基于 10G-PON 与 Wi-Fi 6 的组合实现 FTTR 全光家庭组网。该方案与传统家庭内部组网方案相比有四大亮点。

一是全屋超千兆覆盖。支持超千兆 Wi-Fi 到每个房间，未来可升级到更高速率，保障超高清视频、VR 等新业务传输带宽无瓶颈。

二是全屋 Wi-Fi 稳漫游。从一个房间到另一个房间，Wi-Fi 连接可以瞬间切换，视频、会议、游戏等业务不会中断，用户无感知。

三是全屋 PON 光网连接。基于 PON 全光网络架构，节省光纤资源，基于桌面式和面板式从光猫灵活扩展，再大的户型都能覆盖，更经济且施工方便。

四是全屋智能全连接。一个主光猫可以下挂多达 16 个 Wi-Fi 热点，连接超过 256 个智能设备，实现全屋智能体验。

FTTR 全光家庭组网具有多重划时代的意义，通过良好的光纤和 Wi-Fi 覆盖方案，彻底解决了家庭内部网络体验差的问题，在提升用户体验的同时，又打开了网络流量的水龙头，必将促进更多的应用创新，引领光纤到户后的第二次"光改"革命。目前，FTTR 方案已经在广东、四川、天津、吉林、陕西、云南、河南等 20 多个省（市）实现商用发布，可为用户提供千兆高品质宽带体验。

在更细粒度上，数字化办公、数字化校园、数字化医院等智慧化园区建设蓬勃快速发展，产业园区的数字化、智慧化转型使得连接无处不在，在园区全面信息化基础之上实现园区的智能化管理和运营，是信息化不断纵深发展的综合性表现。这些是千兆城市有力的支撑和组成部分。

截至 2019 年年底，全国已建成各类产业园区 15 000 余个，产值约占整体经济的 30%，产业园区已成为推动我国经济高质量发展的重要力量。预计未来 3～5 年，园区原有传统基础设施与园区高质量发展需求不匹配的矛盾将显现，随着我国智慧城市建设加速和园区信息化发展趋向成熟，数字化和智慧化园区建设需求将持续增大，市场规模将恢复较高增长态势。

数字化和智慧化园区的建设离不开全光网络的支撑，全光网络具有简架构、易演进、多业务等优点，可助力园区内业务应用的数字化转型和智慧化创新发展。

网络架构简化：由传统的三层 IP 网络转变为扁平化的两层全光网络，无源网络免取电，节省弱电机房能耗。

任何业务均可演进：光纤寿命达 30 年，不易被腐蚀且抗电磁干扰，带宽随业务增长，ODN 布线免施工，支持由 10G-PON 向 50G-PON 平滑演进。

多业务承载：一根光纤可以承载宽带、Wi-Fi、语音、视频、IoT 等多种业务。

全光网络可解决原有园区建设中存在的建网成本高、占用空间大、数据孤岛、业务割裂、资源利用率低等问题，将光纤部署到每个桌面，为园区内办公、生活提供千兆体验，提升企业办公效率，通过 F5G 技术实现数据集中化，满足一网通办、一网通管的园区管理诉求。

3.3.3 工业光网

中国把网络强国和制造强国作为国家战略，高度重视工业互联网的发展。工业光网具备在室内和复杂环境下传输带宽大、抗干扰性强、微秒级连接的优势。工业光网以工业无源光网络（PON）、工业光传送网络（OTN）为主，将与 5G 协同部署，共同构建针对固定和移动场景的具有统一高效承载能力的工业互联网，满足工业企业对接入终端设备的安全认证和管控能力，并支持工业企业高品质快速上云需求。工业光网将与人工智能和机器视觉等新技术结合，实现制造业的精准控制和自动化生产，在工业领域逐步普及，以提高生产效率。

发达国家抢抓新一轮工业革命机遇，围绕核心标准、技术、平台加速布局工业互联网，构建数字驱动的工业新生态。世界各国参与工业互联网发展的国际竞争日趋激烈。中国是全世界唯一拥有联合国产业分类当中全部工业门类的国家，在世界 500 多种主要工业产品中,中国有 220 多种工业产品的产量位居全球第一。工业门类完整意味着生产工艺的多样化和生产环境的复杂化。工业光网作为大带宽、高可靠、低时延、易运维的高性能网络，结合光传输特有的长距离、信号不受电磁干扰等特性，获得了很多有工业互联网通信场景的企业的青睐。可通过光连接实现企业内工业控制、厂区监控、办公业务（语音、视频、数据、Wi-Fi）统一接入，实现企业人、机、料、法、环的全面互联，助力企业实现全面信息化。

在生产制造场景中，工业光网与 AI、云、机器视觉等技术相结合，可以大幅提升产品生产线的质检效率。在通常情况下，如手机、PC、服务器之类的产品生产线涉及多个质检环节，借助 F5G 搭建的大带宽、低时延网络环境，工业光网可以实现云端与边缘的协同，对智能摄像机拍摄的产品部件图片实施自动智能的实时大数据分析，替代人工的机械性重复劳作，实现提质增效并节省开支，助力企业迈向智能制造。

在煤炭等矿业场景中，工业光网契合行业对高安全性的需求，采用全预连无源光器件，具有大幅减少隔爆箱、避免井下熔接高温隐患、提高运维工作效率等优点。F5G 智能化煤矿应用方案可以为智慧矿山建设提供有力的技术支撑，实现井下视频、远程控制、监测监控、无线通信等一体化应用，提供简单、可靠、超高速的工业数据传输网络，为煤炭行业智能化升级保驾护航。

在电力行业，工业光网协同 5G、AI 等技术，配合传感器、自动作业机器人等设备，能够支撑多种创新的场景和应用，包括无人值守变电站、输电线巡检、视频采集、云上 AI 分析等，全面赋能电力系统的"发、输、变、配、用"流程，加速智能电网演进，推动电力行业的产业互联网建设。

F5G 千兆光网正全力支持工业领域实现快速数字化转型升级，展现出更多用武之地。

3.3.4　数字乡村

建设数字乡村是乡村振兴的战略方向，也是数字中国的重要组成部分。推动数字乡村建设，对广大乡村民众生活水平提升、就业条件改善具有重大意义。近几年，数字乡村逐步扩大了在农村社会治理、生态保护、农村养老等领域的应用，信息化在推进乡村治理体系和治理能力现代化中发挥了基础支撑作用。

2021年2月发布的中央一号文件指出：推动农村千兆光网与城市同步规划建设。在农村数字基础设施、智慧农业、乡村公共服务及社会治理的数字化和智能化、农村数字普惠金融、农村电子商务等数字经济领域全面发力，旨在通过城乡一体化数字经济大循环畅通城乡经济循环，以数字化转型加速农业农村的现代化水平提升。

乡村振兴是我国农村工作当前的重点。数字乡村在农业农村经济社会发展中将发挥重要作用，不仅可以促进传统农业生产、经营、交易的数字化转型，提升生产效率，优化产品供给结构，而且可以推动直播带货与短视频、乡村文旅民宿，打破城乡经济机会在地理上分布不均的局面。

在全国返乡下乡创业创新人群中，有超过一半在运用"互联网+"等新模式。手机正在成为"新农具"，数据正在成为"新农资"，直播正在成为"新农活"，农村大众创业、万众创新蓬勃发展。近年来，在视频直播、网络带货等新型电商的创新推动下，农产品电商持续保持两位数的增长速度，成为巩固拓展脱贫攻坚成果同乡村振兴有效衔接的"超常规武器"。

数字乡村的基础在于通信网络，实施数字乡村建设发展工程将有助于实现农村和城市"同网同速"。应推动农村千兆光网与城市同步规划建设，进一步完善电信普遍服务补偿机制，支持农村及偏远地区信息通信基础设施建设。华为在2020年提出的AirPON方案有助于将光纤宽带建设从行政村延伸到每个自然村，实现深度覆盖。它有几大优势：一是在农村部署不再需要机房，二是不需要专属的回传网络，三是从设备到用户家中可以做到不等比分光、快速部署、可视可管，解决了原来投入和产出不匹配的问题，从而有效消除信息数字鸿沟，提升农村幸福感。

综上所述，F5G 千兆光网具有超高带宽、超低时延、全光连接等特点，可支撑千兆城市、全光家庭、全光品质专线、全光园区、工业光网、数字乡村、全光底座的建设和应用。在接入侧，10G-PON 已成为主流技术，具有完善的产业链，可与 FTTR 方案、Wi-Fi 6 设备配合，进一步实现无缝的真千兆覆盖，实现业务的"零等待、零卡顿、零故障"。在传送侧，将尽快完成单波 200G 骨干光传送网（OTN）的容量升级和全光交叉连接（OXC）的全面部署，全光传送站点 OTN 部署进一步下沉，与 OLT 全光接入站点共站部署，从配套网向支撑高质量品质专线的业务网演进。F5G 千兆光网将实现千兆家庭，加速千兆城市进程，再逐步实现千兆社会，助力全社会各行业的数字化转型。

3.4 F5G 千兆光网与数字经济发展

当前，以宽带网络为基础支撑的数字经济新产业、新业态、新模式快速发展，我国已经把数据作为和土地、劳动力、资本、技术并驾齐驱的关键生产要素。根据中国信息通信研究院发布的《2021 年中国数字经济发展白皮书》，在过去 7 年里，我国数字经济对 GDP 增长始终保持在 50% 以上的贡献率，成为驱动经济增长的关键力量。特别是在抗击新冠肺炎疫情中，大量数字经济的新业态和新模式快速涌现，在助力疫情防控、保障人民生活、对冲行业压力、带动经济复苏、支撑稳定就业等方面发挥了不可替代的作用。"十四五"期间，数字经济将占据越来越重要的地位，传统产业与新一代信息技术融合应用，进行数字化转型升级已是必然趋势。F5G 千兆光网作为网络基础设施显得尤为重要，不仅能进一步发挥宽带网络在扩大有效投资、促进信息消费和推动制造业智能化转型等方面的重要作用，而且能为人工智能、云计算、区块链等新兴技术提供网络连接和数据传送，为 5G 网络提供全光网络数据传输。因此，F5G 千兆光网不仅能提供千兆宽带接入能力，也能提供全光传送的光底座能力，是新基建、全行业数字化转型的先导基石，是驱动数字经济快速发展的新动能。

权威研究数据更能说明 F5G 千兆光网对数字经济增长的推动作用。由徐宪平主编的《新基建》一书中预测，2020—2025 年，F5G 千兆光网市场规模将超过 8 万亿元。中国社会科学院相关研究表明，2019—2025 年，F5G 千兆光网建设投资平均每年能拉动中国 GDP 增长 0.3 个百分点，并创造 503.08 万人的就业岗位。F5G 千兆光网不仅能够积极促进数字产业化，而且能够带动产业数字化，引导数字经济和实体经济深度融合，推动经济高质量发展。

3.4.1　助力行业数字化转型

F5G 千兆光网在助力千行百业数字化转型的过程中从各个层面发挥着积极和重要的作用。在传统行业的数字化转型过程中，F5G 千兆光网支持企业从技术层面进行办公系统升级。在此基础之上，F5G 千兆光网协同物联网、云计算、自动化控制和机器视觉等技术，对生产系统进行升级，支撑超大的数据量和超高质量信息流的稳定传输，助力企业实现更精准的控制、更多维度的感知、更精细的计算，帮助企业实现数字化和智慧化转型。

中国宽带发展联盟发布的 F5G 千兆光网十大典型应用场景如图 3-3 所示。固定网络在具备了千兆接入能力后，不仅可以丰富个人和家庭信息化应用，还可以为城市运行管理、数字乡村建设、产业数字化转型、传统基础设施和公共服务等领域数字化升级提供高质量的网络接入能力，满足云 VR、智慧家庭、游戏、社交、云桌面、平安城市、企业上云、在线教育、远程医疗和智能制造等典型场景应用，有力支撑数字经济增长，加速推动社会经济高质量发展。

在抗击新冠肺炎疫情期间，许多国家和地区启动了民众居家隔离模式，在线教学、远程办公、远程医疗、居家娱乐等基于网络的需求暴涨，我国互联网流量同比增长50%，欧洲约90%的互联网流量通过固定宽带承载，凸显了光纤网络的关键作用。在线教育对视频分辨率、用户参与感的要求不断提高。远程医疗需要实现数据、图像和语音的综合性、实时性传输。视频会议是远程办公的主要应用。F5G千兆光网可以满足这些应用对大带宽、低时延、高稳定性的网络需求，是应对疫情等突发性公共事件的"柔性防线"。

云VR	智慧家庭	游戏	社交全景实时直播	云桌面
速率Gbps级 时延<8ms	速率>370Mbps 时延<20ms	速率>300Mbps 时延<50ms	上行速率>200Mbps	上行速率>50Mbps 时延<10ms

平安城市	企业上云	在线教育	远程医疗	智能制造
AI实时监控 上行速率>200Mbps	对称速率>100Mbps 可靠性>99.99%	速率>750Mbps 时延<20ms	速率>200Mbps 时延<10ms	同步实时操作 时延<100μs

图3-3　F5G千兆光网十大典型应用场景

2020年7月15日，国家发展和改革委员会、国家互联网信息办公室、工业和信息化部等13个部门联合发布《关于支持新业态新模式健康发展激活消费市场带动扩大就业的意见》，对15个领域的数字经济新业态提出了指导意见，支持新业态、新模式健康发展，激活消费市场，带动扩大就业，打造数字经济新优势。以直播行业为例，其具有超高清视频应用、百万级粉丝互动等个性化需求，是新业态的典型代表，呈爆发式增长趋势。直播行业可与其他行业进行跨域融合，实现网红经济与实体经济的进一步对接。F5G千兆光网可以支撑新业态个性化发展，并与传统产业融合，促进更多新业态发展。

2018年，工业和信息化部发布《关于加快推进虚拟现实产业发展的指导意见》，提出发展端云协同的虚拟现实网络分发和应用服务聚合平台（云VR）。2019年，工业和信息化部等部门联合印发《超高清视频产业发展行动计划（2019—2022年）》，提出要按照"4K先行、兼顾

8K"的总体技术路线,大力推进超高清视频产业发展和相关领域的应用。超高清4K/8K、云VR等应用进入发展快车道,超高清8K单频道需要100Mbps以上稳定带宽,未来极致云VR体验(24K节目源)需要1.5Gbps带宽、8ms以内时延网络,这些都离不开F5G千兆光网的支持。

3.4.2 提升民生服务

F5G千兆光网不止于"国计",也将作用于"民生",为百姓带来实实在在的好处。F5G千兆光网能够促进新一轮消费升级。当前,我国正经历以信息化消费为典型特征的新一轮消费升级,有形信息产品和无形信息服务的消费规模不断增大,对信息消费质量的要求也不断提升。同时,网络购物、网络订餐、电子支付等信息化消费方式和消费习惯逐渐成为社会主流。F5G千兆光网是新一轮消费升级的技术支撑,一方面,能以其大带宽、低时延、泛连接的特性提供更优质、更低价的网络服务,提升消费者网络体验和获得感;另一方面,可以孵化新产品、新应用、新业态,提高供给与需求的匹配度,不断满足消费者日益增长的多样化、个性化信息产品需求。

F5G千兆光网不仅能在提升家庭用户业务体验方面发挥重要作用,还将全面支撑智慧农业、智能制造和工业互联网的发展;深入支撑公共服务的均等化,在远程教育、远程医疗、智慧养老等方面发挥更大的作用;支撑社会公共治理体系的现代化;在交通出行、社会管理方面的作用愈加凸显。F5G千兆光网的建设部署将引发新一轮投资高潮,满足云VR、智慧家庭、云桌面、平安城市、企业上云、在线教育、远程医疗和智能制造等典型场景应用,并结合新的行业应用实现创新应用孵化。国家开展千兆城市建设,在实现生产生活产业链安全可控的前提下,还可以实现从线下到线上应用的迁移,促进行业数字化转型,保证经济韧性,最重要的是可以实现教育、医疗、养老、政府服务的公平普惠。

3.4.3 助力数字生活

随着经济的发展和社会的进步,人们的生活水平逐步提升,随之而来的是对生活品质的更高要求。在数字经济时代,越来越多的数字产品走进人们的生活。超高清视频是数字生活的重要组成部分。随着 4K/8K 电视的普及率越来越高,全球超高清视频用户已经超过 2 亿户,越来越多的内容生产制造商向 4K/8K 聚拢。超高清视频产业已经具备发展条件,发展空间巨大。

8K 画面更清晰,分辨率达到 2K 的 16 倍和 4K 的 4 倍;色彩更真实,包含自然界所有颜色;画面更立体,更接近真实世界场景;音效更真实、震撼。8K 技术将为用户带来极致的视听体验。以 70 英寸屏幕为例,在 2K 时代,屏幕上颗粒状的像素点很明显;在 4K 时代,一定距离条件下,颗粒感消失了;在应用 8K 技术后,近距离下,颗粒感全无,可为用户带来沉浸式体验。

与此同时,不断涌现的新视频形式也给观众带来了前所未有的震撼体验,如提供 360°沉浸式体验的云 VR 应用。视频产业正从单一的清晰度需求向更高分辨率、更强沉浸感和更强交互性的多维度需求发展。

目前,我国各地市运营商均已基于普遍覆盖的光纤网络提供 4K 电视服务。深圳电信基于"500M 普及,1 000M 引领"的网络,推出了智能电视服务"天翼高清电视",提供热门节目 4K 直播、逾 170 路高清直播,热播内容超过 6 万小时,可实现 2 小时时移、7 天回看,每天有超过 160 万户深圳家庭收看。2021 年 2 月,中央广播电视总台 8K 超高清电视实验频道首次试播成功,本次试播预示着我国成为第二家拥有 8K 频道的国家,在全球范围内具有引领和示范意义。在上海、深圳、杭州、成都、青岛、海口等城市,市民可通过户外大屏体验 8K 春晚。

3.4.4 助力乡村振兴

各地市运营商基于 F5G 千兆光网，在助力乡村振兴中创造了很多优秀实践，为提升用户网络体验、加速数字经济发展提供了新动能。

南京电信借助千兆光网和智能监控打造平安乡村。结合乡镇安防需求和养殖防盗等居民个人需求，南京电信积极推动智能监控产品"天翼看家"在农村地区的应用。通过平安示范村挂牌活动，向居民演示和介绍产品，帮助养殖户、种植户办理"天翼看家"业务，助其提高生产效率，已累计为乡村地区居民安装智能监控产品 1.1 万部，实现由"人防"到"机防"的智能化升级。

青海部分偏远地区牧场一直未开通宽带网络，牧场的安防监控、管理、学习先进经验等诉求无法得到满足。在了解了牧场农户对于宽带网络的需求后，青海联通从 2020 年开始，通过采用创新方案积极开展光纤宽带进偏远农场工作，重用无线基站快速为牧场用户开通光纤宽带，推进网络信息化渗透到牧场的安防、生产、经营、消费、学习、娱乐等各个环节，极大地提高了农业农村生产效率和农民生活水平，得到了牧场的高度欢迎。

在提升乡村群众收入方面，千兆光网也起到了强大的助推作用。陕西省户县胡家庄村主导产业为"户太八号"葡萄种植，中国电信户县分公司多次对村民进行集中培训，教授村民"如何在互联网上买卖农副产品"，并在社区服务站设立业务代办点，帮助村民建立服务交流群，随时为村民答疑解惑，实现政府在信息化上"让数据多跑腿、让村民少跑路"的目标。目前，中国电信户县分公司正在加快推进电商入村，通过与电商合作，搭建适合农村和农民的信息化交易平台，帮助建立物流配送体系，提高农产品外销量，降低农副产品过程成本，开辟新的致富途径和创业手段。

随着农村经济的不断发展和农民生活水平的日益提高，农民对信息化的需求日益增加。光网进乡村，不仅可以让广大农民享受和城市一样的高品质宽带，更可以通过信息的畅通传递，加快转变传统的生产方式，开辟新的致富途径，让"互联网+"在农村落地开花。"胡家庄智慧光网乡村"项目，从立项建设、宣传、收款、受理、装机、培训至最后一名用户调试完成，仅用了 15 天，不仅让广大农民享受到高速光网宽带，极大地丰富了农村家庭的信息生活，而且加快了"互联网+"在农村的落地实施。

3.5　F5G 千兆光网绿色节能

低碳环保是当前人类社会的一大重要命题。世界主要经济体相继承诺在 21 世纪中叶达成碳中和目标，我国"十四五"规划中也明确提出："单位国内生产总值能源消耗和二氧化碳排放分别降低 13.5%、18%。"同时，企业界也正在向绿色可持续发展迈进，各大企业及传统能源巨头纷纷提出碳中和目标，开始实施低碳行动。随着全球碳中和行动的兴起，能源结构加速转变，能源产业势必向数字化、低碳化转型，以适应数字世界快速发展的需要。网络是先导性、战略性、基础性新基建，必须考虑节能建设。

2020 年年底，针对从数据中心到用户侧端到端看高清视频 1 小时场景，德国环境与自然保护部进行了 5 种不同数据传输方式的碳排放测评，测评结果如图 3-4 所示。

从图 3-4 中可以看出，全光接入（FTTH）每小时仅排放 2g 二氧化碳，分别是当前 5G 无线技术和 LTE（4G）无线技术二氧化碳排放量的 40% 和 15%，是铜缆接入方式二氧化碳排放量的一半。全光接入是所有数据传输方式中二氧化碳排放量最低的，可以极大地节约对能源的消耗，在最大限度上保护自然资源环境。

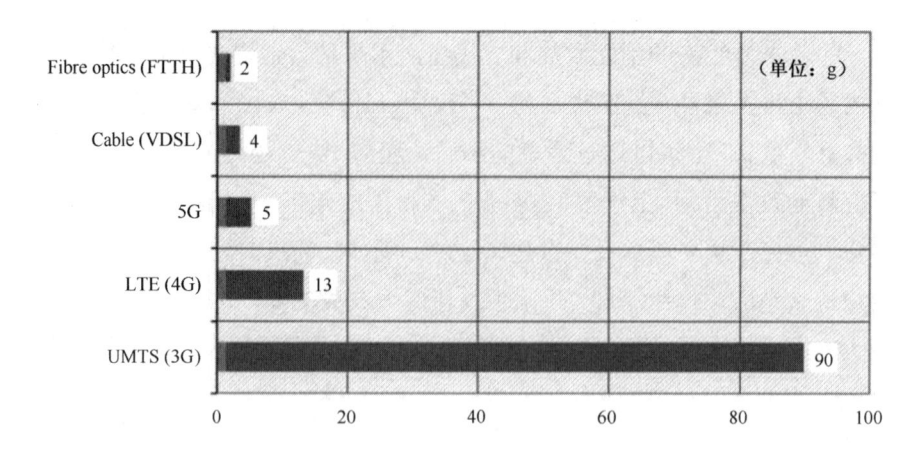

```
Fibre optics (FTTH)  | 2
Cable (VDSL)         | 4
5G                   | 5
LTE (4G)             | 13
UMTS (3G)            | 90
                     0    20    40    60    80    100
                                               (单位：g)
```

图 3-4　不同数据传输方式碳排放测评结果

F5G 千兆光网本身具备超大带宽、超低时延、抗电磁干扰等特性，是目前最节能的网络技术，可在全生命周期内端到端降低碳排放。

（1）介质节能：光纤的原材料是沙子，可再生，而传统网线的原材料是铜。光纤易加工，工序比铜线少 50%，可有效减少碳排放。

（2）架构节能：光纤网络由三层架构变为二层架构，可节省布线和弱电机房，减少能耗。光纤网络是端到端的无源网络，用无源设备替代有源设备，可减少 60% 的碳排放。

（3）可持续节能：光纤网络生命周期长达 30 年，且一根光纤可以承载多种业务，带宽无上限，一次部署可满足未来 30 年优化升级。

中国电信四川公司坚持"低碳电信、绿色发展"的理念，深入实施节能减排，不断探索低碳环保的通信解决方案。该公司自 2012 年就启动了全光网建设，用光纤全面替代铜线。从繁华的城市，到偏远山村，再到雪域高原的藏乡羌寨，都铺上了绿色网络。2020 年，在四川全省绿色光纤网络的基础上，中国电信四川公司在 12 个省级骨干传输节点上换上了 F5G 全光背板交换设备，比传统方案节省 90% 的机房空间，降低了 60% 的能耗，让绿色网络建设更上一个台阶。

有着"天府之肺"美誉的雅安市，作为首批全球生态文明先行示范区、国家级生态示范区，通过全光网连接建设"全光城市"，实现了绿色通信。未来，伴随四川"全光城市"的全面建设，每年将节省 800 万度电，相当于每年多种 64 000 棵树。在光的流转中，四川将迈入新的绿色通信时代。

3.6　F5G 千兆光网产业生态

3.6.1　我国各地方积极发展 F5G 千兆光网

F5G 千兆光网新基建正成为地方省份和城市核心竞争力的重要体现。在国家政策的支持和牵引下，各地方在出台的"十四五"规划和新基建产业政策中纷纷明确加速 F5G 千兆光网建设。

湖北省武汉市提出 F5G 产业"1168"发展战略，设立 1 个 F5G 独立运营的创新中心，打造 1 个世界级平台武汉光博会，孵化 F5G 政府、制造、商业地产、交通、教育、医疗重点行业领域的 6 大 F5G 场景化应用，汇聚设计院、集成商、高校院所、光生产制造商、光网络交付商、地产开发商、工程咨询、网络运营公司 8 类合作伙伴，引领全国 F5G 产业发展方向，将 F5G 产业做大做强，助力武汉建成"双千兆"全国首批示范城市。

广西建成"F5G 千兆光网第一省区"。截至 2021 年 4 月，广西光缆建设总长度为 234 万千米，千兆光网用户为 193 万户，并以月新增超 10 万户的速度快速增长，在全国排名前列。同时，广西已完成了千兆光网对所有县城及以上城市区域的 100%覆盖，光纤 100%覆盖所有行政村，全光传送网 100%覆盖所有地市县乡。广西于 2021 年 5 月发布《广西"双千兆"网络协同发展行动计划（2021—2023 年）》，持续扩大千兆光网覆盖范围，积极落实农村通信基础设施补短板建设，大力推动光纤到房间、到桌面，发展"数字家庭"，强化千兆应用创新赋能本地经济社会发展，有力支撑全区实体经济数字化、网络化、智能化转型升级，建设一批超一流千兆城市，助力广西社会生活与经济蓬勃发展。

上海建成"全光智慧城市全球第一城"。截至 2020 年年底，上海千兆光宽带已覆盖 2 万个小区、960 万户家庭，覆盖率达 99%。上海移动以 F5G 千兆光网为底座，构建城区 1ms、外环 2ms、上海全境 3ms 的稳定低时延圈，同时构建 0.2ms 的浦东金融时延圈，打造全球最大规模的全光交叉城域网和上海最多的光传送节点，实现全市光高速枢纽布局，进一步赋能城市数字化转型。

杭州成为"双 5G 第一城"。无线的 5G 是"天上一张网"，而 F5G 则是"地下一张网"，光联万物，真正开启万物互联新时代。杭州率先入选中国移动集团 5G 标杆城市，在 F5G 建设方面，移动 OLT 光传输设备已实现杭州 100%光网覆盖，全市具备千兆接入能力的小区达到 1 000 个，目前 F5G 已经在数据中心、城市天眼、未来社区等场景中广泛应用。

3.6.2　F5G 千兆光网产业建设

光通信产业链如图 3-5 所示。其中，光芯片及上游材料行业壁垒较高，国外厂商在高端芯片市场具有竞争优势；光器件涉及设计和制造多个环节，近几年逐步呈现向成本优势地区迁移的趋势，中国厂商在无源器件市场已经占据一定份额，有源器件近几年加速趋势明显；在整体设备方面，华为、中兴通讯、烽火通信等已经在全球具备差异优势。

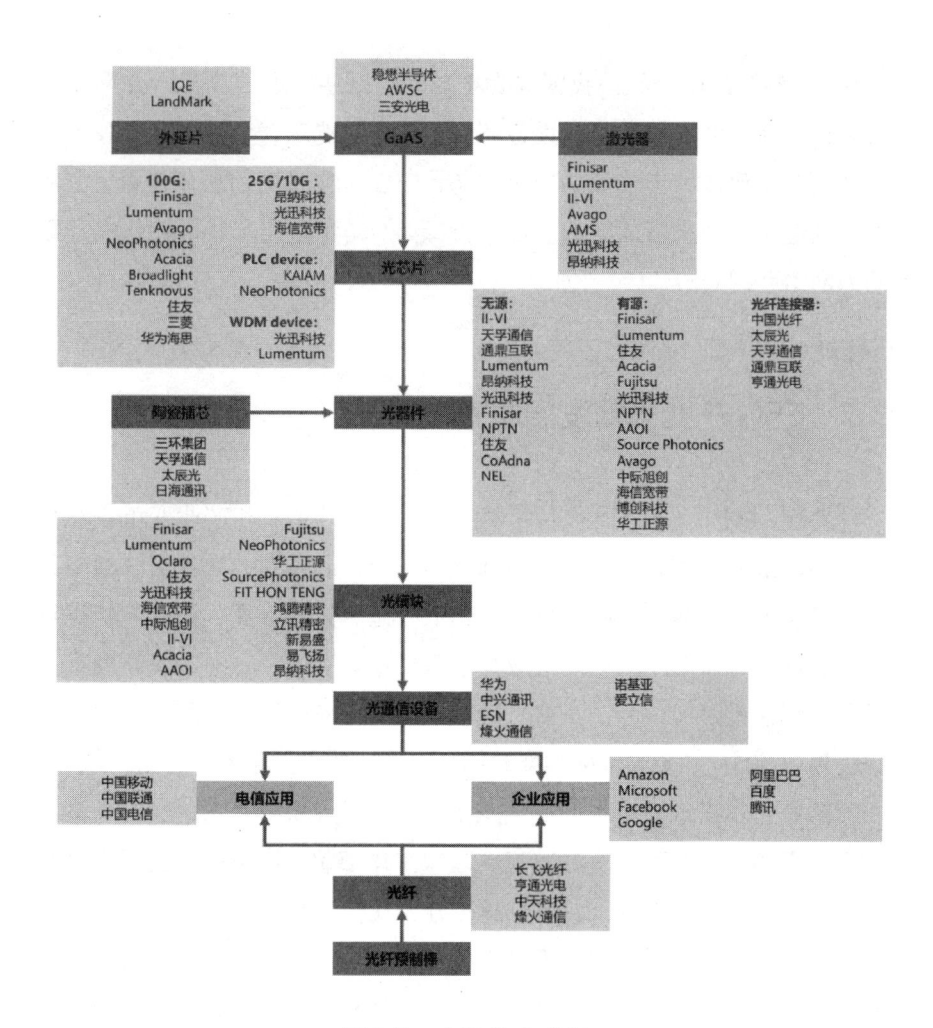

图 3-5　光通信产业链

依托国内巨大的光网络市场和研发能力，经过 30 年的持续投入，我国已具备从专利技术、芯片、器件、系统设备到网络应用完备的光产业链条，拥有全球最大的光器件、设备制造基地，以及最大规模和容量的光通信网络。同时，我国成为全球最大的光网络设备制造国，光纤预制棒国产化率超 80%，光纤光缆产能占全球供应总量一半以上，部分光缆企业也借此成为行业头部企业。目前，我国光器件产业占据全球

25%～30% 的市场份额，我国成为全球光纤网络发展的典范，并率先迈入全光时代，也形成了包括设备商、运营商、能源、金融、政府等各个领域的合作伙伴和集成商的应用生态。F5G 千兆光网的加速建设，将使生产制造企业迎来新一轮的发展与升级，推动我国光产业持续壮大升级，助力网络强国建设。

3.7　F5G 千兆光网发展展望与建议

当前，以信息通信技术为代表的新一轮科技革命和产业变革正在全球兴起，加快推进新一代信息基础设施发展，已成为世界各国的战略共识。F5G 千兆光网具有超高带宽、超低时延、先进可靠、绿色节能等特点，是新型基础设施的重要组成与承载底座。党中央、国务院高度重视千兆光网建设发展，《中华人民共和国国民经济和社会发展第十四个五年规划和 2035 年远景目标纲要》中明确提出要推广升级千兆光网，2021 年《政府工作报告》中也明确要求加大 5G 网络和千兆光网建设力度，丰富应用场景。为更好地贯彻落实国家工作部署，加快推进我国千兆光网建设和发展，各级政府、产业链各方和社会各界都对千兆光网的发展予以了充分的重视和支持，千兆光网发展遇到了难得的机遇，我国的千兆光网发展一定会进入快车道，在拉动有效投资、促进新兴消费等方面发挥重要的作用，支撑我国的数字化转型取得新突破，全面助力我国经济蓬勃发展。

对加快推进 F5G 千兆光网发展的建议如下。

一是多措并举，加快 F5G 千兆光网建设发展，积极推进千兆城市建设，发挥中心城市带动作用，推动实现我国整体千兆光网发展水平提升，深入推进农村基础设施升级与信息化应用，按需逐步推动农村千兆光网覆盖，助力巩固拓展脱贫攻坚成果与乡村振兴有效衔接，提升骨干传送网承载能力，持续优化数据中心等应用基础设施布局，深化电信基础设施共建共享，提升千兆光网基础设施共享水平，推动绿色节约发展。在家庭网络侧，制定光纤到房间的光纤网络布线标准和产业政策，通过家庭内部全光纤网络部署配合 Wi-Fi 6 技术，实现每个房间网络信号全覆盖的高质量网络体验。在企业网络侧，普及全光园区、工业互联网、全光专线应用，在数字化转型中抢得先机。在承载网络侧，使传送设备 OTN 进一步与接入设备 OLT 共站部署，构建端到端的高品质 F5G 千兆光网。

二是应用创新，推动 F5G 千兆光网与行业融合赋能。加快千兆光网应用模式创新，鼓励结合行业需求，采用多种模式灵活开展网络建设应用。通过网络架构创新、运营模式创新，更好地服务行业发展，深化千兆光网在制造、交通、医疗、教育、港口等垂直行业的应用，与 5G 优势互补，共同给传统企业带来生产方式、经营管理的数字化变革，带动工业互联网、智能制造、智慧城市、智能家居等领域的创新创业，为赋能经济社会数字化转型提供支撑。

三是提升 F5G 千兆光网的产业水平。发挥龙头企业引领带动作用，抓住发展机遇，整合各类创新资源，加快推进千兆光网产业上下游共同协作。在超高速光纤传输、高速光纤接入、高速无线局域网等方面加大研发力度，实现技术突破。针对高速光电芯片、高速无线局域网芯片、高速光模块等薄弱环节，加强技术攻关，提升制造能力与工艺水平，夯实我国光通信产业发展基础。

"十三五"期间，我国光纤宽带网络建设取得了显著成效，光纤覆盖率全球领先。"十四五"期间，希望能够集中全行业的智慧，不断推动我国 F5G 千兆光网发展取得新的成绩，形成创新驱动、协同发展、应用面广、持续性强的千兆光网发展格局，实现光通信产业的持续引领，助力我国数字经济蓬勃快速发展。

第4章
数据中心

4.1 数据中心的定义与发展历程

4.1.1 时代背景：大数据

随着 5G、移动互联等网络基础设施建设的快速推进，以及数字化、信息化的普及，各种类型的数据如爆炸般产生并被存储下来。大数据技术的出现极大地提升了人们处理和利用信息的能力，并推动数据成为新的生产资料，以驱动生产力不断跃迁。

大数据的价值在于其客观、真实、全面地记录了事物的信息。运用统计分析、机器学习等大数据技术，能够从海量的数据中提取有效的信息并萃取成知识，从而帮助人们更客观地理解事物，更准确地预测事物的变化，进而做出更优的决策。然而，大数据自身所具有的规模大、增长快、来源广、类型多、价值密度低等特点为数据处理、管治和应用带来了巨大的挑战。如何采集、存储、治理、分析海量并实时增长的多源异构数据，成为数智经济新时代解放生产力的关键问题之一。在这样的背景下，作为大数据处理、管治和应用平台的数据中心俨然成为开启数智经济新时代的关键基础设施之一。

4.1.2 数据中心的定义

数据中心是一整套复杂的设施，它不仅包括计算机系统及其相关组件，如网络、存储、通信、监控等设备，还包括安置这些计算机系统的场地及管理人员。不同的机构对数据中心的定义不尽相同。国家标准化委员会在《数据中心 资源利用》（GB/T 32910.1—2017）中对数据中心做出如下定义：由计算机场地（机房）、其他基础设施、信息系统软硬件、信息资源（数据）和人员，以及相应的规章制度组成的实体。Google将数据中心定义为一栋或多栋旨在容纳以不同网络形式连通的计算和存储设施的建筑。IBM将数据中心定义为使能企业计算的物理设施，其中包括企业计算机系统、网络连接设备、供电系统、电气开关、备用发电机和环境控制等组件。也有学者认为，数据中心是全球协作的特定设备网络，用来在互联网基础设施上传递、加速、展示、计算、存储数据信息。数据中心的主要作用是收集、存储海量的数据，并有效利用数据和算力服务于具体业务。

4.1.3 数据中心的发展历程

与计算机的发展历程相似，数据中心的发展也深受摩尔定律的影响。摩尔定律指出：当价格不变时，集成电路上可容纳的晶体管数目约每隔18个月便会增加一倍，性能也将提升一倍。在摩尔定律的引领下，核心设备的升级带来数据中心的改变，甚至引发变革。数据中心的发展历程可以分为大型机、小型机集群、互联网数据中心和云数据中心4个阶段。

1946年，第一台计算机ENIAC（Electronic Numerical Integrator And Computer）在美国诞生。虽然ENIAC是专为美国弹道研究室计算火炮的火力表而研制的，但其完整包含了计算、存储、网络等组件，并部署于功能完整的基础设施中心。因此，ENIAC被视为数据中心的鼻祖，并开启了数据中心时代。从 ENIAC 诞生到 20 世纪 60 年代，数据中心都以大型机为核心，其体积庞大、成本高昂，主要为政府和军事机构提供大规模的科学计算服务。1964 年，西摩·克雷成功研制出世界上首台超级计算机 CDC6600，并在加州大学伯克利分校的劳伦斯放射实验室投入使用。CDC6600 被誉为超级计算数据中心（简称超算中心）的鼻祖，开启了全世界以不断突破极限算力为目标的超算中心建设热潮。

随着计算性能需求的不断提升，如何实现资源共享并获得额外的性能支持变得十分迫切。在此背景下，虚拟化技术应运而生并迅速普及。1972 年，IBM 公司的 VM/370 OS 首次实现了虚拟化技术的商业化应用。作为数据中心最重要的技术之一，虚拟化技术走上历史舞台并深深地影响了数据中心的发展历程。1973 年，另一项数据中心关键技术开始被应用于大型机系统，它就是灾难备份（简称灾备）。1979 年，SunGard 公司建立了世界上第一个灾备中心。

随着大规模集成电路的发展，微型计算机在 20 世纪 70 年代初期诞生，数据中心也逐渐步入小型机和微型机时代。1977 年，Datapoint 公司提出了首个在商用局域网（LAN）中被广泛采用的微型机通信协议 ARCnet，其采用令牌传递总线协议（Token-passing Bus Protocol），使得局域网中的计算机能够互相通信，进而实现跨计算机文件服务和可伸缩计算等目的。随着计算机微型化和网络通信技术的发展，数据中心逐步从以一台大型机为中心发展为多台微型机相互连通组成计算机集群，共同为用户提供存储和计算服务。1982 年，随着 IBM 公司推出世界上第一台个人计算机 PC5150，大型机因过于昂贵的价格和巨大的场地占用逐步退出历史舞台。伴随着计算机价格的大幅降低，以及网络通信技术的成熟和普及，企业越发重视对自有信息技术及相关资源的掌控，纷纷建设自有的内部数据中心，这使得中小型数据机房呈现爆炸式增长趋势。

20世纪90年代早期，为服务于日益增长的终端用户，并满足用户不断提升的计算性能需求，数据中心逐步从集中式架构转变为分离式架构。在集中式架构中，应用程序、文件和数据库同时部署在一台服务器上，为应用程序提供服务；而在分离式架构中，应用程序、文件和数据库分别部署在独立的服务器上，并根据实际使用需求配置不同的硬件基础设施，使得终端用户能以最佳的性能使用应用程序。在这一时期，客户/服务器（Client/Server，C/S）架构逐渐成为主流。在C/S架构中，客户端部署在用户计算机上，处理用户系统交互、简单计算和小规模数据存储等业务逻辑；服务器端部署于数据中心，承担事务逻辑处理、大规模数据存储和计算等功能。客户端和服务器端通过网络进行通信和数据交换。由于客户端分担了一部分逻辑事务，故而减轻了服务器端的负担。同时，服务器端可以根据客户端的实际计算资源用量需求，及时增减硬件设施，从而为更大规模的用户群体同时提供稳定可靠的服务。随着C/S架构的普及，数据中心的建设和管理模式也从自建自管模式转变为服务器托管模式。在此模式中，数据中心所有者将服务器托管到具有完善机房设施、高品质网络环境的机房中，以此达到安全、稳定、可靠运行的目的。托管的服务器由所有者自行维护。电信运营商凭借其自身的基础设施安置场地及网络运营服务等业务优势，逐渐占据市场的主导地位。与此同时，部分企业开始选择将数据中心交由第三方运营商管理和维护，外部数据中心开始出现。

1995年，随着互联网的出现，分散在不同地方的数据资源被有效地整合在一起，实现互联互通，并通过互联网服务于世界每个角落的用户。互联网数据中心（Internet Data Center，IDC）应运而生。IDC集中收集和处理数据，并提供服务器托管、资源出租、系统维护、流量分析、负载均衡、入侵检测等涵盖从数据中心建设到管理维护的一整套服务。IDC的主要服务对象包括大型跨国企业、互联网服务提供商、电子商务服务提供商、应用软件服务提供商、多媒体服务提供商等。在这一时期，电信运营商进一步发展成运营 IDC 的龙头企业。此时的数据中心已然开始向网络服务中心转型，而不局限于提供计算和存储基础设施服务。

在互联网时代，信息系统产生的数据呈爆发式增长，这也为数据中心带来新的挑战。在此之前，满足算力需求是建设数据中心的首要目标。然而，数据爆发式增长使得数据中心不得不面对如何均衡负载以提高吞吐率、如何动态扩容以满足突发的大规模存储需求等问题。随着数字经济的发展，PB 级（1PB=1 024TB）甚至 EB 级（1EB=1 024PB）数据相继出现，IDC 运营成本高、响应慢、个体使用率不均衡、总体使用率低等弊端也逐步显现。大型互联网企业如亚马逊、Google、微软、阿里巴巴、腾讯等为满足自身快速增长的业务需求，纷纷回到自建数据中心的道路，并在 21 世纪初期探索出全新的云数据中心，成为新的数据中心服务提供商。

云数据中心以云计算为核心，通过虚拟化技术将抽象的资源整合在一起，以资源池的方式按需分配给不同的业务，从而满足高负载、高吞吐和海量的存储需求。云数据中心服务提供商将数据中心的各个模块高度封装后，以服务的形式供用户订购使用。用户按需订购相关的资源，能最大限度提高资源利用率。此外，数据中心的基础设施对用户透明，极大地增强了用户针对自身业务需求构建数据中心的灵活性。在云数据中心时代，用户托管的不再是服务器等基础设施，而是数据、算力和设备可用性。除此之外，伴随着大数据技术的发展，数据不再作为业务系统产生的附属品仅被存储在硬盘中，而是为业务系统源源不断地提供养分，用其自身携带的海量知识和信息，让业务系统更加智能、高效地服务用户。

4.1.4　数据中心的应用

托管、运营和维护超级计算机是数据中心最早的应用，并一直延续到现在。以超级计算机为核心的大型机数据中心是其典型的代表。在数据中心发展初期，超级计算机主要服务于高校及特定的科研机构，为科学计算提供算力支持。因此，高校及科研机构既是超级计算机的研发者，又是大型机数据中心的运营者。然而，随着大规模计算需求的爆发式增长，超级计算机的规模日渐庞大，大型机数据中心的服务对象也不再局限于高校和科研机构，超算中心应运而生。

虽然超算中心的核心仍旧是超级计算机，但是与大型机数据中心不同，现代化的超算中心还包括海量的存储节点、管理节点、管理网络等，在为用户提供大规模算力的同时，还能满足不断增长的大规模存储需求。超算中心建设成本高昂，而且需要完善的配套设施保障其安全、稳定、可靠运行。其占地面积大、能耗高等特点都使得运营和维护超算中心远超高校及科研机构的承受范围。因此，高校和科研机构逐渐转向专注于超级计算机的研发，而超算中心的建设和运营更多由国家和地方政府共同承担。天津国家超算中心是我国首个国家超算中心，其运营的"天河一号"是我国首台千兆次超级计算机。由国防科技大学研制并部署于广州国家超算中心的"天河二号"以峰值计算速度每秒 5.49 京次、持续计算速度每秒 3.39 京次双精度浮点运算成为 2013 年全球最快超级计算机。由国家并行计算机工程技术研究中心研制并部署于无锡国家超算中心的"神威太湖之光"以每秒 12.54 京次双精度浮点运算的峰值性能和每秒 9.3 京次的持续性能成为 2017 年全球第一超级计算机。截至 2020 年，由国家科技部牵头，我国已分别在天津、广州、深圳、长沙、济南、无锡、郑州和昆山建成 8 个国家超算中心，致力于支撑基础科研和关键性技术突破，成为多学科交叉的平台，加速相关学科的信息化发展与融合，并为大数据、云计算和物联网的应用发展提供算力和存储支持，最终服务于产业应用。

随着互联网数据中心和云数据中心的兴起，数据中心逐渐由以超算中心为代表的专用计算服务提供者转变为面向大众的通用计算和存储服务提供者。在数据中心向网络服务中心转型的过程中，电信运营商发展为运营 IDC 的龙头企业，为大型跨国企业、互联网服务提供商等提供服务器托管、资源出租、系统维护、流量分析、负载均衡等服务。随着云计算技术的成熟，亚马逊、微软、阿里巴巴、腾讯等超大型互联网公司纷纷商业化了原本只用于支撑其自身业务运营的云数据中心服务。因其技术成熟、可靠性高、可伸缩性强、按需部署等特点，大型互联网公司迅速取代电信运营商成为云数据中心服务提供商的领跑者。用户只需要租用云服务器搭建自己的业务系统，并将数据托管于云平台上，无须兼顾繁复的数据中心建设、维护和管理等工作，节省了运营成本并使得用户可以完全专注于业务的开展。

除提供通用基础设施服务外，数据中心也被广泛建设成面向特定业务的专用设施。政务数据中心是其主要代表之一。政务数据中心通过整合政务相关数据，应用于政府机构的行政业务，进而提高政府运行和施政效率。在我国，政府拥有最大规模的政务数据储量，然而这些数据以不同的数据格式分散地存储在各地、各级政府部门的信息系统中，形成数据孤岛。这些数据孤岛成了实现一站式处理行政业务的痛点。此外，绝大多数政务数据只有政府机构才有权采集、汇总，如户籍、财政、税收、社保、工商注册、犯罪记录、车辆登记、商贸总量、食品和药品管理、水电暖用量等。为打破数据孤岛，贯通和汇聚各行政部门的政务数据，推进政府数字化转型，实现政务办理"最多跑一次"的改革要求，北京、上海、广州、深圳、杭州、西安、宁波等城市纷纷成立大数据资源管理局，统筹规划建设政务数据中心，并在法定权限范围内参与拟订相关的地方性法规。以深圳为例，成立于 1995 年 10 月的深圳市大数据资源管理中心主要负责建设和管理城市大数据中心，包括构建数据资源共享体系，建设、管理和运行维护人口、法人、电子证照、公共信用等基础库；负责建设、管理和运行维护全市电子政务办公网和服务网、数据中心机房、政务云平台、数据备份中心等电子政务基础设施；负责建设和管理政务网站集约化平台、政务邮件系统、政务短信平台等公共政务应用等。目前，通过深圳市政务统一服务 App 和微信公众平台已实现行政业务全流程网上自助办理、部分业务零材料无感申办、瞬时秒批。

为满足自身运营管理及科研的需要，高校也纷纷开始建设专用数据中心。高校自建数据中心主要是为了集中管治数据，以便更好地利用大数据技术分析数据，促进高校数字化转型并提升管理效率。同济大学、重庆大学、湘潭大学等高校都建设了互联网数据中心，以支撑人事系统、财务系统、科研系统、OA 系统、设备系统、教务系统、学工系统、校园一卡通系统、就业系统、宿舍系统等的日常运行，并将原本分散在各个系统中的数据汇聚于数据中心，以便为学校职能部门和师生提供数据服务。香港理工大学于 2017 年成立了大数据分析中心，这是香港特别行政区首个校级的大数据分析研究机构，其不仅为各个学系提供高性能计算和海量存储等数据中心基础设施服务，还作为多学科交叉的平台，以大数据分析和人工智能技术为支点，增进了跨学科合作。

4.2 数据中心与数智经济

在数智经济时代，数据成为核心生产要素。数据中心作为数据汇聚、存储和处理的工厂，不仅为数智经济的发展提供充足的燃料，还是维护数智经济主权和安全的重要根据地。

4.2.1 数智经济的基石

随着云计算、大数据、人工智能、区块链等技术的发展，世界经济大步迈向数字化、智能化。继农业经济、工业经济时代后，人类社会走向了数智经济时代。不同于农业经济和工业经济时代以劳动力、土地、资本作为主要生产要素，数据是数智经济时代最核心的生产要素。充分挖掘数据携带的信息和知识并加以有效利用，不仅优化了资源分配，提高了资源使用效率，还全方位地改变了人们生产、生活、出行、消费、社交甚至知识获取的模式，为经济发展、社会生活和国家治理都带来了诸多重大而深刻的变革。相比于其他生产要素，数据资源具有的可复制、可共享、无限增长和供给的属性，打破了传统生产要素有限供给对提高生产力的制约，这为持续增长和永续发展提供了基础与可能。

数据中心作为存储和处理数据的工厂，在这个由数据驱动的数智化变革的潮流中显得举足轻重。在数字产业化和产业数字化的过程中，数字技术与实体经济深度融合，不断提高传统产业数字化、智能化水平。与此同时，数据伴随着数字经济活动的展开源源不断地产生，并最终汇聚于数据中心。人工智能等新一代智能技术的发展推动数字经济向智能经济转型，并通过智能技术产业化和传统产业智能化，促进人类生产生活方式、社会治理与服务方式全面向智能化转变，形成以智慧交通、智慧城市、智慧医疗、智慧教育、智慧金融、智能制造、智能家居等为代表的典型应用场景。作为信息基础设施的数据中心是经济智能化转型的核心驱动力，其不仅为智能经济提供充足的数据，还为人工智能算法提供充足的算力支撑，使其能高效地挖掘数据所携带的信息、知识并加以充分利用。由此不难看出，数据中心是连接数字经济和智能经济的桥梁，并如内燃机一般源源不断地为推进数智经济提供能量。

4.2.2 数智经济的保障

在发展数智经济的过程中，不可忽视的是如何维护数智经济主权和保障数智经济安全。数据资源的博弈已经成为当下全球化竞争的焦点。维护数智经济主权的首要任务是维护数据主权。狭义的数据主权是指一个国家对本国产生的数据完全控制、自由管理和利用的权利。具体而言，数据主权包括所有权与管辖权两个方面。数据所有权是指国家对本国数据排他性占有的权利，数据管辖权是指国家对本国数据享有的管理和利用的权利。维护数据主权需要做到排除外部干涉，保障数据不受他国侵害。在互联网时代，人们在网上的行为必须严格遵守其所生活或工作的国家的法律法规，但互联网上的数据、信息等可能并不驻留于某个国家，国界的概念被淡化或忽视。例如，企业在某个国家开展互联网相关经济活动，但存储经济活动过程中产生数据的服务器并不部署在该国家，这就使得该国家难以对企业的经济行为展开行之有效的监管。数据中心作为存储和管治数据的实体，可以使数据驻留于国家及其法律的管辖范围内，这是维护数据主权的基础。

数字货币主权是数智经济主权的重要组成部分之一。数字货币是数智经济发展的特定产物。随着区块链技术的兴起，以比特币为代表的数字货币掀起了一场货币体系和支付方式的大变革。比特币是一种基于点对点传输的加密电子货币，其并不依赖特定的货币发行机构，而是根据区块链智能合约实现不可篡改的去中心化流通。比特币的出现极大地冲击了以主权货币为核心的传统货币体系，并促使货币体系和支付方式产生变革，以顺应数智经济的快速发展。在这个过程中，数字货币主权成为维护数智经济主权的重要一环。狭义的数字货币主权包括发行权、流通权和调控币值权。由于区块链的去中心化特性，任何人都能发行数字货币，所以如何对数字货币进行价值锚定并实现与传统货币相互流通兑换成为维护数字货币主权和保障货币体系稳定的关键。2014年，中国中央银行开始研发数字人民币，并于2019年得到国务院的批准，于2020年开始在深圳试用。数字人民币是人民币的数字化形式，本质上与现金相同，属于中央银行负债，具有国家信用，与法定货币等值。与由Facebook主导发行的Libra电子货币不同，数字人民币由国家中央银行发行、流通和主导币值调控，这大大维护了国家在数智经济时代的信用体系。反观Libra电子货币，其直接与美元、欧元等货币及政府债券挂钩，绕开清算机构直接进行去中心化的全球流通，这实质上是在挑战国家信用主权，威胁国家数字货币主权。全面推广数字货币等数智经济时代的新产物，算力是关键。金融数据中心以其充足的算力成为支撑数字货币运营、维护数字货币主权最主要的基础设施。2020 年，长三角金融数据中心在苏州落成并启用，其作为国家法定数字货币的主运营中心，直接承担数字人民币的发行、交易、运营等业务，进一步推动中国向无现金社会发展。

除了维护数智经济主权，数据中心还从以下几个方面保障数智经济安全，即基础设施和网络安全、数据安全、主权数字货币安全、个人信息安全和隐私保护。根据绿盟科技发布的《2019 安全事件响应观察报告》，越来越多的安全事件发生在对基础设施的攻击中，尤其是针对金融业、运营商及政府部门。数据中心除了配备防火墙、完善机房安保系统和消防系统等物理层安全防护，还需要定期进行设备检查、漏洞扫描，及时处置安全事件，并制订全面有效的安全管理制度，对安全管理人员与岗位设置进行严格把关，从运维层面保障基础设施和网络安全。在数据安全方面，数据中心应对数据从采集、传输、脱敏、存储、使用到销毁全生命周期进行严格管理和监察，对敏感数据和信息进行加密，并规范管理数据访问和使用的权限。还要运用联邦学习、差分隐私技术等降低暴露训练数据中敏感信息的可能性，以此保障个人信息安全和保护隐私。数据中心将技术手段和管理模式相结合，为数智经济提供全方位的安全保障。

4.2.3 宏微观经济数据采集与汇聚

运用大数据和人工智能的方法研究复杂的宏微观经济现象的基础是数据。经济活动中的微观主体如企业、机构、个人、商品等的基本属性、关联关系等信息，可以通过多种方法进行全面及时的收集和整理，并汇聚于数据中心，为研究其背后复杂的经济现象提供坚实的数据基础。

具体而言，在微观层面，应综合考虑政府、企业、个人、互联网、物联网等多种数据来源，形成与国家经济运行相关各方数据源的统一汇聚机制，建立面向微观经济主体的动态本体库。其中，政府数据源自国家统一信息平台和各级地方政府的政务数据；企业数据包括企业生产经营生命周期中产生的各类数据，如工商登记注册、税务、海关、就业社保、投融资、专利软著等；互联网数据包括但不限于互联网上的公开信息，如新闻、电商评论、商品信息、交易记录等；物联网数据指从可穿戴设备、城市监测、车联网、智能家居、工业控制等传感器设备中获取的数据资源。最后，通过清洗、去重、修复、聚合、标准化等方法处理数据，可提高数据质量，为大数据分析挖掘提供高可用、高可靠的数据支撑。

目前已经建成或正在建设的数据中心绝大多数是面向微观经济的，以服务企业或行政机构自身业务为根本目的。截至 2020 年，阿里云已经在张北、乌兰察布、河源、南通和杭州分别建成 5 个超级数据中心，辐射京津冀、长三角、粤港澳三大经济带。2020 年 10 月，中金数据集团与滴滴出行集团在中金武汉数谷大数据中心共同建立了滴滴全球安全出行数据后台基地和滴滴全国慢行交通业务数据中心，赋能武汉建设数字化智慧化交通体系。在国外，澳大利亚社会保障服务信息中心将联邦和各州的税务、金融、公安等数据汇聚于中央数据中心，并研发了大数据驱动的风险预测评估模型，解决就业、社会福利、医疗等民生重大问题。

除了观测微观层面经济动态本体，宏观层面主要从人口比重、粮食产量、工业增加值、城镇固定资产投资同比增长、国民生产总值、全民消费价格指数、工业产品出厂价格指数、消费品零售总额、人民币贷款增加、广义货币同比增长、狭义货币同比增长等角度全方位刻画国家总体经济运行情况。国家信息中心已经开始构建国家大脑计划，通过整合政府和社会数据，构建动态本体库，实现以企业社会信用代码为主线统一关联全国 3 000 万家企业和 5 000 万家个体工商户的 78 大类、1 828

个指标项，并围绕监测经济动力、产业运行和区域发展 3 个方面，提出实践应用较成熟的 15 种宏观经济大数据监测指数，以提升宏观决策的科学性。此外，高等院校也纷纷投入宏观经济数据中心建设中，以此推动相关研究走在世界前列。2005 年，北京大学在 985 项目经费的支持下，成立了中国社会科学调查中心，建立了对学术界和政府机构免费开放的科学数据平台，为社会科学领域相关学科的研究提供了高质量数据服务，为以数据为基础的学术研究和政策研究提供了科学支撑。在此之后，国内高校争相效仿。中国人民大学中国调查与数据中心、清华大学中国经济社会数据中心、复旦大学社会科学数据研究中心、中国社会科学院调查与数据信息中心等一系列旨在开展系统性社会调查来收集各类宏微观数据的调查机构和数据中心纷纷成立，并建立了涵盖国家、省、市、区、社区、家庭、个人各个层面的宏微观数据库。

4.2.4 大数据驱动的宏微观经济分析

大数据在宏微观经济分析中最活跃也最重要的领域包括：经济数据挖掘与知识发现、宏微观经济监测与预测、循证决策等。

经济数据挖掘与知识发现主要利用大数据分析技术，从海量的宏观经济数据中发现隐藏在数据背后的经济现象、发展规律、变化模式等。传统经济学分析方法因样本数量有限，更多以样本思维或局部思维来以小窥大。这种方法通常舍弃复杂的外在因素，突出个体经济运行的现状及主要特征；或者通过抽样分析方法，选取部分具有代表性的个体或样本来进行分析，验证假设，得出分析结论。数据驱动的分析方法摒弃了根据人的先验知识预置假设再分析验证的方法论，直接从数据出发，用事实说话，在数据中探寻规律和发现知识。因为数据是伴随经济活动的开展而产生的，其本身就是对经济活动的最原始刻画，又因为其体量巨大，所以能最大限度地记录经济活动的方方面面。从数据出发进行经济分析，克服了传统分析方法因为采样偏差导致的不可靠分析结果的问题，而且不受人的已有知识和认知的限制，能够很好地突破人的知识边界，从数据中挖掘未知的模式和知识。

此外，大数据分析方法将动态分析思维引入传统经济分析领域。随着数据中心网络和存储技术的不断完善，实时在线获取数据大行其道，这使得人们可以无限接近变化和发展的事实。运用动态数据分析方法，研究者无须将某个时间的经济活动看作静止不变的过程，直接利用实时产生的海量数据，借助预先开发好的分析工具，便能动态地得到基于最新数据的精确分析结果。不仅如此，大数据分析方法还格外注重探寻经济要素之间、经济要素和经济现象之间的相关关系，弱化了它们之间的因果关系。这种转变的根源在于从海量的数据和变量中挖掘它们的相关关系更加直接，且更易于掌握。面对海量的数据和变量，发现它们之间的因果关系是大数据分析技术接下来需要面对的挑战。基于大数据的复杂因果关系推断已经成为一个研究热点，但该领域目前仍处于基础理论探索阶段。相信完备的理论和成熟的算法面世后，定将推动经济分析领域走向另一个高峰。

如何有效观察经济现象的内在规律是困扰经济学家的一大难题。传统经济监测方法首先运用大规模经济普查获得数据，再通过数据归集的方式得到相应宏观经济指标。这种宏观经济监测方法存在数据时滞长、成本高、覆盖面窄、分析颗粒度大等问题。大数据凭借其自身实时性高、动态性强、覆盖面广等特点，成为解决传统经济监测方法信息滞后性大、监测指标有效性差和经济运行事态研判准确性低等痛点问题的不二之选，能够极大地提高经济监测的可靠性。随着社会形态的发展和经济形态向数智经济转型，传统经济监测指标并不一定适用于新的经济发展形态。借助大数据技术，从新形态经济活动中采集新的数据加以挖掘分析，进而发现新经济形态下的特有模式，便能构建有效的新型监测指标。例如，三一重工集团通过汇聚遍布全国的重型机械上的机载控制器、传感器和无线通信模块的数据，分析各经济区域的基础建设开工率，为宏观经济部门分析固定资产投资进程提供了重要参考指标。此外，近年来随着电子商务的繁荣发展，越来越多的非传统经济指标如咖啡指数、"悦己"消费指数、"互联网+"出行指数等被提出并用来推测经济运行的实际情况。这些指数的共同特点是选择经济社会中的某个或某类环节，通过对海量的相关经济数据进行挖掘分析，归纳得到相应的指标，并与传统经济监测指标相互印证。大数据技术的另一个强项是基于数据观测，利用人工智能算法从历史数据中学习数据描述对象的特有发展模式，从而对特定目标进行研判和预测。与传统基于经济学和统计学方法的研判和预测模型相比，基于人工智能的大数据分析模型复杂度更高，非线性拟合能力更强，因而能够更准确地从海量的经济数据中学习到真实的经济运行事态发展模式，从而提高研判的准确性。

预测未来经济发展状况是经济学的重要职能之一。基于经济学的预测理论一直以来都备受质疑。哈耶克认为，因为人的个性是独特的、难以计算的，并且无法了解其全部具体事实，所以人类的经济行为是不可预测的。大数据分析放弃了传统的基于因果推断预测理论范式，转而从概率的角度进行推断。具体而言，基于大数据技术的经济预测方法可分为构建能够超前反映经济运行走势的先行性指标和构建基于概率统计的预测模型两大类。前者侧重于挖掘海量数据，从中探寻先行性指标。例如，通过舆情分析，从历史数据中找出引发股市价格波动的公众舆论事件，并以此为先行性指标，当类似的事件再次发生时，就能够被用来预测股市价格的变化。又如，从交通流量反映经济活跃程度的角度出发，用卡车在收费站的签到信息作为先行性指标来预测生产指数。构建基于概率统计的预测模型主要是对海量经济变量间的关联关系和关联模式进行建模，运用统计学习的方法，从海量的历史数据中拟合模型参数。当新的数据出现时，模型便能给出每种可能发生的现象出现的概率，由此做出预测。这类模型一般具有参数多、维度高、非线性等特点，需要强大的算力支持，使其能够从海量的历史数据中学习模型参数，高精度拟合已发生的历史经济状况，从而准确预测未来经济发展状况。

图 4-1 给出了一个数据驱动的经济监测与预测方法示例。首先，要尽可能大范围引入可持续稳定获取的细粒度数据资源，包括但不限于投诉举报、裁判文书、企业关联、房产价格、就业招聘、卫星灯光、专利论文、搜索引擎、道路拥堵、新闻舆情、招标中标、网站运行等相关数据；然后，通过广泛应用特征工程、机器学习、深度学习等人工智能技术进行监测、预测；最后，不断加大数据采集和特征提取的广度和深度，在实践过程中沉淀数据特征库、算法模型库、监测与预测指标库，驱动数据分析方法迭代升级，以期获得准确可靠的监测、预测结果。

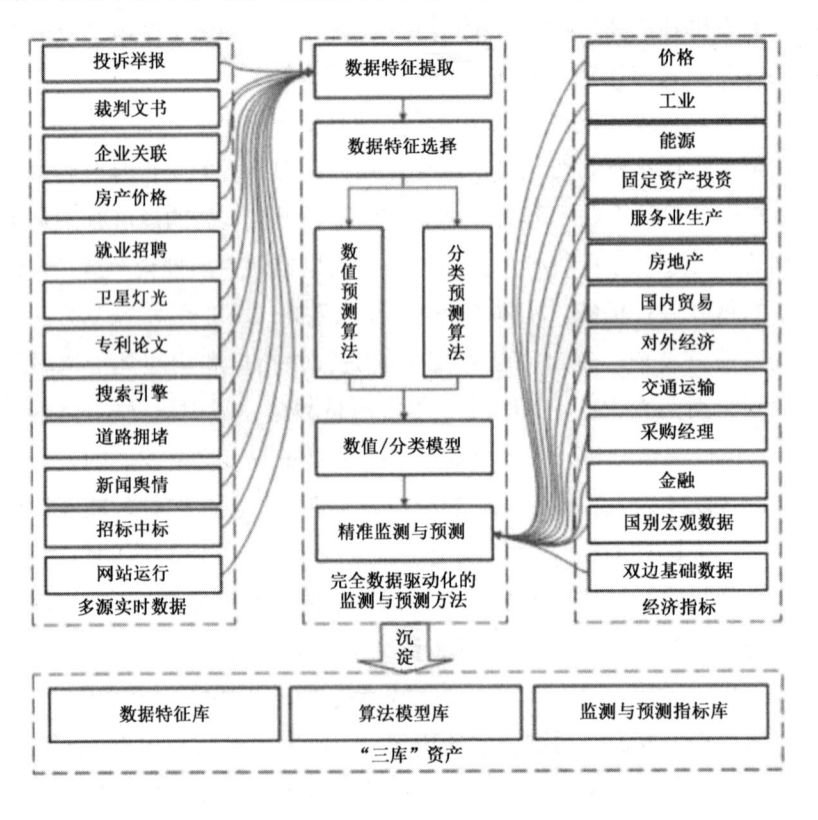

图 4-1 数据驱动的经济监测与预测方法示例

大数据可为循证决策提供高质量证据。循证理念的核心是寻求最佳证据。所谓的最佳证据需要满足研究方法的科学性、研究样本的代表性、研究结论的实践指导性、其他人群或区域的适用性、研究结论的稳健性、研究过程的可重复性等要求。传统的经济决策往往是经验驱动的，严重依赖决策者的个人经验，并且非常容易被决策者的个人偏好所影响。大数据恰恰能最大限度地排除人为因素，客观地从数据中挖掘海量经济变量和目标决策的关联关系，为经济决策的制订提供可信的依据。值得注意的是，当运用大数据技术服务于循证经济决策时，需要特别明确一点：相关关系并不等同于因果关系。在统计学中，相关关系是指当一个变量变化时，必定会导致另一个或一组变量发生改变；而因果关系是指当一个变量出现时，会导致另一个或一组变量出现。对于观测数据，强相关性并不能直接用于确定因果关系是否存在，如果将简单的相关关系解释为因果关系，可能会对本来并无效应的政策得出产生了政策效应的错误结论。这时，可以通过随机比较试验等实证研究从强相关的观测数据中建立因果关系，从而得到可信结果用于提升决策的科学性。

4.2.5 数智新基建的大脑

纵观新基建的七大板块，无论是5G网络的应用、特高压的日常管理、城际高速铁路和城市轨道交通运营，还是新能源汽车的车联网与无人驾驶技术、人工智能算法，抑或工业互联网的实际应用，都离不开数据中心提供的算力、存储、网络等底层技术支持。同时，海量数据驱动人工智能算法赋能新基建中的各大板块，从而推进智慧交通、智慧城市、智慧医疗、智慧教育、智慧金融、智能制造、智能家居等智能应用产业发展，并进一步衍生全新的产业和应用场景，带动总体和区域经济全面发展。在以数据为生产资料、以算力为助推剂的数智经济时代，数据中心将成为新基建不可或缺的大脑。

新基建下的数据中心不仅能存储海量数据，还具备极强的瞬时数据处理能力。在数智经济时代，数据中心作为通用信息基础设施，需要同时服务于千百万应用场景中的海量业务。各种业务开展过程中产生的海量数据源源不断地汇入数据中心，并产生"记忆"。随着数据中心服务对象的爆炸性增长，所需的存储空间必须相应扩大，以满足海量存储需求。当数据量爆发性增长时，对数据进行增、删、改、查等处理的时间性能将成为影响数据中心高效服务具体应用业务的瓶颈。在数智经济时代，瞬时响应已经成为各个智能业务场景下的基本性能需求。海量数据瞬时产生并汇入数据中心，业务系统要求数据中心瞬时返回数据查询结果，这促使数据中心必须具备极强的瞬时数据处理能力，像人的大脑一般通过存储数据来"记忆"业务，并在需要之时瞬间将"记忆"取出，服务于各类业务。

数据中心服务于新基建中的各大板块及其上层应用，各大板块、应用产生的数据又汇聚于数据中心，数据中心为多板块、跨应用的多维度融合提供平台。在系统集成层面，数据中心将实现数据、算法、算力的有机融合，从数据准备、算法验证、模型训练和部署等方面支持基于符号主义和连接主义的第一、二代人工智能技术。同时，数据中心深度支持由数据驱动的知识发现，不仅为各大板块的业务开展提供知识洞见，还为孕育由知识、数据、算法、算力四者共同驱动的第三代人工智能技术提供产床。在数据层面，新基建下的数据中心将实现脱敏可信的多模态数据融合与知识共享。在数智经济时代，当所有数据都汇聚于数据中心时，数据中心将取代社交媒体成为新的信息集散地。通过融合数据脱敏、区块链、联邦学习、可信计算等技术打破数据孤岛，在保障数据安全和保护隐私的前提下实现多模态数据融合与通用知识发现，然后将数据携带的知识汇聚在一起，形成完全脱敏、高度可信的数智百科全书，最终实现知识自由共享。

新基建下的数据中心是新型算力公共基础设施。如图4-2所示为一种新型人工智能计算中心架构，通过算力的生产、聚合、调度和释放四大作业环节提供共性的算力、数据及算法服务，让智慧计算像水电一样成为基本公共服务，进而支撑和引领数智经济和智能产业向前发展。新型人工智能计算中心将采用领先的人工智能服务器作为算力机组，支持先进、多样的人工智能芯片，支持成熟、丰富的软件生态，形成高性能、高吞吐的计算系统，为人工智能推理和训练提供强大、充足、高效、易用的算力；研发智能网络和智能存储技术，为算力集群构建高带宽、低时延的通信系统和数据平台，提供弹性、可伸缩的算力聚合能力，以应对人工智能应用多任务、大规模、高并发、高吞吐的特性；通过虚拟化、容器化等技术，将算力资源池化为标准算力单元，通过适应性策略及敏

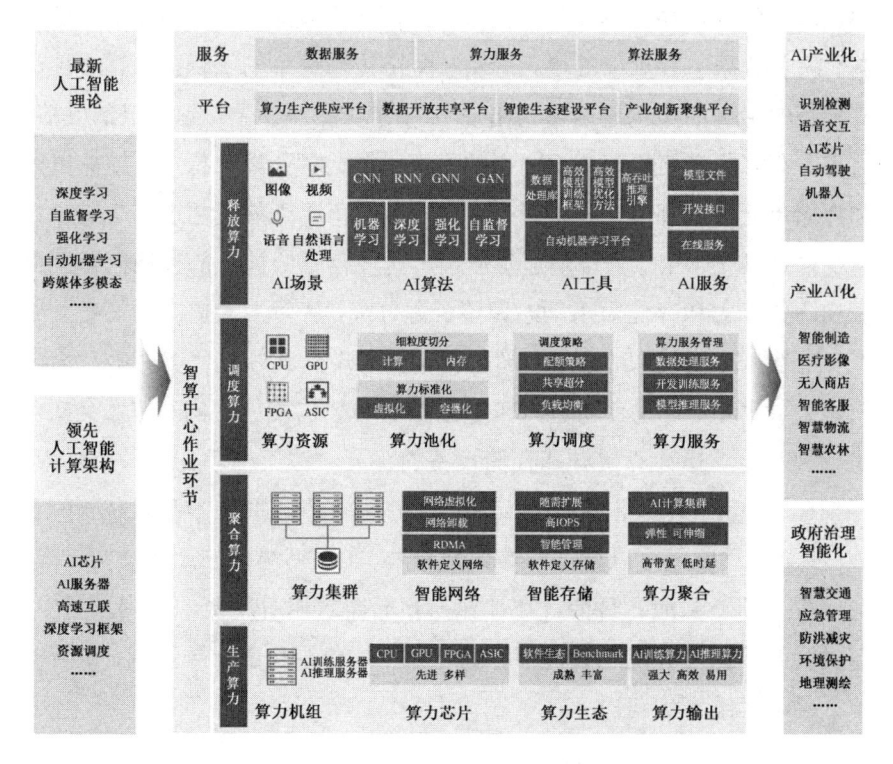

图4-2　一种新型人工智能计算中心架构

捷框架对算力进行精准调度和配给，保障人工智能算法开发和人工智能应用业务的高效运行；采用全流程软件工具，针对不同场景应用需求，通过机器学习等先进方法，产出高质量的人工智能模型和自动训练部署服务，提升人工智能应用生产效率，促进算力高效释放并转化为生产力。

4.3 数据中心的构成

4.3.1 计算和存储设备

计算和存储设备是数据中心最重要的构成模块。在早期的数据中心中，计算单元和存储单元往往被整合到同一个设备中，通过 I/O 交换数据。随着数据中心规模的增大，以及网络传输速率的大幅提升，这种计算和存储融合的架构逐渐暴露出设备利用率低、I/O 传输速率低的弊端。目前，存算分离架构是数据中心的主流。在存算分离架构中，计算单元和存储单元独立部署，互不影响。存储单元和计算单元通过网络进行数据交换，摆脱了 I/O 的传输速率瓶颈。这种存算低耦合的架构能分别根据实际的算力和存储需求动态调整资源分配，从而大大提高了设备利用率。随着虚拟化技术的发展，超融合架构展现出其领先优势并被逐渐应用于云数据中心，进而引领未来数据中心的架构发展方向。超融合架构是一种基于虚拟计算资源和存储设备的存算一体架构。在这种架构中，每个存算单元都包含计算、存储、网络和服务器虚拟化等一套完整的设施。多个存算单元可以通过网络聚合起来，实现模块化的无缝横向扩展，形成统一的资源池。目前，在计算与存储需求相对均衡的应用场景中，超融合架构已经展现出其优于存算分离架构的高可靠、高性能、部署简单、易于运维等优势。

数据中心的计算单元通常包括 CPU（Central Processing Unit）、GPU（Graphics Processing Unit）、FPGA（Field Programable Gate Array）和 ASIC（Application Specific Integrated Circuits）等。早期的数据中心通常只以 CPU 作为计算核心。但是，随着人工智能及分布式计算的发展，GPU 显现出对训练人工智能算法尤其是深度学习模型远超 CPU 的效率优势，这也促使数据中心开始大规模配备 GPU。当计算过程中有大量的分支，或者算法的数据前后存在依赖关系时，因无法并行运算，GPU 的性能优势会大打折扣。FPGA 能够简单地通过使用触发器来实现顺序逻辑，并通过使用查找表来实现组合逻辑，凭借更高的灵活度和算法适应性，达到更高的计算效率。ASIC 是为了应对某个特定领域大量的算力需求而设计的。ASIC 针对特定应用专门设计了门电路，虽然牺牲了通用性，但可在性能上做到极致。

软件定义存储（SDS）是现在数据中心的主要存储方式。软件定义存储是一种分隔软硬件的存储架构。不同于传统的网络附加存储（NAS）或存储区域网络（SAN）系统，SDS 一般在行业标准系统或 x86 系统上执行，从而消除了软件对专有硬件的依赖性。通过将存储软件与硬件分离，使得存储能力可以根据需求弹性扩展，从而大幅提高存储的灵活性。在硬件层面，闪存和固态硬盘（SSD）取代传统机械硬盘，成为数据中心的主要存储设备。大容量、高 I/O 读写速度、低功耗仍然是数据中心底层存储设备不变的发展方向。

4.3.2　通信、网络和安全设备

数据中心规模和计算、存储技术的改变不断影响着数据中心网络技术的发展。数据中心规模的增大，网络设备数量的激增，网络建设和运维的成本上涨，促使软件定义网络（SDN）、白盒交换机等技术的研究进展加快。白盒交换机通过软硬件解耦合的方式，让用户可以自主选择

软件，进而增强网络灵活性、可编程性，促进网络自动化，减轻运维负担，降低网络建设成本。

此外，伴随着计算虚拟化、存储虚拟化等技术的应用，以及训练部署人工智能算法等大型在线数据密集型业务场景的广泛应用，数据中心内部的网络流量极速增长，导致严重的网络拥塞问题。无损网络通过新型负载均衡技术对瞬时增长的流量进行分流，从而控制拥堵。因具备无丢包、低时延等特点，无损网络成为数据中心网络的新潮流。目前，高性能无损网络已经实现数据中心网络与计算、存储协同。

光模块是数据中心光网络互联的关键设备。随着端口数和密度的激增，光模块的成本占数据中心网络建设成本的比重也越来越大。目前，采用 100G 互联技术的光模块已被广泛部署于已建成的数据中心。与此同时，400G 互联技术已日趋成熟，其进一步增大输入光功率，改善非线性效应并增大传输距离，预计短期内便会大规模落地数据中心开始商用。

在安全层面，可以对管理、控制和数据 3 个方面进行隔离。管理方面，主要针对各种管理协议存在的安全漏洞引入安全机制，提供安全管理通道，对管理过程中的敏感信息进行保护；控制方面，主要维护各种网络协议的运行安全，以保障安全可信的数据流交换和路由，以防数据泄露或滥用网络控制信息；数据方面，主要监控进出设备的数据流，保障数据传递信道的安全可信。

4.3.3　电力设备

传统数据中心主要采用不间断电源（UPS）作为供电设备，虽然产业链成熟，但其自身能量转换率低。随着数据中心规模快速增长，其能耗也不断激增。成本更低、损耗更小的高压直流输电（HVDC）逐渐成为数据中心的首选供电设备。目前 HVDC 已经被腾讯、阿里巴巴等大型互联网公司的数据中心采用，利用 HVDC 和市电直供相结合的模式，供电效率能提升至 95%。此外，48V 整机柜重点架构和 12V 分布式锂电池系统也被大型云数据中心服务提供商广泛采用，这些供电方案能在保证供电效率的前提下实现模块化部署和热插拔维护。

4.3.4 冷源

数据中心的冷却设施涉及大型冷却设备、风扇和空气再循环系统等建筑级空调单元。传统的冷却技术强调局部冷却，通常将服务器机架放置在底部悬空透气的通风槽上，服务器或机箱风扇将冷空气吸入，然后通过导流板将热风从机架背后或顶端的风道排出并引至冷却设备进行冷却和再循环。这种风冷方式的优点在于成本低，但由于冷却不均匀或冷热空气混合，其冷却效率不高。

随着人工智能技术的快速发展，越来越多的 GPU、TPU 等专用芯片被部署到数据中心，计算单元的功率大幅提高，传统风冷已无法满足散热需求，液冷成为数据中心制冷的新模式。液冷模式利用制冷液直接作用于热源，进而带走热量。因为液冷不需要通过循环制冷媒介降温，因此具有散热效率高、节能、运行噪声小等特点。目前主流的液冷部署方式有冷板、浸没和喷淋等。冷板式液冷因为冷却介质无须与热源接触，因此部署时不需要对已建成基础设施进行复杂的改造，非常方便。部署于无锡国家超算中心的"神威太湖之光"超级计算机便采用冷板式液冷散热方案。浸没式液冷将发热体直接浸入冷却液中，散热效率最高，但技术难度也最大。现已建成的阿里云超级数据中心将服务器浸没在特殊的绝缘冷却液中，散热全程不需要风扇、空调等制冷设备，大大降低了数据中心的能耗，整体节能超 70%，年均电能使用效率（PUE）可达 1.09，为当前全球最低。喷淋式液冷还处于发展初期。2019 年，广东合一新材料研究院有限公司自主研发的芯片级精准喷淋液冷技术被部署于国家大数据实验场。这是喷淋式液冷首次商用落地。该技术利用绝缘液体材料和喷淋液态冷却系统，将热量高效导出至特定冷却设备进行冷却。

自然冷却在大型互联网企业的数据中心中也颇为流行。Facebook 在瑞典建立的数据中心 Node Pole 通过将室外的冷空气和服务器产生的大量热气进行循环交换，形成自然冷却。该数据中心离北极圈仅一步之遥，冬天平均气温更是低至-20℃，非常有利于降低数据中心的冷却成本。微软和阿里巴巴分别建立了水下数据中心，利用水底温度低、海水和湖水导热性能好的特点对数据中心进行热交换，从而达到冷却降温的目的。

4.3.5 运营商

截至 2019 年，中国约有 7.4 万个数据中心，已建成的超大型、大型数据中心占比达 12.7%，数据中心机架规模达 227 万架。电信运营商和第三方数据中心服务商是我国数据中心的服务提供商。截至 2019 年，三大基础电信运营商凭借其网络带宽和机房资源优势，共占我国数据中心市场约 62.3%的份额。其中，中国电信最高，占比约为 30.6%；中国联通和中国移动分别以 19.1%和 12.6%次之。中国电信稳步推进 2+4+31+X 天翼云资源池和数据中心布局，已建成 2 个超大数据中心、4 个区域级核心云节点、31 个省级资源池和超过 3 000 个边缘节点，成为首家建成"一省一池"的数据中心服务提供商。电信运营商的数据中心虽然体量较大，但主要满足自身业务需求，其机房遍布全国，但在核心城市的数据中心资源布局不多且客户较为分散。其余的市场以除基础电信运营商外的第三方数据中心服务商为主，其主要从事机柜租用、带宽租用、主机托管、代理运维等业务，以满足核心城市的数据中心需求，并服务于如云计算、互联网、金融等下游客户，弥补供需缺口，具备一定的资源稀缺性壁垒。其中，万国数据、光环新网、世纪互联和数据港领跑 2019 年第三方数据中心服务商市场。

4.4 数据中心产业链及产业集群

4.4.1 数据中心产业链

我国数据中心产业链完整,其中,上游是基础设施供应商,中游是数据中心服务提供商,下游是由数据中心终端用户构建的应用生态。图 4-3 是 2020 年中国数据中心产业图谱。

图 4-3 2020 年中国数据中心产业图谱

数据中心产业链上游包括 IT 设备提供商、电力设备供应商、冷却设备供应商及建设运维供应商。存储设备、计算设备、网络设备、机柜是数据中心最主要的 IT 设备。存储设备供应商又可细分为存储介质生产商和存储设备生产商,如内存、闪存及硬盘生产商金士顿、三星、西部数据、闪迪等。计算设备供应商也可细分为计算芯片生产商,如英特尔、AMD、NVIDIA 等,以及服务器整机供应商,如浪潮、联想、IBM、戴尔等。华为、思科、中兴、深信服等为数据中心供应交换机、路由器、光模块、防火墙等网络设备。如 VERTIV、科士达、华为等电力设备供应商为数据中心供应 UPS、HVDC 等电力设备的组件及整体解决方案。冷却设备供应商主要提供精密空调、新风系统及液冷等设施。建设数据中心涉及面广，包含规划、设计、土建、用水、用电、用网等。每个阶段都有不同行业的供应商及服务商参与其中，通过数据中心的建设能够带动基础设施建设产业蓬勃发展。目前，我国数据中心建设仍处于快速发展期，政策利好数据中心发展，产业链上游基础设施行业最为受益，尤其是技术壁垒较高的光模块、服务器、电源、精密空调和具有优质资源的机柜租赁等行业。

数据中心产业链中游集中了基础运营商、数据中心服务提供商、云服务提供商，以及图片云、视频云等内容分发网络（Content Delivery Network，CDN）服务商。基础运营商包括中国电信、中国联通和中国移动，主要提供互联网带宽资源和机房资源，同时和第三方运营商一起提供整体数据中心服务。云服务提供商以租用或自建数据中心的方式开展基础设施即服务（IaaS）和软件即服务（SaaS）等云数据中心服务。目前，越来越多的中小企业开始从传统数据中心迁移到云数据中心。随着云服务质量和服务能力的不断提升，以及规模优势的显现，会有更多更大规模的终端用户选择上云。以图片云、视频云为代表的 CDN 是数据中心细分服务中最重要的一个部分。通过 CDN 进行图片、视频缓存，能够极大地节省数据中心主服务器的资源，提高业务系统的运行效率。CDN 服务提供商主要有网宿科技、世纪互联等。

所有需要将内容存储于数据中心或利用托管于数据中心的服务器托管和运行业务系统的互联网企业、金融机构、政府机关、传统行业中的企业等一起构建了数据中心产业链下游应用生态。随着 5G 商用，消费端云游戏、直播带货、短视频、电子商务等新兴业务带动流量增长，以及政企端远程教育、远程办公、远程医疗和工业互联网需求的崛起，下游流量需求激增为数据中心建设带来新的需求,从而刺激上游供应链增长。

4.4.2 数据中心组网

数据中心作为数智经济的重要基础设施,随着新基建的推进将逐步成为信息技术应用的核心载体,赋能 5G、大数据、人工智能、物联网等新兴产业。数据中心不仅需要与国家骨干网络和城域网络高效协同,还要灵活连接云、边缘和物联网,高效服务终端用户。传统数据中心主要采用三层分级互联网络架构和大二层网络架构。三层分级互联网络架构自底向上由接入层、汇聚层和核心层构成。接入层负责物理机和虚拟机的接入;汇聚层交换机与接入层交换机相连,负责收集路由,承担网关的作用,并提供防火墙、入侵检测、网络分析等服务;核心层为整个网络构建一个高性能路由网络,对进出数据中心的包进行高速转发。在大二层架构中,接入层交换机直接与核心层交换机连接,使得服务器可以在数据中心任何位置进行迁移。无论上述哪种架构,其可扩展性都不强,无法满足云、边缘和物联网的网络能力的差异化承载。

随着数据量增大,带宽和时延都制约了上述两种架构规模的扩展。网络虚拟化技术的出现使网络变得更加动态化和多元化。利用网络虚拟化技术在一个共享的物理网络资源上创建多个虚拟网络(Virtual Network),可使每个虚拟网络都能独立地部署及管理。网络虚拟化技术将物理网络和逻辑网络有效地分离,满足了云计算按需服务的特性,同时具有高度的可扩展性。

然而,当网络多元化更进一步时,单纯的"大带宽、低时延"网络无法满足超多系统、超多业务和超多场景的需求,以及对云、边缘和物联网的网络能力的差异化承载。规模可扩展、超低时延、端到端无缝互通的云网一体化数据中心网络将是破局之选。5G 网络全面采用基于数据中心的云化架构，核心网络完全云化，并将用户功能下沉至边缘端。随着城域网络业务控制面功能也被迁移至数据中心进行云化部署，网络节点不断下沉，并向终端用户靠近，边缘数据中心将大量涌现，处理时延敏感型业务及热数据存储，保障实时性业务性能。在云网一体化架构中，城域网络、数据中心内外部网络、云内网络、云间网络和云边网络的边界逐渐模糊。它们将共同构成一个整体云化网络，通过端到端的资源管控为业务端到端发放提供一体化服务。

4.4.3 数据资产化

数据资产是指由政府、企业或个人拥有或控制的，能够为其产生价值的数据资源，如文件资料、电子数据等。在数智经济时代，无论是企业还是政府机构都将完成数字化转型并向智能化方向发展。数据伴随着业务源源不断地产生。因其蕴藏着巨大的经济、社会、科研价值，数据已经成为重要的资产。生产具有价值的数据是数据资产化的前提条件。然而，数据确权、信息保护、价值评估是数据资产化过程中不得不面临的巨大挑战。让数据具有资产属性，明确数据所有权的归属至关重要。但是，目前我国并没有成熟、合理的数据资产确权机制。在数智经济时代，生产者和消费者的界限日趋模糊，对于同样的一份数据，在不同场景中，数据消费者很可能就是这份数据的生产者，进而导致了数据确权难的问题。除此之外，数据资产不会因为消费次数的增加而产生损耗。数据的价值和数据规模、信息密度成正相关。但是，当使用者和应用场景发生变化时，数据的价值也会随之发生改变，故市场难以形成统一的数据资产价值标定。

数据资产管理是现阶段推动大数据与实体经济深度融合、充分发挥数据价值的重要方式。数据资产管理从数据确权、互联互通、安全合规和价值标定等多个方面解决释放数据价值过程中的各种问题。区块链技术构筑了非可信环境下的可信交易新范式，不仅能实现数据可信存储，还能凭借其不可篡改的特性实现对个人数据资产的回溯，帮助确定数据所有权。在数据资产管理中，可以通过制定统一的数据标准，建立数据共享制度，完善数据登记、数据申请、数据审批、数据传输、数据使用等数据共享相关流程规范，打破数据孤岛，最大化数据的价值。保障数据和信息安全是数据资产管理的底线。可以通过拟订完善的数据安全策略，建立标准化的数据使用规范，执行数据安全审计，确保数据获取和使用的安全、合法、合规。数据的价值主要体现在其规模和携带信息的有效性上，因此可以采用"综合信息熵"衡量数据的信息价值，从而近似于数据价值。

4.4.4 数据治理与场景运营

数据治理是一种规范的数据资源管理方式，以确保数据资产在整个数据生命周期中都保持高质量、高可信、高可用，并根据数据使用规范服务于业务目标。数据治理的目标是保障数据及其应用合规、风险可控，并促进数据资产化和数据价值实现。

随着数据规模爆发性增长，非结构化数据在数据中心的占比越来越大，数据治理面临着前所未有的难度。治理非结构化数据之所以难，不仅在于其数量多、分散性高，还在于数据收集和使用合规体系及监管体系不完善，同时用户对非结构化数据的需求是多层次的。总的来说，当前数据治理存在数据分散且种类繁多、数据治理效率低、数据不合规、业务与内容管理脱节等困难。

目前被广泛认可的解决方案是建立非结构化数据中台，汇聚、整合多元数据，挖掘数据价值，并服务业务场景。非结构化数据中台能够打通最底层数据，从源头保障数据资产的复用能力，实现数据资产统一运营、全面合规、高效利用。非结构化数据中台搭建包括数据安全、内容安全、信息安全、知识安全在内的立体安全体系，以此确保数据管理和业务合规。非结构化数据中台可以解决数据分散且种类繁多、使用率低等问题，保障数字资产复用能力，提高治理效率。同时，要遵循行业通用规则建立一套标准化的数据管理体系，不仅要将存在差异的数据标准化，使其符合行业规范，保证数据的通用性、可移植性，以及数据分析结果的可靠性，而且要制定标准化的数据使用规则，从管理层面确保数据不被滥用和乱用，以此提升数据安全。在组织保障方面，要通过设立数据治理决策小组、安全小组、质量小组及稳定性小组等来行使管理职责，并制定数据治理长期规划，最终建立行之有效的数据治理体系。

数据治理需要建立长效的持续运营机制。面对未来可能出现的新行业需求和新业务场景需求，数据治理应与领域知识结合，运用数据可视化、人工智能等技术更有效地管理数据、监测数据和使用数据。

4.5 数据中心服务模式

4.5.1 云计算数据中心

云计算数据中心是当前数据中心最主要的服务模式，其主要依托于云计算技术，通过虚拟化手段使计算、存储、网络等基础设施松耦合，高可靠、高可用、弹性地提供数据中心服务。目前，公有云在国外云计算数据中心中占据统治地位。亚马逊、微软、谷歌等是国外主要的公有云服务提供商。国内的公有云服务提供商主要有阿里巴巴、百度、腾讯等。同时，由于国内企业更注重数据安全，所以私有云得到了更为广泛的发展。其中，以政务数据中心为代表的私有云数据中心规模远大于公有云数据中心。

云计算数据中心在资源集约化、平台运行效率、服务类型、资源分配时滞等多个方面与传统 IDC 有明显区别。在资源集约化方面，云计算数据中心归根结底是通过资源集约化实现动态资源调配的，传统 IDC 虽然也能实现简单集约化，但在资源整合速度和规模上，云计算数据中心有明显优势。在平台运行效率方面，云计算数据中心将多个计算节点整合成一个大型的虚拟资源池，整体计算效率、资源分配效率都远高于传统 IDC。在服务类型方面，云计算数据中心提供从技术设施到业务基础平台再到应用层的整体连续的全套服务。在资源分配时滞方面，云计算数据中心采用先进的虚拟化技术，高效地利用云端庞大的虚拟资源池，使得海量资源的快速分配成为可能，进而规避资源闲置的风险。

云计算数据中心当前依然拥有较高市场地位，这得益于其大量的计算和存储资源可以通过点击来访问，无须各组织投入大笔资金建立和扩大自己的基础设施，同时能提供强大且无缝的可扩展性。但随着全面智能时代的到来，物联网和 5G 的兴起意味着云计算数据中心已经无法应对物联网设备产生的大量数据，数据的实时存储、分析和智能处理需求日渐增大，边缘计算数据中心开始登上历史舞台。

4.5.2　边缘计算数据中心

随着物联网和 5G 的兴起，越来越多的业务对设备密度、网络带宽、计算时延等的要求日益提高，在紧贴用户的网络边缘架构业务平台成为应对用户需求的有效方式。边缘计算数据中心是指部署于网络边缘的数据中心，直接在业务环境下为用户提供小型化、分布式的数据中心环境。

与集中式的云计算数据中心相比，边缘计算数据中心具有以下优点：首先，海量数据不再需要上传至云端，减少了数据交换频率，降低了带宽负荷，提高了网络传输效率，在避免网络拥堵的同时极大地缩短了网络时延；其次，边缘计算数据中心具备实时分析和处理海量业务数据的能力，同时具备可靠性高的特点；最后，边缘计算数据中心能够实现属地化部署，规模更小，数量更多，位置更分散，离信息源更近。此外，边缘计算数据中心将关键业务应用下沉至网络边缘，因为其更靠近用户与业务场景，所以能大幅降低由网络传输和多级转发引起的带宽和时延损耗，进而具有计算性能好、等待时间短、伸缩性强、资源利用率高、用户体验佳等优点。

4.5.3　云边协同是必然趋势

受制于边缘设备有限的计算和存储能力，边缘计算数据中心在处理大规模单一任务时显得力不从心，云边协同成为数据中心服务模式的必然发展趋势。云计算擅长全局性、非实时、长周期的大数据处理与分析，能够在长周期维护、业务决策支撑等领域发挥优势；边缘计算更适合局部性、实时、短周期的数据处理与分析，能更好地支撑本地业务的实时智能化决策与执行。云边协同利用云计算和边缘计算各自的优点，取长补短，放大边缘计算和云计算的应用价值，优化数据中心在多种场景下面对各种不同任务时的性能。

边缘计算更靠近执行单元，是云端所需的数据采集和初步处理单元，可以更好地支撑云端应用；在云端集中处理和计算的大规模数据分析模型可以被下发到边缘，利用边缘设备离业务场景近、数据处理时效性高等特点，为终端用户提供更加贴合应用需求的高性能数据服务。

云边协同包括但不限于资源协同、数据协同、智能协同、应用管理协同、业务管理协同、服务协同等。资源协同是指边缘节点提供计算、存储、网络、虚拟化等基础设施资源，具有本地资源调度管理能力，同时可与云端协同，接收并执行云端资源调度管理策略，包括边缘节点的设备管理、资源管理及网络连接管理。数据协同是指边缘节点按照预设的规则或特定的数据模型对数据进行采集、处理与分析，然后将数据及处理结果同步至云端存储并进行大规模的数据分析和价值挖掘，最终形成完整的数据流转通路，提高数据生命周期管理和价值挖掘的效率，并降低成本开支。智能协同一方面是指云端和边缘协同工作，充分利用云端和边缘设备上的数据和计算资源，共同训练大规模人工智能模型；另一方面是指人工智能模型可以在云端利用超大规模的计算资源快速训练，然后部署于边缘以服务于具体业务，并满足业务的时效性需求。云边的应用管理协同和业务管理协同是指将应用及应用所需的部署及运行环境部署于边缘，而云端为其提供应用开发、环境测试、生命周期管理等业务编排和应用管理能力。服务协同是指边缘节点按照云端策略实现部分 EC-SaaS 服务，通过 EC-SaaS 与云端 SaaS 的协同实现面向客户的按需 SaaS 服务。

4.5.4 云边协同的典型应用场景

根据 2019 年云计算开源联盟发布的《云计算与边缘计算协同九大应用场景》白皮书，云边协同共有九大应用场景，分别为安防监控、内容分发网络、智能家庭、智慧交通、工业互联网、能源、农业生产、医疗保健、云游戏。

场景一：云边协同引领安防监控智慧化技术潮流。将监控数据分流到边缘计算节点能有效降低网络传输压力和业务端到端时延。此外，将人工智能算法部署在边缘计算节点上，能够有效降低视频监控、人脸识别、目标跟踪等业务的时延及带宽需求，实现本地分析、快速处理、实时响应，进而提高智能安防、智慧刑侦、智慧园区、智慧水利、无人机监控执法等多个领域的用户体验。

场景二：内容分发网络结合边缘计算向下一代内容分发平台升级。内容分发网络的云边协同适用于业务本地化结合热点内容频繁请求的场景。当云端内容被下载至边缘节点并建立虚拟内容分发网络节点之后，实时的高频热点内容请求便能从边缘节点分发，从而提高命中率，降低响应时间，提升服务质量。此外，在 4K、8K、VR/AR、3D 全息等场景中也能利用该方法，在边缘节点快速响应计算需求，在离用户最近的计算节点完成渲染、编解码等计算，降低时延卡顿，为用户带来最优质的体验。

场景三：云边协同驱动智能家庭新发展。在智能家庭场景中，边缘计算节点如家庭网关、智能终端等可以对大量异构数据进行处理，再将处理后的数据统一上传到云平台。用户不仅可以通过网络连接边缘计算节点，对家庭终端进行控制，还可以通过访问云端，对数据进行查询、回溯及分析。此外，智能家庭云边协同基于虚拟化技术的云服务基础设施，以多样化的家庭终端为载体，通过整合已有业务系统，利用边缘计算节点将家用电器、照明控制、多媒体终端、计算机等家庭终端组成家庭局域网，再利用边缘计算节点与云端进行数据交互，从而实现电器控制、安全保护、视频监控、定时控制、环境检测、场景控制、可视对讲等功能。

场景四：云边协同助力车路协同发展。路侧智能对实现智慧交通是不可或缺的，实现人、车、路之间高效的互联互通、信息共享、协同优化、统一调配势在必行。在实际应用中，可以首先将大部分计算负载分配到道路的边缘设备中，然后利用 5G 等通信技术与车辆中的激光雷达、摄像头等传感器采集的数据和信息进行交互，从而扩展感知能力，实现车与车、车与路的协同。云计算数据中心则汇聚各个边缘设备采集的数据，运用大数据和人工智能算法对其进行全局分析，为车辆提供协同决策、事故预警、辅助驾驶等多种服务，为交通信号系统和车辆下发基于全局优化的调度指令，提高交通系统的运行效率，最大限度地减少道路拥堵。

场景五：云边协同支撑工业互联网快速发展。工业互联网的一个特点是数据海量且异构。在工业互联网场景中，边缘设备只能处理局部数据，无法形成全局认知，在实际应用中仍然需要借助云计算平台来实现信息的融合，因此云边协同正逐渐成为支撑工业互联网发展的重要支柱。借助云边协同，工业互联网不再需要将全部数据传输至云端处理并等待结果返回，而是运用边缘计算节点分别处理各个关键任务的数据，利用分布式计算将数据处理分散化，降低网络通信开销，缩短响应时间，最大限度满足业务的实时性需求。而云端则侧重于数据的积累、备份，以及进行时效性要求低但规模庞大的数据分析。

场景六：能源行业基于云边协同走向能源互联网。能源互联网是一种互联网与能源生产、传输、存储、消费及能源市场深度融合的能源产业发展新形态，具有设备智能、多能协同、信息对称、供需分散、系统扁平、交易开放等主要特征。在云边协同中，要求终端设备或传感器具备一定的计算能力，能够对采集的数据进行实时处理，进行本地优化控制、故障自动处理、负荷识别和建模等操作，把加工汇集后的高价值数据与云端进行交互，云端进行全网的安全和风险分析，进行大数据和人工智能的模式识别、节能和策略改进等操作。此外，当遇到极端情况（如网络故障、灾难发生等）时，边缘节点仍然能够提供计算、存储、数据处理等服务，而不依赖于云端，因此能最大限度地保障能源相关业务在环境极端、地理位置偏远的地区也能稳定地、不间断地正常开展。

场景七：云边协同加速农业智慧化转型。智慧农业是农业生产的高级阶段，是集新兴的移动互联网、云计算及物联网技术于一体，依托部署在农业生产现场的各种传感节点和无线通信网络实现农业生产环境的智能感知、智能预警、智能决策、智能分析、专家在线指导，为农业生产提供精准化种植、可视化管理、智能化决策。在边缘侧处理各传感器实时采集的数据，实现实时监控、施浇灌一体化控制、异常预警等。同时，将加工后的数据回传至云端进行全局统筹和智能化决策。

场景八：云边协同助力医疗保健向智能医疗升级。要真正地从各种可穿戴设备所收集的海量数据中获益，实时分析是必不可少的。例如，智能可穿戴设备实时采集心率数据，分析心脏病发作风险，并及时反馈给患者或者医疗机构。同时，边缘侧设备将分析后的数据上传到云端进行更全面深入的数据分析，记录患者长期的健康情况，提供病情分析，辅助下阶段治疗。

场景九：云边协同助力云游戏升级。以 AR 为例，应用程序需要通过相机的视图、定位技术或将两者结合起来，判断用户处于哪个位置，以及面向哪个方向。边缘计算将计算任务分配至边缘服务器或移动端上，降低平均处理时延。云端承担前景交互的计算，而背景渲染则交给边缘端承载，最终提升 AR 体验。

第5章
人工智能

5.1 人工智能技术的前世今生

5.1.1 人工智能的定义及发展流派

人工智能是研究、开发用于模拟、延伸和扩展人的智能的理论、方法、技术及应用系统的一门新的技术科学。人工智能是计算机科学的一个分支，它企图了解智能的实质，并生产出一种新的能以人类智能相似的方式做出反应的智能机器，该领域的研究包括机器人、语言识别、图像识别、自然语言处理和专家系统等。人工智能从诞生以来，理论和技术日益成熟，应用领域也不断扩大，可以设想，未来人工智能带来的科技产品，将会是人类智慧的"容器"。人工智能是对人的意识、思维的信息过程的模拟。人工智能不是人的智能，但能像人那样思考，也可能超过人的智能。

自诞生以来，人工智能经历了三次发展热潮。1956年，Rosenblatt提出的第一款神经网络——感知机，将人工智能推向第一次发展热潮，但计算能力突破没能使机器完成大规模数据训练和复杂任务。第二次发展热潮在1980—2000年，连接主义学派找到了新的神经网络训练方法，即利用反向传播技术优化神经网络的参数，解决了二分类问题。2006年，加拿大多伦多大学教授杰弗里·辛顿（Geoffrey Hinton）在权威学术期刊《科学》上发文，提出了深度学习（Deep Learning）的概念，推动了人工智能的加速发展。随着深度卷积神经网络的广泛应用，人工智能进入第三次发展热潮。

人工智能的实现分为 3 个层次：计算智能、感知智能、认知智能。计算智能指快速计算和记忆存储能力，1996 年 IBM 公司的"深蓝"计算机战胜了当时的国际象棋世界冠军卡斯帕罗夫，主要就是靠强大的算力；感知智能指机器的视觉、听觉、触觉等感知能力，目前机器智能在感知方面已越来越接近甚至超越人类，并且机器具备主动感知的优势，如激光雷达等；认知智能指机器主动思考和理解事物的能力，在计算智能和感知智能发展的基础上，人工智能正在向能够分析、思考、理解、推理、决策的认知智能延伸。

在人工智能发展过程中，不同学科或背景的学者对人工智能进行了研究，提出了不同的观点，由此产生了不同的学术流派。其中，比较有影响力的主要是符号主义、连接主义和行为主义三大学派。

符号主义（Symbolism）是一种基于逻辑推理的智能模拟方法，又称逻辑主义（Logicism）、心理学派（Psychlogism）或计算机学派（Computerism），其原理主要为物理符号系统假设和有限合理性原理，符号主义的奠基人是赫伯特·西蒙（Herbert Alexander Simon），主要成就是 20 世纪提出的专家系统。符号主义很长一段时间在人工智能领域处于主导地位。符号主义学派认为人工智能源于数学逻辑。数学逻辑从 19 世纪末就获得迅速发展，到 20 世纪 30 年代开始用于描述智能行为。计算机出现后，又在计算机上实现了逻辑演绎系统。该学派认为，人类认知和思维的基本单元是符号，而认知过程就是在符号表示上的一种运算。符号主义致力于用计算机的符号操作来模拟人的认知过程，其实质就是模拟人的左脑抽象逻辑思维，通过研究人类认知系统的功能机理，用某种符号来描述人类的认知过程，并把这种符号输入能处理符号的计算机，从而模拟人类的认知过程，实现人工智能。

连接主义（Connectionism）又称仿生学派（Bionicsism）或生理学派（Physiologism），是一种基于神经网络及网络间的连接机制与学习算法的智能模拟方法。这一学派认为人工智能源于仿生学，特别是人脑模型的研究。连接主义的奠基人是马文·李·明斯基（Marvin Lee Minsky），当下最火的深度学习就是其代表性技术。连接主义学派从神经生理学和认知科学的研究成果出发，把人的智能归结为人脑高层活动的结果，强调智能活动是由大量简单的单元通过复杂的相互连接后并行运行的结果。

行为主义又称进化主义（Evolutionism）或控制论学派（Cyberneticsism），是一种基于"感知—行动"的行为智能模拟方法。行为主义的奠基人是诺伯特·维纳（Norbert Wiener）。行为主义最早源于20世纪初的一个心理学流派，认为行为是有机体用以适应环境变化的各种身体反应的组合，它的理论目标在于预见和控制行为。维纳和麦洛克等人提出的控制论和自组织系统，以及钱学森等人提出的工程控制论和生物控制论，影响了许多领域。控制论把神经系统的工作原理与信息理论、控制理论、逻辑及计算机联系起来。早期的研究工作主要是模拟人在控制过程中的智能行为和作用，对自寻优、自适应、自校正、自镇定、自组织和自学习等控制论系统进行研究，并进行"控制动物"的研制。20世纪60～70年代，上述这些控制论系统的研究取得一定进展，并在80年代诞生了智能控制和智能机器人系统。

5.1.2 人工智能发展现状

目前，人工智能基础技术包括机器学习、深度学习、深度强化学习、进化/群智计算、半/非监督训练、对抗式生成网络、模糊逻辑等。应用方向包括实验仿真模拟、语音/图像识别、自然语言处理、机器人技术、机器博弈、动态控制技术、推荐系统等。2012年以后，得益于数据量的增长、深度学习算法的发展和算力的提升，人工智能进入规模化商用初期。

一些极具意义的成果包括大规模图像识别、人脸识别、自动驾驶、计算机围棋程序（AlphaGo）、机器翻译、聊天机器人、智慧医疗与智慧教育等。

在这一发展热潮之下，越来越多的国家和地区将科技创新和产业升级聚焦到人工智能领域。其中，美国持续加强战略引导，评估调整人工智能优先事项；欧盟强化各国协同推进，加大人工智能投入；俄罗斯、韩国等加紧制定人工智能国家战略；中国在2017年把人工智能加入国家战略规划，将成为世界主要人工智能创新中心作为重要目标。在各国政策的支持与引导下，人工智能持续与各种应用场景深度融合，催生了大量的新技术、新业态与新模式。

美国哲学家约翰·塞尔将人工智能划分为弱人工智能和强人工智能，弱人工智能让机器具备观察和感知的能力，可以做到一定程度的理解和推理，而强人工智能让机器具备自我意识能力，可以独立思考并解决一些之前没有遇到过的问题。目前，人工智能还处在弱人工智能阶段，技术发展面临许多挑战，例如：

- 因果推理与模型理解

现有的深度学习模型能够通过挖掘各种隐藏特征，发现事件之间的关联性，建立映射关系，但在现有的框架下，深度学习模型无法解释因果关系。深度学习是一种基于概率统计的算法，其学习到的是以概率表示的非线性连接关系，无法像人类一样进行举一反三的应用。

- 基础数据积累难以满足模型训练需求

深度学习模型性能严重依赖大规模的标注数据集，然而，数据的标注过程需要耗费大量的人力与物力，大规模高质量领域标注数据的建立需要进行长期积累。目前，在一些关键领域，还存在标注数据缺失、现存的基础数据集质量参差不齐等问题。基础数据集的缺乏，使得深度学习模型在各领域中的有效训练与落地应用面临严峻挑战。

- 计算框架和通用智能芯片之间竞争激烈

由于行业竞争及需求碎片化，目前尚未出现既贴合产业发展要求又具有统治地位的开源计算框架。此外，面向深度学习的专用智能芯片尚处于起步阶段，且大多是用于专有领域的专有芯片，如面向智能驾驶的芯片、面向语音处理的芯片、面向人脸识别的芯片等，而能用于各种领域应用场景的通用智能芯片还需要较长时间的探索。

- 人机和谐共处探索艰难

由于深度学习模型存在的黑箱问题，所以深度学习智能系统在应用过程中存在很多安全隐患，如何保证人类与智能系统和谐共处、协同合作等问题，关系着未来人工智能技术在各领域中的落地应用。

- 技术滥用引发的隐私问题和安全威胁

随着各类数据采集设施的广泛应用，智能系统能通过人脸、指纹、心跳等生理特征来辨别用户身份，并通过日常互联网 App 系统的使用记录用户行为，这意味着智能系统掌握了个人的大量信息，甚至比用户自己更了解用户。这些信息如果使用得当，可以提升人类的生活质量，但如果出于商业目的非法使用某些私人信息，就会造成隐私侵犯。同时，人工智能对人类的作用在很大程度上取决于人们如何使用与管理。如果人工智能技术被犯罪分子利用，就会带来安全问题。例如，黑客可能通过智能方法发起网络攻击，智能化的网络攻击软件能自我学习，模仿系统中用户的行为，并不断改变方法，以期尽可能长时间地停留在计算机系统中；黑客还可能利用人工智能技术非法窃取私人信息；通过定制化不同用户阅读的网络内容，人工智能技术甚至会被用来左右和控制公众的认知和判断。

5.2 人工智能应用及市场规模

当前，人工智能技术已步入全方位商业化阶段，并对传统行业各参与方产生不同程度的影响，改变了各行业的生态。这种变革主要体现在 3 个层次。

第一层是企业变革。人工智能技术参与企业管理流程与生产流程，企业数字化趋势日益明显，部分企业已实现了较为成熟的智慧化应用。这类企业已能够通过各类技术手段对多维度用户信息进行收集与利用，并向消费者提供具有针对性的产品与服务，同时通过对数据进行优化，洞察发展趋势，满足消费者潜在需求。

第二层是行业变革。人工智能技术带来的变革造成传统产业链上下游关系的根本性改变。人工智能的参与导致上游产品提供者类型增加，同时用户也可能随着产品属性的变化而发生改变，由个人消费者转变为企业消费者，或者二者兼而有之。

第三层是人力变革。人工智能等新技术的应用将提升信息利用效率，减少企业员工数量。此外，机器人的广泛应用将取代从事流程化工作的劳动力，导致技术与管理人员占比上升，企业人力结构发生变化。

人工智能将提升社会劳动生产率，特别是在有效降低劳动成本、优化产品和服务、创造新市场和就业等方面为人类的生产和生活带来革命性的转变。全球范围内越来越多的政府和企业组织逐渐认识到人工智能在经济和战略上的重要性，并从国家战略和商业活动上涉足人工智能。全球人工智能市场规模将在未来几年出现现象级的增长。据德勤预测，2025年世界人工智能市场规模将超过6万亿美元，2017—2025年复合增长率达30%，如图5-1所示。

从行业来看，传统市场规模较大的领域将继续领跑。2030年，制造业，通信、传媒与服务，自然资源与材料将分别以16%、16%、14%的市场份额占据前三名。其中，庞大的制造业企业已经开始加速数字化转型，推动智能管理、智能工厂、智能物流等全方位智能化，所以制造业也是其中增速最快的领域。同时，在新领域中，教育领域人工智能技术的应用开始向学习全过程渗透，增长速度也不容忽视。2018—2025年人工智能市场行业组成如图5-2所示。

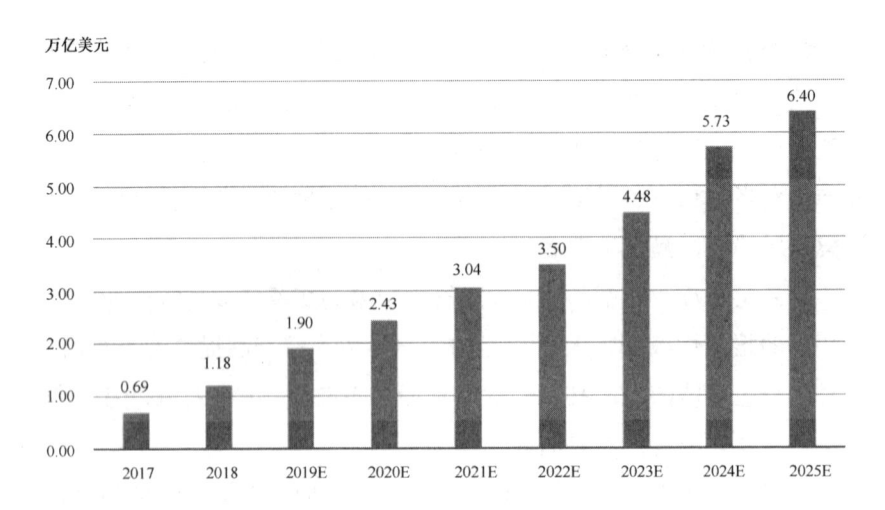

数据来源：德勤研究

图 5-1　2017—2025 年世界人工智能市场规模

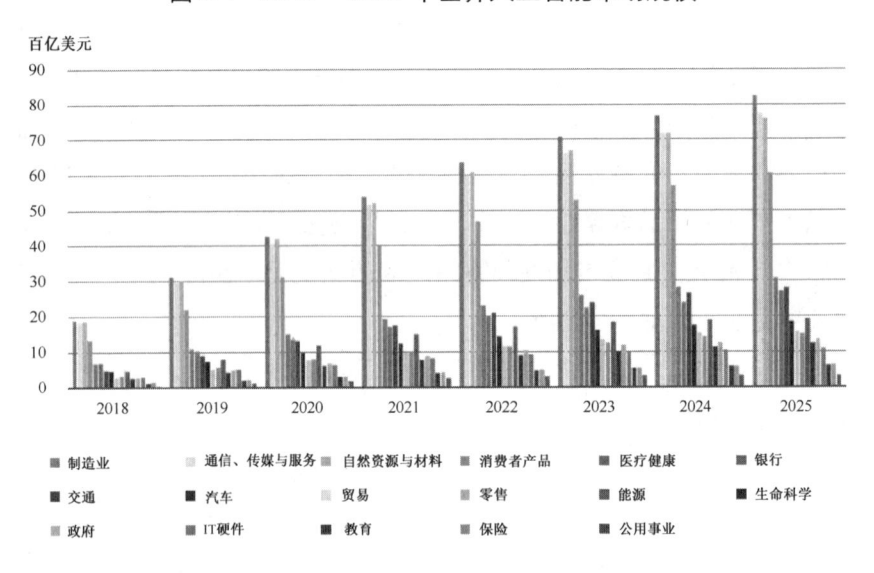

数据来源：Gartner

图 5-2　2018—2025 年人工智能市场行业组成

5.3 人工智能关键技术

5.3.1 人工智能关键技术总览

当前,人工智能技术进入快速发展期,其技术架构如图 5-3 所示。

随着数据量和算法复杂度的急速提升,对算力的需求也高速增长,目前的算力设施包括通用芯片(CPU、GPU、FPGA)、基于 FPGA 的半定制化芯片、全定制化 ASIC 芯片、类脑计算芯片。

框架平台包括 AI 框架、AI 训练平台、AI 推理平台、AI 应用平台 4 类,框架平台的多样化发展大大加速了人工智能的产业化、自动化和标准化。

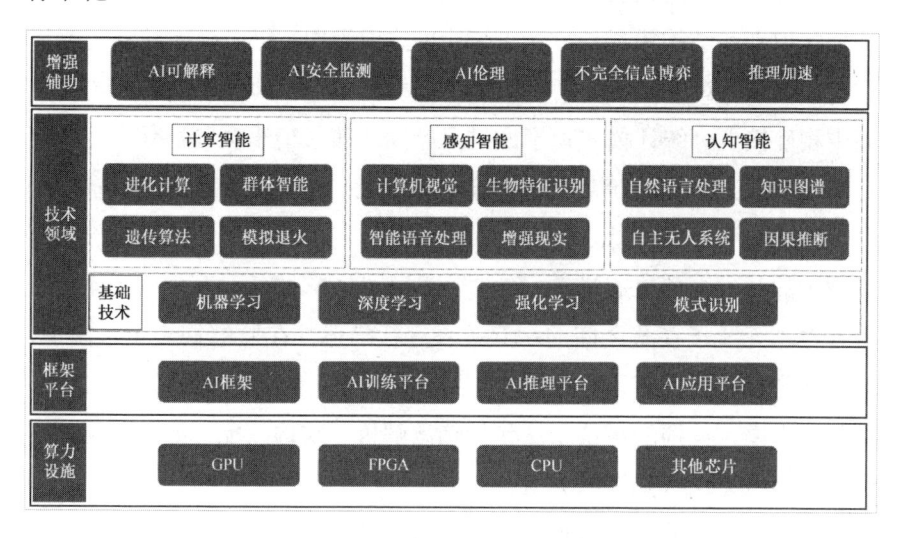

图 5-3 人工智能技术架构

人工智能技术可分为计算智能、感知智能、认知智能三大领域。计算智能包括进化计算、群体智能、遗传算法、模拟退火等关键技术,感知智能包括计算机视觉、生物特征识别、智能语音处理、增强现实等关键技术，认知智能包括自然语言处理、知识图谱、自主无人系统、因果推断等关键技术。

增强辅助层面包括 AI 可解释、AI 安全监测、AI 伦理、不完全信息博弈、推理加速等研究方向。

5.3.2 模式识别

模式是自然界或数据中有一定规律或共同特征的目标、行为和现象等。模式识别是对数据中的模式进行描述、分类和解释的技术，是人工智能的经典研究方向。

模式识别的核心任务是模式分类，即通过对模式进行分析，判别其所属类别。根据模式表示和分类方式，模式识别方法可分为两大类：统计模式识别和结构模式识别。在统计模式识别中，每个模式被描述为一个特征向量，对应高维空间中的一个随机样本点，同一类别的样本在空间中相互接近。统计模式识别通过贝叶斯决策（最小风险决策）、计算距离度量或判别函数等对特征向量进行分类。人工神经网络可以看作一种特殊的统计分类方法。结构模式识别又称句法模式识别，是在形式语言理论的基础上建立起来的。结构模式识别将模式表示为一组基元的组合并对基元或子模式之间的相互关系进行描述，在此结构表示基础上，对模式进行分析和识别，不仅能得到分类结果，还能得到模式的结构解释。结构模式识别的决策方法包括句法解析、结构匹配（如串匹配、图匹配）、核方法（如图核）等。

对模式识别的研究可追溯到 20 世纪 50 年代，其历史几乎和人工智能一样长。我国模式识别研究始于 20 世纪 70 年代，在指纹识别、汉字识别、语音识别、人脸识别、生物特征识别、人类行为识别等方面都取得了具有国际先进水平的成果。进入 21 世纪，深度学习方法在机器视觉、图像识别、语音识别等典型模式识别领域取得了突破，成为压倒性方法。寻找新理论、新方法，实现新突破，解决新问题，是模式识别领域的重要发展方向。

5.3.3 机器学习

- 大规模机器学习（大数据智能）

机器学习是对能通过经验自动改进的计算机算法的研究。根据学习模式将机器学习分为监督学习和无监督学习。监督学习是利用已标记的有限训练数据集，通过某种学习策略或方法建立一个模型，实现对新数据或实例的标记（分类）或映射，典型的监督学习算法包括回归和分类等。无监督学习是利用无标记的有限数据描述隐藏在未标记数据中的结构或规律，典型的无监督学习算法包括聚类、异常检测和密度估计等。

机器学习算法的强度和数据集的大小有很强的正相关关系。随着信息技术的飞速发展，以及互联网的广泛应用，各种类型的数据资源与日俱增。在大规模数据上完成机器学习任务是机器学习系统的主要挑战之一，先后有许多模型和框架被用于这个领域，如早期的 MPI、后来的 Hadoop，以及目前使用较多的 Spark。

目前，国内外有不少适用于大规模机器学习算法的工具的研究，如由北京大学-腾讯协同创新实验室开发的开源系统 Angel、由 Uber 开源的分布式深度学习工具 Horovod，以及谷歌新发布的大规模分布式机器学习架构 Tensor2Robot。

- 深度学习

深度学习是机器学习的分支，是一种以人工神经网络为框架，对数据进行表征学习的算法。深度学习一般不依赖人工特征工程，其特点是通过逐层抽象，形成强大的自动特征表达能力，可以实现端到端建模。

在过去的十年内,深度学习在语音识别、计算机视觉、自然语言处理等任务中远超传统机器学习方法(以浅层模型为代表的机器学习方法)。

典型的深度学习算法包括深度置信网络、卷积神经网络、循环神经网络、长短时记忆网络、对抗生成网络、注意力机制等。其中,卷积神经网络、循环神经网络最为典型,卷积神经网络常被应用于空间性分布数据;循环神经网络在神经网络中引入了记忆和反馈,常被应用于时间性分布数据。生成对抗网络和注意力机制近年来的研究热度也快速上升,前者可用于真实数据的建模与生成,如图像、视频、自然语言和音乐等,后者则在计算机视觉、语音识别和自然语言处理方面有广泛应用。

因为深度学习往往需要大量的带标签数据作为训练输入,在存在噪声的情况下稳健性不足,并且会消耗大量的算力,所以当前研究热点是如何通过半监督、弱监督、无监督等技术降低其对标签的需求,通过分析深度学习模型的脆弱性及贝叶斯不确定性建模等手段发展更加稳健的模型结构和学习方法,并且通过 AI 硬件和软件加速、模型压缩等技术减少其对训练和推理计算资源的消耗。针对具体任务(如图像识别等),可以采用 AutoML 方法来搜索其最优的深度学习模型结构,使得性能更高。此外,深度学习模型往往可解释性差,这也带来了很多可解释性方面的研究工作。

近年来,深度学习的研究和应用热潮推动各种开源深度学习框架层出不穷,包括 TensorFlow、Keras、MXNet、PyTorch、CNTK、Theano、Caffe、DeepLearning4、Lasagne、Neon 等。不同框架之间的差异主要在于执行代码的方式、优化性能的方式、可视化及生产部署方面。

以谷歌的 TensorFlow 与 Facebook 的 PyTorch 这两款热门深度学习框架对比举例,在执行代码的方式方面,两个框架最关键的区别在于它们的计算图表现形式不同,TensorFlow 的计算图是以静态方式定义的,而 PyTorch 则执行动态图的自动微分;在分布式训练方面,PyTorch 优化性能的方式是利用 Python 对异步执行的本地支持,而

TensorFlow 必须手动编写代码，并根据特定设备进行微调以实现分布式训练；在可视化方面，TensorFlow 的可视化库名为 TensorBoard，PyTorch 则需要使用 Visdom，但 Visdom 提供的功能很简单且有限，所以 TensorBoard 在训练过程可视化方面表现更好；在生产部署方面，TensorFlow 直接使用了 TensorFlow Serving，而 PyTorch 没有提供任何用于在网络上直接部署模型的框架。

- 强化学习

强化学习是指算法在没有人为指导的情况下，通过不断试错来提升任务性能的过程。强化学习的目标是学习从环境状态到行为的映射，使智能体选择的行为能够获得环境最大的奖赏，使得外部环境对学习系统在某种意义下的评价为最佳。

强化学习算法主要分为基于值（Value-Based）的算法和基于策略（Policy-Based）的算法。经典应用案例有非线性二级摆系统（非线性控制问题）、棋类游戏、机器人学习站立和走路、无人驾驶、机器翻译、人机对话等。概括来说，强化学习解决的问题是序贯决策问题，与其他机器学习方法相比，其专注于从交互中进行以目标为导向的学习。

结合强化学习和神经网络的深度强化学习的出现使得强化学习目前正处于研究和应用的热潮之中，深度强化学习已经成为自主学习的最佳代表，其中最典型的案例是谷歌推出的 AlphaGo。此外，阿里巴巴使用深度强化学习方法求解新型的三维装箱问题，提高了菜鸟网络的货物装箱打包效率，节省了货物的打包空间。

- 量子机器学习

量子计算被认为是在未来可能产生颠覆性影响的计算模型，量子机器学习是指利用量子纠缠、相干和非局域性等量子力学特性实现和加速经典机器学习算法。量子机器学习需要研究和设计可以提高机器学习效率的量子算法，以及量子机器学习的基础理论，包括如何对量子可学习的概念类进行数学刻画、量子神经网络的计算能力和局限等,还包括全量子机器学习(用量子机器学习算法研究量子数据)。

近年来,学者们相继提出了量子主成分分析、量子支持向量机、量子聚类、量子深度学习和量子增强学习等算法。目前,量子机器学习的主要研究还处于初级阶段,主要研究进展还集中于理论领域。另外,经典机器学习算法也只有一部分能够用量子方法进行加速。

未来,量子机器学习可能会对许多技术产生深远的影响,如可能用于医学技术或药物设计、金融领域的数据分析,以及量子物理、量子化学领域的数据分析和处理等。

- 新型机器学习

新型机器学习是指为了改进现有机器学习各类缺点而提出的一系列新的机器学习理论和方法,包括但不限于针对数据隐私保护和多方参与共同计算而提出的联邦学习、将博弈对抗直接引入机器学习而产生的对抗学习和多智能体学习、对普遍存在的不确定性进行概率建模和推理的贝叶斯机器学习、专注于将已有算法进行极低成本扩展的迁移学习、基于元数据进行学习并能够增强自适应能力的元学习、加速训练和提升训练尺度的分布式学习、基于黑盒优化的自动机器学习、针对多模态数据源进行融合学习的多模态学习等。

在不同的场景下,机器学习在实际应用中面临非常多的问题,例如,如何具备良好泛化能力并能快速适应不同应用场景,如何高效安全地利用多用户数据,如何在存在对抗攻击的情况下稳健学习,如何更有效地基于增量数据进行快速学习,如何充分利用多次训练的信息进行加速学习,如何更自动化地实现机器学习模型结构和超参优化,如何进一步降低对标注数据的需求,如何自动学习特征工程,如何实现端边云的协同计算和学习,等等。由于基础的分类、回归、聚类等算法相对较为成熟,所以当前机器学习更多地将重心放在如何解决上述多个维度上出现的新问题上,这也催生了一系列新型机器学习方法。

未来，随着更多维度上问题的提出及相互融合，将诞生更多的新型机器学习方法。另外，随着 5G 和物联网、云计算、量子计算等新技术的进一步发展，在时延、尺度等更多维度上将会出现新的问题，也可能催生更多新型机器学习理论和技术。

5.3.4 计算智能

优化问题存在于科学、工程和工业的各个领域，涉及各种决策变量、复杂的结构化目标和约束。由于经典优化算法在求解大规模、高度非线性、通常不可微的问题时存在不足，所以需要开发高效、稳健的算法，无论问题大小，都可对其进行求解。从自然界中获得灵感，开发计算效率高的算法是处理现实世界优化问题的一种方法，可以将这些算法应用于计算科学领域，尤其是计算智能领域。

计算智能通过人们对自然界独特规律的认知，提取出适合获取和分析知识的一套计算工具，用于解决复杂的现实世界问题。计算智能主要包括模糊系统（FS）、神经网络（NN）、群体智能（SI）和进化计算（EC）。典型算法有遗传算法、免疫算法、模拟退火算法、蚁群算法、微粒群算法、萤火虫算法等。计算智能具有自学习、自组织、自适应的特征，以及简单、通用、稳健性强、适于并行处理等优点，目前在并行搜索、联想记忆、模式识别、知识自动获取等方面得到了广泛的应用。

- 进化计算（自主进化与演化系统）

进化计算是一系列基于生物进化原理的问题解决技术的统称，主要用于求解优化问题，试图找到全局最优解，常用算法包括遗传算法、遗传编程、进化策略、进化规划和遗传规划等。

进化计算在搜索过程中模拟自然选择过程。该类算法从随机生成一组潜在解开始，然后通过迭代更新这些可能的解得到一个新的种群。更新是通过迭代应用选择、交叉和变异操作来完成的。在这个过程中随机丢弃不好的解，并进化出更合适的解。通过这些操作，所改进的解能一代一代地变得更好。

目前，进化计算在模式识别、图像处理、人工智能、经济管理、机械工程、电气工程、通信、生物学等众多领域都获得了较为成功的应用，如利用进化算法研究小生境理论和生物物种的形成、通信网络的优化设计、超大规模集成电路的布线、飞机外形的设计、人类行为规范进化过程的模拟等。

- 群体智能

群体智能算法通过模拟社会性动物的各种群体行为，利用群体中的个体之间的信息交互和合作来实现寻优的目的。可以说，任何一种由昆虫群体或其他动物社会行为机制而激发设计出的算法或分布式解决问题的策略均属于群体智能算法。常用的群体智能算法有粒子群优化算法、蜘蛛猴优化算法、人工蜂群算法、人工鱼群算法、蚁群优化算法、细菌觅食优化算法、萤火虫算法、花朵授粉算法等。

与其他类型的优化算法相比，群体智能算法具有以下特点和优势：

（1）分布式控制，适应当前网络环境下的工作状态，并且具有较强的稳健性，即不会因为某个或几个个体出现故障而影响群体对整个问题的求解。

（2）由于群体智能可以通过非直接通信的方式进行信息的传输与合作，因而随着个体数量的增加，通信开销的增幅较小，具有较好的可扩展性。

（3）群体中每个个体的能力或遵循的行为规则非常简单，因而群体智能的实现比较方便。

（4）群体具有自组织性，群体表现出来的复杂行为是通过简单个体的交互过程凸显出来的智能。

5.3.5 感知智能

感知智能即视觉、听觉、触觉等感知能力。人和动物都能够通过各种感知能力与自然界进行交互。机器感知智能是指将物理世界的信号通过摄像头、麦克风或其他传感器等硬件设备,借助语音识别、图像识别等人工智能技术,映射到数字世界,再将这些数字信息进一步提升至可认知的层次,如记忆、理解、规划、决策等。由于充分利用了深度学习和大数据的成果,所以机器在感知智能方面的能力已经达到甚至超过人类。

- 计算机视觉

计算机视觉是指使用计算机对采集的图片或视频进行分析处理,实现类似生物视觉的感知和认知功能,包括理解视觉场景中物体的边缘、遮挡关系、三维深度、纹理、类别等一系列信息。计算机视觉主要研究图像生成机理、图像视觉特征的提取和表达(如边缘检测等)、图像高级语义的理解(如目标检测、内容检索等)、三维图像重建等。计算机视觉已被用于工业制造、服务机器人、医疗影像、智慧交通、安防、电影制作等多种实际场景并发挥了巨大作用。

计算机视觉的发展经历了4个阶段:马尔计算视觉、主动视觉、多视几何、基于学习的视觉。当前,计算机视觉的研究主要包括两个方面:一是围绕图像到语义的映射关系展开的研究,包括图像分类、目标识别、目标跟踪、图像分割、视频理解、视觉问答等;二是围绕图像到三维物理空间的映射关系展开的研究,包括多视角几何、相机标定、位姿测量、视觉导航等。

计算机视觉将与自然语言处理等其他人工智能技术紧密联系,自顶向下与自底向上研究方法的融合、多传感器和多模态融合、多任务和多领域融合、几何和学习的融合、常识推理与传统视觉的融合、视觉合成与增强、三维图像理解等都将进一步促进计算机视觉未来的发展。

- 生物特征识别

生物特征识别是指计算机通过获取和分析人体的生理和行为特征，实现自动身份鉴别的科学和技术。常见生理特征包括人脸、指纹、虹膜、静脉等，常见行为特征包括步态、声纹、笔迹等。生物特征识别是计算机视觉和模式识别学科前沿发展方向，也是新一代人工智能规划、"互联网+"行动计划等的重点发展领域，在公共安全、金融、社保等领域有广阔的应用前景。

生物特征识别研究涉及信息获取、预处理、特征分析、模式匹配、活体检测等领域，致力于提升生物特征识别的便捷性、稳健性、安全性。通过计算成像、多光谱成像、麦克风阵列、脑机接口、智能交互等新型获取方式提升生物特征感知的便捷性；通过深度神经网络融合生物特征大数据，不断提升光照、姿态、表情等多变复杂场景身份识别的稳健性，当前以人脸识别为代表的机器视觉已超过人类视觉感知能力；通过对伪造生物特征样本的静默和动态活体检测提升系统的安全性。

生物特征识别的未来发展趋势是泛在感知、多模融合、可信认证，在泛在信息网络中移动式、无感式获取无处不在的生物特征信息，脑电信号、手机划屏等新兴生物特征模态层出不穷，通过多模态生物特征信息融合实现精准身份识别，通过传感与计算结合的活体检测实现可信身份认证，满足智能时代高精度、低干扰、强安全身份识别的迫切需求。

- 智能语音处理

智能语音处理包括语音识别、语音合成、自然语言处理、语音交互等。语音识别是将人类语音中的词汇内容转换为计算机可读的输入，涉及的领域包括信号处理、模式识别、概率论和信息论、发声机理和听觉机理等，近些年语音识别技术的重大突破是隐马尔科夫模型（Hidden Markov Model，HMM）的应用；语音合成是语音识别的逆过程，它是将计算机自己产生的或外部输入的文字信息转变为人类可以听得懂的、流利的汉语或其他口语输出的技术；自然语言处理负责语义理解、自动回答等，使语音交互过程更加流畅。

目前，智能语音处理技术已被广泛应用于教育、医疗、客服、个人语音助手等领域。中国智能语音市场已形成了包括上游的基础设施制造（芯片、传感器、算力）、中游的技术实现（语音合成、语音识别、语义理解等）及下游的众多应用服务（家居、客服、教育等）的完整产业链结构。

5.3.6 认知智能

在计算智能和感知智能发展的基础上，人工智能正在向能够分析、思考、理解、判断的认知智能延伸。所谓认知智能，指的是机器能够像人一样主动思考和理解事物，不用人类事先编程就可以实现自我学习，从而完成推理、规划、联想、创作等复杂任务，并与人类自然交互。

当前，认知智能的发展还处在初级阶段，面临着许多亟待解决的关键问题。人类对于现实世界的认识是由感知、预测推演、反馈学习到逐渐认知的过程。机器要掌握认知的能力首先要理解和感知这个真实的世界，让世界和事物变得可表征、可计算，与此密不可分的一项关键技术是自然语言处理，表现优良的自然语言处理过程可以为认知计算提供更加精准的信息数据，这是可靠性知识推理的基础；其次，认知智能过程的本质是对感知到的量化信息进行关联分析、知识计算与预测的过程，其中知识计算的核心方式是因果逻辑的推断，这是认知智能关键技术的核心；最后，需要让人类理解知识的推理过程，将抽象的知识计算和认知过程具象化、可视化，能够让机器以可交互的方式融入人类的生活与工作中，是让机器更好地辅助人类的关键。

- 自然语言处理

自然语言处理是指计算机对自然语言的形、音、义等信息进行的输入、输出、识别、分析、理解、生成等的处理，其目标是弥补人类交流（自然语言）与计算机理解（机器语言）之间的差距。自然语言处理的基本任务包括分词、词法分析、依存关系分析、序列分析、文本加工、信息检索、问答系统、机器翻译等。

传统的自然语言处理模型包括逻辑回归模型、隐马尔科夫模型、条件随机场（CRF）、支持向量机（SVM）、主题模型（LDA）、TF-IDF、互信息（PMI）、贝叶斯模型、概率图模型等。随着最近词嵌入（低维、分布式表征）的普及和成功，基于神经网络的新型自然语言处理模型（CNN、RNN、DNN、LSTM 等）在各种语言相关任务上取得了优异的成果。强化学习、迁移学习、半监督方法、无监督方法和深度生成模型也逐步被应用于复杂的自然语言处理任务（如可视化 QA 和机器翻译）。例如，Facebook 通过使用半监督和自监督学习技术，利用未标记的数据来提高纯监督系统的性能，在多种语言翻译任务中表现优异。

此外，在自然语言理解方面，2018 年以来，基于 Trandformer 编码器的通用模型（Open-GPT、BERT、BigBird）在 NLP 任务上的表现远胜上述 CNN、RNN、DNN、LSTM 等模型，以 BERT 为例，通过在预定域上事先做大规模预训练，再通过垂直领域的业务数据进行微调，训练出的语言模型可以自适应地解决许多特定的业务问题，推动了自然语言理解的准确性提升。

即便如此，自然语言处理技术的发展仍然面临诸多挑战。相比于图片、语音给出的直接信号，文字是一种高阶抽象离散信号。较之图片中的一个像素，文本中的一个单元明显信息密度更大、冗余度更低，组成句子的每个单词加上单词出现的顺序，才能正确表达完整的意思。在具体任务中，文本分词作为其他自然语言处理任务的基础，其本身仍然是一个难点，特别是对于汉语这样缺乏明显词汇边界的语言，如何正确划分不同词语仍然是一个挑战；在某些语境复杂的情况下，会出现一词多义等情况，这为语言模型的训练带来重要的影响；另外，能够通用于多种语言的模型的数量仍然十分不足；最后，由于人类语言的复杂性和影响因素的多样性，想真正对自然语言进行正确理解，需要建立对物理世界和社会关系的大量知识和常识，这方面机器还难以企及，因此常识推理也被认为是难度最高的自然语言处理任务之一。

- 知识图谱

随着信息化程度的不断提升，数据逐渐呈现大规模、异质多元和组织结构松散的特点，给人们有效获取信息、进行认知分析带来了不便。知识图谱以其强大的语义处理能力和开放组织能力，提供了一种新的知识组织与存储方式，为认知型推理应用奠定了基础。知识图谱旨在描述真实世界中存在的各种实体或概念及其关系，它们构成一张巨大的语义网络图，节点表示实体或概念，边则由属性或关系构成。知识图谱与传统语义网络最显著的差异是规模差异，以及在此之上由量变带来的知识效用的质变。

现阶段，基于知识图谱的使用过程可以将研究内容分为 5 个主要方面：图谱构建、图谱存储、图计算分析、图谱可视化交互及图谱应用。图谱构建主要研究本体模型设计与知识抽取技术，以便更好地按照业务应用设计并精准抽取知识图谱数据，目前比较受关注的包括弱监督、远程监督、自监督、小样本等抽取方案；图谱存储主要研究图数据存储方式，并重点解决海量数据下分布式存储带来的技术问题，提升图谱的规模存储与应用能力；图计算分析主要研究基于图论的知识图谱分析挖掘算法，完成知识信息的计算与挖掘，主要集中在图神经网络、基于图表示学习的研究等。

目前，知识图谱的主要应用包括复杂网络分析、基于 KBQA 的问答、基于知识图谱的推荐、异常检测挖掘、事件推理分析等，如何根据业务需求设计实现知识图谱应用，并基于数据特点进行优化调整是图谱应用的关键。除此之外，知识图谱能够很好地表示知识之间的关联，近些年面向知识图谱的深度关系挖掘和检索方法也是图谱应用研究的热点，特别是在大数据背景下，图谱中节点和关系的数量呈指数级增长。如何更好地构建海量知识图谱，并在海量知识图谱中进行有效的挖掘和可视化交互分析，是当前研究的关键问题。

图谱是一种良好的知识表现方式，符合人类知识学习与分析的逻辑，但由于知识图谱模式层的概念和关系类型固定，难以满足事件的多样化描述信息，所以以事件为中心并结合时空和语义特征构建事件表示模型成为当下的研究热点。为了更好地发挥现有知识图谱知识表达、知识资源优势，知识图谱还需要与信息推荐、事理图谱、机器学习、深度学习等技术结合运用。

- 自主无人系统

自主无人系统是不需要人工干预可自主运行的智能系统，具有自主性、智能性、协同性等特征。典型的自主无人系统涉及机械、自动控制、计算机、通信、材料等多种技术，主要包括无人系统单体、集群无人系统和多集群无人系统等。

不同于传统的人机交互系统，具备认知智能的自主无人系统将机器视为一个认知主体，其不再是仅单向服从于人类，接收人类的指令并执行，而是能够在与人的交互过程中对开放环境信息进行自主感知、学习、推理、决策并反馈，理解人类的情感、意图和服务需求，自适应地与用户进行人机交互。由于人类之间的沟通与交流是自然而富有情感的，所以除了自然语言理解，近些年认知情感计算也成为人机交互领域热门的研究方向之一，包括基于 Gross 认知重评的机器人认知情感交互模型、基于指导性认知重评策略的机器人情感认知模型等方法。

未来，自主无人系统将重点突破自主感知与理解、决策与控制一体化、群知与协同控制等问题，重点关注自主智能学习、类自然计算、群体与协同、类脑与仿生、超材料感知、多尺度融合、高精度导航与协同通信等研究方向,并加强智能传感器、类脑控制器、无人终端控制系统、智能芯片与系统等核心技术研究。

- 因果推断

因果关系是认知过程分析的关键,而因果推断是一种基于自然语言知识、常识系统进行事件因果关系网分析,研究传导机制、影响力预测的技术,其是深度泛化学习方式的必要补充。因果推断的过程非常类似于人类对于事件的分析与决策方式。例如,人类获取了"拥有羽毛翅膀的鸟儿都会飞翔"这个常识,当某个人得到"大雁拥有羽毛翅膀"这个信息时,就可以在大脑中基于已有常识推断"大雁是一种会飞行的动物"这个新的知识,这个过程就是因果推断的过程。当机器拥有了一定量的常识及因果推断能力后,即可完成以上类似于人脑思考、认知世界的过程,因果推断可以说是认知智能的核心。

因果推断的研究范围包括常识推理、逻辑推理、图推理、概率图推理等。其中,常识推理主要基于已有的常识信息,对新的知识进行关联推理与预测,如上述例子中基于已有常识及新的信息推断出新的知识;逻辑推理主要基于演绎法、归纳法、类比法等逻辑学原理,进行事件之间逻辑关系的分析;图推理以图网络方式存储逻辑推理规则,当遇到新的事件时,通过对事件的解析及图推理方式的分析,最终得到分析结果;概率图推理则是一种基于概率图模型的推理技术,事件之间的影响、传导过程均以概率方式进行转移,它也是因果推断领域一个重要的研究方向。

近年来,用于因果推断的方法包括基于观察数据评价因果作用的方法,探究直接作用和间接作用等因果机制的方法,基于因果模型对外部干预进行预测的方法,从高维数据、混合类型数据、多源数据、时间序列数据、不完全数据及含隐变量等复杂数据中挖掘因果关系和因果网络的方法等。对于事件性因果,当前最成熟、应用最广泛的模型是结构因果模型(Structural Causal Model,SCM);对于过程性因果,目前研究倾向于更复杂的因果模型——因果环路图（Causal Loop Diagram，CLD）；2018 年，借鉴结构性因果推理模型，图网络（Graph Network）被提出，图网络让深度学习也能进行因果推断。

- 认知智能综合体

认知智能需要解决推理、规划、联想、创作等复杂任务，这需要建立以数据和计算为驱动，以自然语言处理、跨领域知识图谱、因果推理、持续学习等多种技术为支撑，结合认知心理学、脑科学及人类社会历史研究的认知智能综合体。

认知智能综合体有 3 层含义：一是全面感知、精准决策、实时控制三大特征系统协作，基于全面感知获取到的即时动态数据，通过对海量数据的融合分析、关联分析进行最优决策，将精准决策实时运用于控制，并通过样本自主学习不断优化决策，推动迭代演进；二是结合人类独有的知识和智慧特征，弥补感知智能在记忆、推理、规划、演绎等方面的短板；三是打破原有的从命令到反馈的人机交互形式，实现人与机器在物理世界和虚拟信息世界的高效互动、应用和连接，人机融合将为人类提供更好的服务，为不同个体创造不同的场景，采取不同的语气和情感进行交流等，最终提升社会生产力。

5.3.7　人工智能增强辅助

- 算力相关

算法、算力、数据是驱动人工智能发展的 3 个重要因素，算力的进步为大数据的运算提供支撑。随着机器学习、深度学习的快速发展，人们对 GPU、FPGA、TPU 等异构计算芯片提出了虚拟化的强烈要求。

通过虚拟化可以很好地分配计算资源。以 GPU 为例，GPU 虚拟化就是将一个物理 GPU 的计算能力进行切片，分成多个逻辑上的虚拟 GPU，即 vGPU，以 vGPU 为单元分配 GPU 的计算能力给多台虚拟机使用，使虚拟机能够运行 3D 软件、播放高清视频等，从而极大地提升用户体验。利用虚拟化手段，通过不断地增强 GPU 在数据中心的特性，能够尽量多地满足用户不同场景的需求。

另外，TB 甚至 PB 级的训练数据在一台机器上学习和推理是不可能的。目前，大规模分布式机器学习系统广泛采用的参数同步包括参数服务器架构和环式架构。在参数服务器架构下，各节点有参数服务器和工作机器之分，工作机器只负责计算模型梯度，彼此之间不会通信，参数服务器则负责汇总来自不同工作机器的模型梯度，并对原有参数进行更新，然后下发到工作机器上，以便开始下一次迭代；在环式架构下，所有节点以环状排列，各节点仅与其前后两个相邻节点通信，通过相应的同步算法，可以快速实现参数同步，避免产生中心化的通信瓶颈。

- XAI

XAI 是人工智能的一个新兴分支，用于解释人工智能所做的每一个决策背后的逻辑。广义上的可解释性是指在需要了解或解决一件事情的时候，可以获得所需要的足够的可以理解的信息。如果在一些情境中无法得到相应的足够的信息，那么这些事情就是不可解释的。可解释性可以被看作人类的模仿性。以医院生态系统为例，给定一个模仿性模型，医生可以轻松检查模型的每一步是否违背其专业知识，甚至推断数据的公平性和系统偏差等，这可以帮助从业者利用正向反馈循环改进模型，而且能使基于机器学习的推理和预测过程变得可理解，帮助医生快速且准确地定位问题所在。

人工智能系统的可解释性体现在很多具体任务中，包括解释过程、解释结果、解释关系、解释事实等。可解释性决定了人工智能系统的决策结果能否被人类采信。当前，机器学习，特别是深度学习普遍存在可解释性不足的问题，绝大部分系统被当作"黑盒"处理，中间的分析、决策过程对用户来说不可见，也缺乏可交互性和操作性，这制约了其在金融、医疗、司法等对可靠性要求较高的领域的应用。

具有较强可解释性的模型可以让用户更好地对机器决策的过程进行理解，以确定相应结果的置信度，增加用户对系统的信任度。知识天然地具有一定的可解释性，知识图谱富含实体、概念、属性、关系等信息，而人类倾向于用概念、关系和属性做解释，因此基于知识图谱的人工智能系统使解释成为可能，如何使人类的经验介入数据驱动的认知计算与推理过程，做到认知过程的追溯、引导和纠正成为研究热点。

- AI民主化平台

机器学习需要巨大的算力、大量的数据、好的模型算法、专业的人才等。要推动人工智能技术广泛落地，需要有实用的平台和工具来确保新技术普及。国内外的一些公有云服务正在改变各种规模的公司了解和使用人工智能服务的方式。机器学习即服务（MLaaS）概念和AI民主化平台随之产生。

通常，对于给定的机器学习任务，用户必须执行各种步骤。这些步骤包括数据预处理、特征识别、建立机器学习模型及训练模型。MLaaS服务通过仅向用户公开部分步骤，同时自动管理剩余步骤来简化此过程。某些服务还提供单击模式，用户无须执行前面提到的任何步骤。

- 不完全信息博弈（博弈理论与机制设计）

博弈理论与机制设计主要研究博弈行为中最优的对抗策略及其稳定局势，协助对弈者在一定规则范围内寻求最合理的行为方式。其基本概念包括局中人、行动、信息、策略、收益、均衡和结果等。其中，局中人、策略和收益是最基本要素，局中人、行动和结果统称博弈规则。

目前，博弈理论与机制设计研究在多智能体交互方面缺乏相应的理论基础，而数据驱动的博弈理论也是空白，因此不完全信息动态博弈、不确定复杂环境下智能博弈的强化学习与控制、大规模群体博弈的对抗生成等方面的研究是未来发展趋势。

5.3.8 其他前沿技术

- 脑机接口与神经工程

脑机接口又称脑机交互，是指不依赖外围神经和肌肉等神经通道，直接实现大脑与外界信息传递的通路。脑机接口系统检测中枢神经系统活动，并将其转化为人工输出指令，能够替代、修复、增强、补充或改善中枢神经系统的正常输出，从而改变中枢神经系统与内外环境之间的交互作用。脑机接口通过对神经信号解码，实现脑信号到机器指令的转化，一般包括信号采集、特征提取和命令输出3个模块。从脑电信号采集的角度，一般将脑机接口分为侵入式和非侵入式两大类。

脑机接口技术被称作人脑与外界沟通交流的"信息高速公路"，发展该技术最大的价值在于：通过人脑与机器的融合，可以打破当前人类与机器、人类与环境的交互方式，让人类能够突破肉体和工具的局限，特别是能够帮助那些存在认知和行动障碍的残障人士恢复行动并融入社会。在脑机接口技术的背后，人工智能扮演着非常重要的角色，这也意味着人工智能与脑机接口技术的融合是该领域走向成熟的一个重要途径。

脑机接口与神经工程主要研究脑机融合乃至一体化，实现对原有生物体感知功能、认知功能、行为能力的增强、替代、补偿等。它涉及脑神经信号的获取、脑神经信号的特征提取与转换、脑机交互、神经形态芯片等多方面的技术研究。借助脑机交互实现脑机融合乃至一体化，或者采用神经形态技术模拟生物神经系统构成虚拟脑，实现智能计算是未来的发展趋势。

- 类脑计算（神经形态计算）

多数人把计算机视为人工智能的当然载体，但在1956年人工智能概念登上历史舞台之前，两位计算机先驱却表达过不同看法。1950年，图灵在《计算机与智能》一文中明确表示"真正的智能机器必须具有学习能力,制造这种机器的方法是先制造一个模拟童年大脑的机器,再教育训练"。冯·诺伊曼逝世后,其未完成的手稿于1958年以《计算机与人脑》为名出版,其中一个重要理念是复杂系统最简单的模型就是它自身,任何形式的简化描述都会使事情变得更复杂,而不是更简单。按照这一理念,要实现人类级别的智能,就必须构造逼近生物大脑神经网络的神经网络,这是实现达到乃至超越人类大脑智能的物质基础,这是神经形态计算的思想源头。

神经形态计算的实际研究始于20世纪80年代。相关学者认为传统人工神经网络过度简化,要产生类似生物的真正智能,必须构造逼近生物的精细神经系统。长期目标是研制出仿真生物神经元和突触的物理器件,直接用硬件实现大脑神经系统,进而实现类脑智能,包括强人工智能。

2016年,英国、德国、美国研制出4套大型神经形态计算系统并上线运行。欧洲预计于2022年研制出达到人类大脑信息处理能力的神经形态机。英特尔等企业也推出了试验用神经形态计算芯片。我国在神经形态计算方面有十多年的研究历史。2015年,北京市科学技术委员会启动"脑认知与类脑计算"重大专项,从理论基础研究、类脑计算机研制和类脑智能应用3个层次、9个方面开展研究,取得了丰硕的研究成果。近年来,随着人工智能的高速发展,神经形态计算已经成为下一步竞争的热点领域。

- 强人工智能

强人工智能观点认为有可能制造出真正能推理和解决问题的智能机器,并且这样的机器将被认为是有知觉的、有自我意识的,可以独立思考问题并制订解决问题的最优方案,有自己的价值观和世界观体系,有和生物一样的各种本能,如生存和安全需求。在某种意义上,可以将强人工智能看作一种新的文明。

目前，实现通用人工智能（AGI）的尝试主要有 3 种，一是纯数学方式，企图通过数学和计算机科学的方法，在不断试错中找到正确的方法来实现 AGI；二是结构模拟，企图通过模拟大脑的神经元网络结构来实现 AGI；三是机制模拟，企图通过模拟大脑智能的机制来实现 AGI。

5.4 人工智能产业图谱

随着人工智能市场的成熟度逐渐提高，在不同技术架构层面分别涌现了一批优秀代表厂商。人工智能产业图谱如图 5-4 所示。产业图谱分为算力设施、框架平台和技术领域三大层面。其中，算力设施为人工智能奠定算力、数据和算法服务等基础；框架平台主要包括 AI 框架、AI 训练平台、AI 推理平台三大类，为行业构建技术路径；技术领域则集合了各类人工智能应用技术，面向特定应用场景需求形成产品或解决方案。

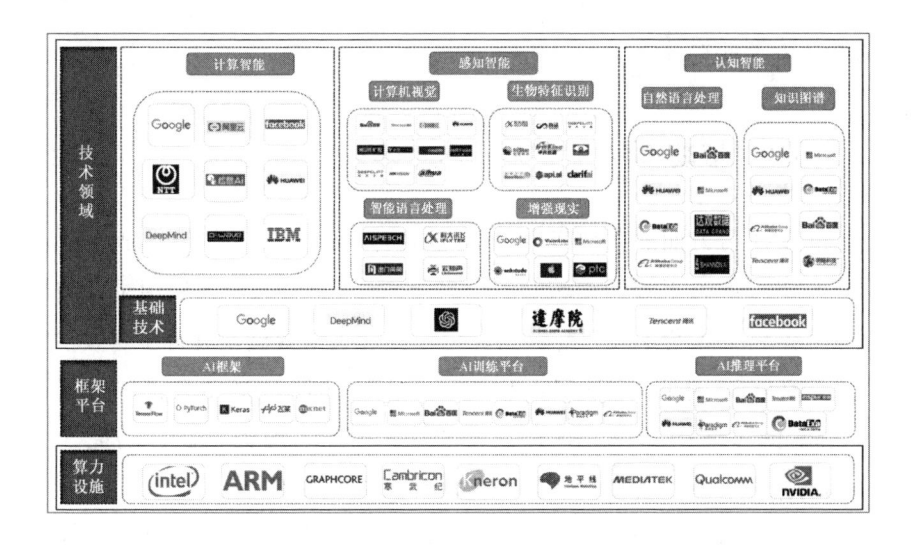

图 5-4 人工智能产业图谱

5.4.1 算力设施

算力设施层面的代表厂商有 NVIDIA、英特尔、高通、ARM、Graphcore、寒武纪等。

其中，NVIDIA 在 GPU 计算方面拥有先进的专业技术和诸多突破性成果，将高性能计算与人工智能创新融合，以海量可用数据、深度学习算法和 GPU 计算的高性能，为各个行业的开发者和使用者提供强大的计算形式。

高通研发的无线芯片组及软件技术等赋能整个移动生态系统，为全球各个行业和用户提供超强计算性能，推动医疗、汽车、物联网、智能家居、智慧城市等多个领域的变革。

Graphcore 主要设计用于 AI 应用程序的处理器，为云服务等应用提供产品支持，其核心技术和产品是智能处理器（IPU）硬件和相应的 Poplar 软件，该软件专门针对 AI 应用程序需要的密集型计算及 IPU 系统解决方案而设计。

5.4.2 框架平台

框架平台方面的典型代表有 TensorFlow 和 PyTorch 等。TensorFlow 是谷歌开发的人工智能领域的一个重要软件工具，被广泛应用于各类机器学习算法的编程实现，能够帮助用户处理大量数据，快速建立数学模型。PyTorch 则是由 Facebook 人工智能研究院（FAIR）推出的基于 Python 的可续计算包，具有强大的 GPU 加速的张量计算功能（如 NumPy），以及包含自动求导系统的深度神经网络。

AI 训练平台方面可关注百度、腾讯、微软、华为、渊亭科技等企业，这几家企业均同时具备 AI 训练和 AI 推理方面的技术能力。其中，百度研究的定制化模型训练与服务平台 EasyDL，能使用户在短时间内训练业务定制的深度学习模型，具有即用、轻快、高精度、安全等特点。腾讯打造的 TNN 是一套高性能、轻量级移动端推断框架，其最大的特点是面向底层不同硬件架构进行深度适配和极致的性能优化。

5.4.3 技术领域

在人工智能技术领域，中国人工智能市场目前最大组成部分当属感知智能。其中，计算机视觉板块的代表企业商汤、旷视、云从、依图几乎占据了该板块的头部市场，并且仍在不断拓展新场景。这 4 家代表企业的业务涵盖安防、汽车、医疗、金融、零售、互联网、广告营销、智能手机等不同垂直场景。

在认知智能领域，值得一提的有渊亭科技、明略科技等企业。其中，渊亭科技积累了领先的、以知识图谱为代表的认知智能全栈技术，其自主研发的认知智能平台具有成熟的自动化行业知识建模与抽取引擎、前沿的图计算分析算法、高性能图谱分析渲染交互工具、基于图神经网络的知识推理引擎、专家业务知识配置规则引擎，以及自研的可支撑万亿级别图数据存储的分布式图数据库等，在金融、安防、国防、运营商、教育、医疗等领域有着广泛的成功案例，平台具备较强的通用性，支持快速生成成熟的解决方案。明略科技知识图谱平台是一个基于知识图谱技术的知识管理与洞察分析平台，通过数据治理、知识抽取、模型计算、知识服务等手段，结合行业 know-how，将数据要素与业务生产、组织关系耦合，完成从客观数据汇聚向抽象知识沉淀的认知跃迁，为组织提供知识驱动的辅助决策，在安防等领域有着较多的落地经验。

在基础技术层面，除开发 AlphaGo 的 DeepMind 外，还有 OpenAI、Google Brain、FAIR 等；国内排名在前列的 AI 实验室则有阿里达摩院、腾讯 AI Lab 等。

5.4.4 相关案例

近年来,国内涌现了许多在细分技术领域(如自然语言处理、知识图谱、智能问答等)深耕的优秀创业公司,但随着认知智能相关技术在各行业的规模应用,客户的需求逐渐多样化和精细化,系统架构的不同层面需要融入的新技术也越来越多,从国内外发展情况来看,综合型认知中台是未来发展趋势,下面给出相关案例。

案例 1:平台级大数据产品 Palantir Gotham

Palantir Gotham 提供了一个基于本体映射的全量多模态数据融合和协同挖掘分析大数据支撑框架,可以对不同来源的结构化和非结构化数据进行大规模实时关联和因果分析,解决多源异构数据环境下的复杂问题决策,其全量数据分析和知识管理能跟踪每个数据和模型的读、写和编辑、保存,以积累任务环境下的决策知识,基于通用的大数据融合和可视化分析平台,使用者能在单一系统内解决所有问题,创造一种人脑智能和计算机智能的共生分析环境及工具。目前,它主要服务于国防安全和政府管理领域,下辖多种解决方案,包括战场态势分析、网络安全分析等。

案例 2:IBM Watson 认知计算系统

IBM Watson 认知计算系统主要利用自然语言处理和机器学习技术来挖掘大量非结构化数据内含的价值。它具备以下功能:一是基于自然语言处理技术的问答系统能够与用户进行交互,并理解和应对用户的问题,利用文本分析与心理语言学模型对用户数据进行分析,掌握用户个性特质;二是通过假设生成,将散落在各处的知识片段连接起来,进行推理、分析、对比、归纳、总结和论证;三是通过以证据为基础的学习能力,从大数据中快速提取关键信息进行学习和认知;四是利用专家训练，在交互中通过经验学习来获取反馈，优化模型。目前，它已经被应用到超过 35 个国家的 17 个产业领域，包括报税、客服支持、个人助理及医疗服务等。

案例 3：阿里巴巴认知智能计算平台 AliGraph

阿里巴巴旗下研究机构达摩院认为，大规模图神经网络是认知智能计算强有力的推理方法。图神经网络将深度神经网络从处理传统非结构化数据（如图像、语音和文本序列）推广到更高层次的结构化数据（如图结构）。大规模的图数据可以表达丰富和蕴含逻辑关系的人类常识和专家规则，图节点定义了可理解的符号化知识，不规则图拓扑结构表达了图节点之间的依赖、从属、逻辑规则等推理关系。AliGraph 是阿里巴巴推出的大规模图神经网络平台。其主要分 4 层，分别是数据层、采样层、算子层和 GNN 算法层，平台的设计理念是打造一个采样、建模、训练一体化的 GNN 平台。当前阶段，AliGraph 侧重于提供 API 给开发者，让开发者有能力贴近自己的场景去实现 GNN，同时将经过场景打磨的成熟算法沉淀到平台，推广 GNN 的应用。

案例 4：渊亭科技综合型认知中台

渊亭科技综合型认知中台 DataExa-Sati 提供自动化图谱构建、分布式图数据库、大规模图计算和图挖掘、可视化分析的全流程技术方案，并在此基础上构建智能问答、智能搜索等智能应用。基于本体建模和自然语言处理等技术将多源异构数据转化为知识并进行融合，存储在万亿级图数据库中，利用关联预测、目标预测等推理技术进行知识补全，并提供了包含 60 多种分布式图计算算法的综合分析平台，服务客户的研判分析、推理解释等相关工作。平台同时内置了规则引擎、专家系统和问答引擎，满足不同层次的常识灌输和人机智能交互。目前，渊亭科技综合型认知中台主要服务于金融、政务、安防、工业互联网领域，覆盖情报分析研判、作战指挥决策、产业链图谱、金融反洗钱、反欺诈等场景解决方案。

下面给出一些深度学习框架及开源平台的案例。

案例 1：谷歌 Cloud AutoML

Cloud AutoML 是谷歌在 2018 年发布的自动机器学习模型创建云平台。Cloud AutoML 使用了谷歌的 learn2learn 和转移学习等先进技术，能帮助那些只有有限 ML 专业知识的企业构建高品质的自定义模型，目标是使 AI 专家们更加高效地工作，拓展新的 AI 领域，并帮助那些技术娴熟的工程师构建强大的 AI 系统。使用 Cloud AutoML，可以在几分钟内创建一个适应用户 AI 应用程序的简单模型，或者在一天内构建实际需要的完整模型。

案例 2：Amazon SageMaker

Amazon SageMaker 是一项完全托管的服务，可以帮助开发人员和数据科学家快速构建、训练和部署机器学习模型。Amazon SageMaker 消除了机器学习过程中每个步骤的繁重工作，在单个工具集中提供了用于机器学习的所有组件。此外，Amazon SageMaker 提供了许多常见的机器学习算法，这些算法经过了优化，可以在分布式环境中高效处理非常大的数据量。其目标是让开发高质量模型变得更加轻松，模型也可以通过更少的工作量和更低的成本更快地投入生产。

案例 3：百度飞桨（PaddlePaddle）

百度飞桨是一个云端托管的分布式深度学习平台，支持大量的神经网络架构和优化算法，对序列输入、稀疏输入和大规模数据的模型训练有着良好的支持。平台支持 GPU 运算，支持数据并行和模型并行，仅需少量代码就能训练深度学习模型，大大降低了用户使用深度学习技术的成本，目前已覆盖搜索、图像识别、语音语义识别与理解、情感分析、机器翻译、用户画像推荐等多个领域的业务和技术。

案例 4：华为 MindSpore

华为 MindSpore 是一款支持端边云全场景的深度学习训练推理框架，主要应用于计算机视觉、自然语言处理等领域，面向数据科学家、算法工程师等人群，提供设计友好、运行高效的开发体验。作为华为整体 AI 解决方案的一部分，MindSpore 提供昇腾 AI 处理器原生支持及软硬件协同优化，也支持通用 CPU 和 GPU。当前开源的 MindSpore 主要具备基于源码转换的通用自动微分、自动实现分布式并行训练、数据处理、图执行引擎等功能特性。

第6章
工业互联网

当前，全球经济增长速度趋于放缓，我国"三期叠加"影响持续深化，经济下行压力加大。以泛在互联、全面感知、智能优化、安全稳固为特征的工业互联网蓬勃发展，正在全球范围内加速颠覆制造模式、生产方式和组织形态，推动传统产业加快转型升级、新兴产业持续发展壮大。科学研判工业互联网产业经济发展态势，对企业运营、行业发展和政府决策具有重要的意义。

工业互联网（Industrial Internet）是新一代工业浪潮的产物，全球主要国家在工业互联网探索和实践中形成了不同的认识。本书中工业互联网的定义来自工业互联网产业联盟（AII），分为宏观层面和技术层面：从宏观层面看，工业互联网通过工业经济全要素、全产业链、全价值链的全面连接，支撑制造业数字化、网络化、智能化转型，不断催生新模式、新业态、新产业，重塑工业生产制造和服务体系，实现工业经济高质量发展；从技术层面看，工业互联网是新型网络、先进计算、大数据、人工智能等新一代信息通信技术与制造技术融合的新型工业数字化系统，它广泛连接人、机、物等各类生产要素，构建支撑海量工业数据管理、建模与分析的数字化平台，提供端到端的安全保障，以此驱动制造业的智能化发展，引发制造模式、服务模式与商业模式的创新变革。

6.1 工业互联网的发展

6.1.1 工业互联网发展背景与现状

工业互联网是怎样发展起来的呢？

工业互联网的发展过程是从 PLC 的应用到自动化、系统化、网络化的过程。从单机控制到工控系统，再到 ERP 等工业管理系统，工业和互联网逐步融合发展。

2008 年全球金融危机过后，美国开始重新重视用技术促进制造业的发展，2011 年围绕实体经济进行创新发展布局。2012 年 11 月 26 日，美国通用电气（GE）公司发布白皮书《工业互联网：打破智慧与机器的边界》，首次提出工业互联网的概念。

随着新技术、新发展理念的引入，工业系统正在从单点的信息技术应用向全面的数字化、网络化、智能化演进。美国推进先进制造业发展计划，积极打造制造业创新网络，即 NNMI。美国围绕一些关键创新领域，把产业链相关方聚集在一起，从而加速技术成果的产业化。2014 年，美国成立工业互联网联盟（IIC），成员包括 GE、AT&T、英特尔、思科等企业，在全球形成了很大的影响力。

我国一直积极布局工业转型发展，从两化融合到两化深度融合，再到工业互联网。采用"工业互联网"这个概念是经过反复论证的，我国是制造业第一大国，工业互联网可以将制造业和互联网两方面的优势结合起来。为加快我国工业互联网发展，推进工业互联网产学研用协同发展，在工业和信息化部的指导下，2016 年 2 月 1 日，由工业、信息通信业、互联网等领域百余家单位共同发起成立了工业互联网产业联盟。

我国全力推动工业互联网的发展，为对接国际标准，于 2016 年推出《工业互联网体系架构（版本 1.0）》。工业互联网的内涵和定义很重要，关系到定位和范畴的界定，将直接影响工业互联网的架构和布局。目前，工业互联网有两大内涵。首先，工业互联网是关键网络基础设施，包括企业内网、企业外网和标识解析。其次，工业互联网是新业态和新模式，围绕工业生产经营，会产生很多应用创新，包括智能化生产、网络化协同等。

从功能的角度看，工业互联网包括三大体系，即网络体系、数据体系、安全体系。网络体系是基础，其主要作用是把各个工业要素、各个工业环节连接起来，以支持数据的流动，具体包括网络互联、标识解析、信息交互。数据体系是核心，通过数据的流动、共享、汇聚，支撑形成各种智能化应用。它包括三大闭环，即生产控制闭环、企业层面的运行决策优化闭环、整个产业链的价值链闭环。其中，生产控制闭环因为要满足生产环节实时反馈控制要求，所以需要满足超低时延、超高可靠性等要求。安全体系是保障，需要和工业互联网发展同步规划、同步部署。以上三大体系是工业互联网的关键技术设施，可以支撑各种创新应用发展。

2017年11月底，国务院发布《关于深化"互联网+先进制造业"发展工业互联网的指导意见》。工业互联网是一个大的体系，是战略性变革的理念，会引导技术和管理体系等的变革。

《工业互联网体系架构（版本2.0）》于2019年10月发布，其在继承版本1.0的核心理念、要素和功能体系的基础上，从业务、功能、实施3个角度重新定义了工业互联网的参考架构，它具有3个主要特点：一是构建了由业务需求到功能定义再到实施架构的层层深入的完整体系，其核心是从工业互联网在促进产业发展中的作用与路径出发，指引企业明确自己的数字化转型商业目标与业务需求，进而确定其工业互联网的核心功能与实施框架；二是突出数据智能优化闭环的核心驱动作用，进一步明确了工业互联网在实现物理空间与数字空间虚实交互与分析优化中的核心作用，定义了其功能层级与关键要素，以此指导企业在设备、产线、企业、产业等不同层级、不同领域构建精准决策与智能优化能力，推动产业智能化发展；三是指导行业应用实践与系统建设，在充分考虑企业现有基础与转型需求的基础上，结合国内外企业大量已开展实践的相关经验，提出网络、标识、平台和安全的实施部署方式，指导企业开展工业互联网关键系统建设和技术选型。

世界工业互联网的发展因 GE 而起（GE 最早提出工业互联网的概念），工业互联网的发展过程体现了传统的工业企业如何转型升级。中国工业互联网的发展虽然参考了美国工业互联网的经验，但更多是结合中国国情走出了一条自己的发展道路。2021 年，美国工业互联网联盟更名为工业物联网联盟。同年，中国发布了《物联网新型基础设施建设三年行动计划（2021—2023 年）》，将工业互联网推向一个更高的层级。

6.1.2　消费互联网与产业互联网

互联网诞生于 1969 年的美国，最初被称作 ARPANET，是小规模的校际专用网络。20 世纪 80 年代，随着 TCP/IP 技术的成熟，互联网逐渐发展成全球性网络（Internet）。20 世纪末，互联网迎来了爆炸式增长，改变了人们的生活方式，造就了许多互联网巨头企业，如谷歌、雅虎、亚马逊等。进入 21 世纪，互联网不仅能服务于生活和消费，还能服务于生产和创造，于是出现了"产业互联网"和"互联网+"的说法。在互联网公司看来，当时大家使用的是"传统互联网"，准确来说，应该叫作消费互联网，因为它是紧密围绕消费者的，其主要作用是帮助人们在衣食住行、社交娱乐等方面获得更好的消费体验。同理，2007 年之后随着智能手机一同崛起的早期移动互联网也属于消费互联网。

产业互联网的服务对象是企业，其目的是"降本增效"。产业互联网的早期应用很简单，就是互联网公司借助网络（建网站、做电商、实施 SEO 优化），帮助 B 端（企业）用户打开销售渠道，提升销量。后来，产业互联网开始慢慢渗透到企业经营的各个环节，如供应链管理、生产管理、渠道管理、财务管理、人事管理等。如今,通过信息通信技术,赋能产业企业,实现对信息、资源、资金的整合,降低无效成本,提升产业的运行效率,就是真正的产业互联网。值得一提的是,"产业互联网"和"互联网+"经常被混为一谈。"互联网+"可以被理解为"互联网+各行各业",强调的是连接,是发挥互联网在社会资源配置中的优化和集成作用。例如,"互联网+教育"就是基于互联网连接所带来的信息交换能力,削弱信息差,让教育企业服务快速触达用户。"产业互联网"则不同,它除了强调互联网的连接作用,还强调互联网技术与具体产业的深度融合,即互联网渗透进企业的"骨髓",改善管理、流程、制度和工艺,提升产业效率。

产业互联网通常指通过运用数字技术,将整个产业的各个要素、各个环节数字化、网络化、智能化,推动企业业务流程、生产组织方式的变革与重组,从而形成新的产业协作、资源配置和价值创造体系。它与消费互联网有着显著的不同。产业链集群内的产业互联网是多方合作共赢的,消费互联网则是"赢家通吃"的;产业互联网的价值链更加复杂,链条更长,消费互联网则更加集中;产业互联网的盈利模式是为产业创造价值,提高效率,节约支出,而消费互联网的盈利模式通常是先"烧钱"补贴,击败竞争对手,再通过规模经济或增值业务来赚钱。

6.1.3 第四次工业革命与工业互联网

2011 年德国提出工业 4.0 战略之后,美国希望打造工业互联网发展基础,不仅围绕工业,还包括能源、车联网、智慧城市等,美国工业互联网联盟是其产业推进平台。德国侧重于制造业,强调信息通信技术和工业本身的结合,并构建了工业 4.0 平台来推进产业发展。日本强调机器人应用和工业本身高质量的发展,成立了价值链促进协会、物联网协会等组织,相关组织都发布了各自的参考架构。我国也从参考架构设计出发，同时通过测试引导新技术的研究，通过应用案例标杆来引导应用探索。

从全球范围看，工业互联网平台成为全球竞争的焦点，IT、CT、电信运营商、工业企业、互联网公司都在积极布局。国内和国外工业互联网平台还存在较大差距。GE 在能源、航空、医疗等行业有深厚的积累，很多模型已被放到 Predix 平台上，相关机理模型、算法、工艺等经过多年沉淀，反映出该平台的技术基础和实力。从目前的形势来看，工业企业在工业互联网平台方面具有较强的竞争优势。技术创新、产业布局仍在不断调整和演进中。美国一些跨国企业、初创企业发展得特别快，在工业互联网领域出现了很多独角兽企业，如 Uptake。欧洲和日本的老牌工业企业都在加速工业互联网的布局，产生了很多技术创新，如边缘计算、低代码开发等。产业之间也在不断深化合作。例如，美国 PTC 与罗克韦尔开展深度合作，为工业企业提供整体解决方案。

工业互联网是第四次工业革命的重要基石。工业互联网为第四次工业革命提供了具体实现方式和推进抓手，通过人、机、物的全面互联，全要素、全产业链、全价值链的全面连接，对各类数据进行采集、传输、分析并形成智能反馈，推动形成了全新的生产制造和服务体系，提升了资源要素配置效率，充分发挥了制造装备、工艺和材料的潜能，提高了企业生产效率，创造了差异化的产品并提供增值服务，加速推进了第四次工业革命。

6.1.4 专利和标准是争夺的主战场

工业互联网专利与标准竞争表现在两个方面。首先是工业级无线通信领域的竞争，突出表现为美国企业与华为在 5G 技术领域的博弈，其次是专利与标准的组织主体发生质的变化，过去是通过行业组织来制定标准，现在是通过开源组织与项目来确定工业互联网的标准。国内工业互联网尚处于初级阶段，国内公布的跨行业的工业互联网平台基本构建在开源的互联网平台之上，更多是平台的应用，而对平台的代码级贡献不多。这些已引起业内人士的关注，相信在不远的将来会有所突破。

6.2 工业互联网与经济的关系

6.2.1 工业互联网与宏观经济的关系

工业互联网已成为支撑数字经济发展的基础设施，是经济转型升级的重要支撑。"十四五"时期，新基建将对中国产生历史性影响。工业互联网是沟通新基建各领域的纽带，能够与其他新基建要素深度融合。工业互联网通过平台、软件、数据、算法实现设备（工业机器人、智能机床等）和信息（供应链管理）互联，对提升中国制造业智能化水平和存量资产效率具有深远意义。

在宏观层面，工业互联网加速向第一、第二、第三产业渗透。随着工业互联网的快速发展，其应用范围已由制造业延伸到建筑、能源、交通、医疗、智慧城市等领域，并不断向第一、第二、第三产业其他相关领域拓展。在建筑领域，企业利用工业互联网部署设计虚实融合的施工协同管理等应用，大幅提升设计效率、施工质量、安全生产水平、成本进度控制水平。在交通领域，工业互联网相关技术和应用不仅能够通过智能识别、智能决策和智能执行实现自动驾驶，还能够通过实时分析、优化、追溯和调配实现智能交通管控。

在工业互联网部署方面，我国已初步形成"一个研究院""一大联盟""两大阵营""三大路径""四大模式"的态势，下面简要介绍前四者。

"一个研究院"指中国工业互联网研究院（简称"工联院"）。工联院全面贯彻习近平总书记关于"深入实施工业互联网创新发展战略"的重要指示精神，落实党中央、国务院加快工业互联网新兴基础设施建设的决策部署，落实工业和信息化部工业互联网系列文件精神，开展工业互联网相关的发展战略、规划、政策、标准研究，网络、平台、安全体系建设，国际交流与合作等工作，旨在发展成为工业互联网领域的世界知名重要智库、技术创新重要源泉、政府监管重要支撑、企业赋能重要动力、拔尖人才重要基地、国际合作重要平台。

"一大联盟"指工业互联网产业联盟，该联盟会员已超过2 100家，包括ICT企业、工业企业、面向工业领域的解决方案提供商。工业互联网产业联盟正积极提升国际影响力，并吸引外资企业参与，目前工业互联网产业联盟会员中包含20多家外资企业，已经形成"12+9+X"的组织架构，即12个工作组、9个特设组和X个分联盟。12个工作组中包含垂直领域工作组，其目的是加速工业互联网在垂直领域的发展和落地。此外，工业互联网产业联盟还成立了政策法规和投融资组，目的是宣传我国工业互联网相关政策，促进产业与政策的对接，以及产业与投融资的对接。特色组的主要工作是加速推进一些热点方向的研究与发展，如开源特色组。

"两大阵营"主要指产业界分别从供给侧和需求侧出发，推动和探索工业互联网发展。

我国不断加快工业互联网发展与探索，逐步形成了"三大路径"，一是工业企业的智能化改造，主要侧重于企业内部，将设备、系统等连接起来，加强数据采集，以满足企业提质增效等需求；二是工业与产品、企业上下游和用户的协作；三是平台化路径，工业企业、ICT企业等依托原有能力，结合工业互联网发展需求，建设工业互联网平台。

我国围绕工业互联网的创新应用有很多，包括设备健康管理、智能生产管理、能耗监控、排放管理、质量管理等。例如，设备健康管理是国内外都在积极推进的应用，通过通信模块将设备连接到网上，从而实现预测性维护。一些创新应用围绕企业经营管理和资源配置优化，基于平台化理念，将企业的生产能力、生产资源在全国甚至全球范围内进行调配和协作。和国外相比，我国工业企业信息化基础整体还较薄弱，在模式创新的同时还需要补课，如针对工业企业信息化水平较低的问题，利用工业互联网平台、企业上云用云，满足中小企业低成本信息化需求；通过平台连接企业，打通供需，或者将订单拆分给不同的工厂加工；通过平台连接物流行业，提升物流效率；通过平台连接金融行业，满足中小企业贷款需求等。

我国工业互联网顶层设计已经基本完成，包括国家战略设计和技术体系设计。安全保障体系还要加强设计，并且要与发展同步推进。在技术方面，IT 和 OT 融合是个挑战，且新技术在工业领域的应用有效性有待验证。在应用方面，我国企业信息化程度较低，且本身资金短缺，投入不足，一些标准化的解决方案不能大规模推广。

我国高度重视工业互联网发展，2018 年 12 月底，中央经济工作会议把工业互联网定位为新型基础设施，目前相关部委正在加紧落实推进相关工作。此外，《政府工作报告》中也提出打造工业互联网平台、拓展"互联网+"等。

在平台方面，我国正在推动建设和运营同步发展，到 2020 年打造 10 个左右"双跨"平台，希望到 2025 年形成 15 个国际竞争性平台，同时建设实验验证平台来支撑相关研究和发展。

在安全方面，国家正在推动工业互联网安全监测能力建设，包括国家级、省级/行业级和企业级。

在应用方面，要提升大企业工业互联网创新应用水平，加强工业互联网集成，引导其发展平台；中小企业创新活跃，应引导它们实现数字化、网络化和向云端迁移。

要构建协同创新生态，组织区域创新示范工程，建设工业互联网创新中心和示范基地。要推动产业支撑能力建设，包括技术研究、标准研制、产品解决方案的孵化。同时，要积极推进国际合作交流与推广，互操作性是工业互联网的关键，需要打造全球化的技术标准。

通过发展工业互联网可以探索整个数字经济的发展路径，带动实体经济的发展。当然，工业互联网还有很多需要研究和探索的地方，特别是在应用模式、推广模式、商业模式等方面还有很多挑战。

6.2.2 工业互联网与微观经济的关系

工业互联网对第二产业带动作用最显著，工业互联网成为企业转型升级与高品质发展的重要推动力。

根据工业互联网产业联盟的调研分析，第二产业已成为工业互联网融合应用的主战场，工业互联网已被广泛应用于石化、钢铁、电子信息、家电、服装、能源、机械、汽车、装备、航空航天等行业和领域，网络化协同、服务型制造、规模化定制等新模式、新业态蓬勃兴起，助力企业提升质量效益，并不断催生新的增长点。

工业互联网加快了制造业数字化转型。离散型制造企业、流程型制造企业基于工业互联网进行的数字化转型探索丰富多样、全面系统。企业从解决实际问题出发，由内部改造到外部协同，从单点应用到全局优化，持续推动企业数字化、服务化升级。

5G推动工业互联网的高级场景应用。5G高带宽特性，能支撑基于机器视觉的产品质量检测等对网络带宽要求极高的业务；其低时延、高可靠特性，能满足运动控制等对网络时延要求十分严苛的业务；其大连接特性，能为工业数据采集、远程运维等场景提供可靠的网络服务。随着5G技术的逐渐成熟，以5G为主的多种无线技术将更多地应用于工厂内网改造。

以2018年的测算数据为例，工业互联网融合带动的第一产业、第二产业、第三产业规模分别为131亿元、6 630亿元、3 044亿元，工业互联网对第二产业的带动规模最大，带动效应最显著。

6.3 工业互联网产业链

6.3.1 工业互联网新基建

工业互联网作为新一代信息技术与工业经济深度融合形成的新兴业态和应用模式，是实现产业数字化转型的关键基础。工业互联网平台包含多种基础设施。

（1）大数据基础设施。把数据收集到数据仓库，进行数据选择、数据标准化，把非结构化数据转换为结构化数据，把数据分解成基本要素，再根据挖掘任务进行聚类。在这个闭环过程中，需要用到聚类分析、分类分析和关联分析等。更重要的是，工业大数据中包含多种数据类型，在挖掘数据的时候要根据数据类型选择合适的计算模式。

（2）算法基础设施。AI 算法需要大量带标签的数据为样本，依靠大量算力与海量数据来针对特定任务进行试错训练，属于大数据、大算力、小任务，效率不高。未来需要结合类脑计算，实现小数据、小算力、大任务。

（3）算力基础设施。在算力基础设施方面，除通用计算能力外，还有专用计算能力。专用计算能力的效率更高，更能适应机器学习的需要。

（4）边缘计算设施。工业生产线上的传感器、工件、机器人、工业 VR/AR 应用都要求快速响应。在工业互联网平台中，在降低无线空口时延的基础上，还需要将计算能力下沉，可以利用边缘计算实现本地缓存和过滤数据，在减少时延的同时降低中心云的带宽和处理能力的压力。

（5）安全基础设施。工业互联网离不开安全，工业互联网中的传感器和 PLC 很多，而且永远在线，很容易受木马入侵成为 DDoS 攻击的跳板。这需要基于零信任架构，支持建立动态和迁移的群组节点的信任关系，实现低成本和低功耗的安全与加密。

6.3.2 工业互联网产业集群

2019年,为贯彻落实《关于深化"互联网+先进制造业"发展工业互联网的指导意见》,加快工业互联网集成创新应用和示范推广,推动工业互联网在垂直行业的落地融合,打造行业应用示范标杆,工业互联网产业联盟编写了《工业互联网垂直行业应用案例》,其中包括制造与工艺管理、产品研发设计、资源配置协同、企业运营管理、生产过程管控、设备管理服务六大工业互联网主要应用场景,覆盖轻工家电、船舶、机械、纺织、石化、电子信息、航空航天、钢铁、医疗等十几个行业领域。表 6-1 列出了相关案例。

表 6-1 工业互联网垂直行业应用案例

序号	案例名称	所属行业	主要解决的问题	项目价值
1	海思堡项目	服装	本项目通过完整的系统架构,实现业务流程的标准化和数据化驱动;通过对工厂的智能化改造,实现全品类大规模定制的全流程数据化和数据实时化	实现从大规模制造向大规模定制的转型,重塑纺织服装行业价值链和生态链,构建共创共赢的生态体系
2	基于数字孪生的石化工业互联网	石化	基于数字孪生的工业互联网应用,融合了十多年石化行业经验与认知,将数字孪生技术沉淀于工业互联网平台,通过构建以资产模型、工厂模型、机理模型、工业大数据模型、工业专家知识库为核心的数字孪生体,支撑典型智能应用,为石油和化工行业的数字化转型发展提供新动能	将石化行业应用实践和成果转化成面向全流程工业的"操作系统"标准与整体解决方案,向能源化工和其他流程行业领域推广。从支撑面向生产制造过程智能化的智能工厂、智能油气田和面向产品研发设计与科研活动过程的智能研究院,向支撑智能供应链、数字化工程和智能加油站的场景发展,最终实现流程制造行业全产业链的应用支撑
3	上海烟草机械"5G+智慧工厂"	机械	利用 5G 高带宽、低时延的特点,提供端到端解决方案,实现了 AGV 机器人无线控制、5G 数字孪生产线、5G+AR 维修、高精度室内定位等业务	1. 通过设备对现场的物料实现智能调度 2. 实现对设备和生产线的精准远程管控 3. 以 5G 的高带宽、低时延特性,助力 CPS 的打造

续表

序号	案例名称	所属行业	主要解决的问题	项目价值
4	海尔创新的互联工厂智能制造模式	家电	研究新一代信息技术产品智能工厂新模式，攻克新一代信息技术产品智能制造关键技术，形成智能工厂（车间）参考模型，并通过搭建智能互联工厂，形成新一代信息技术产品试验验证测试平台，在沈阳冰箱互联工厂进行全过程试验验证，最终形成新一代信息技术产品智能工厂参考模型	**用户价值** 1. 交互体验：用户全流程参与，实现最佳体验 2. 用户满意度：两年产品质量保证期 3. 订单交付周期：由15天缩短至7天 4. 个性化定制产品：由20多种增加到500多种 **企业价值** 1. 产品研发周期：缩短30% 2. 半成品库存：减少80% 3. 产能：提升1倍 4. 人均产值：提高30% 5. 用人：优化50% 6. 质量：改善30% 产品一次合格率
5	船舶非标件生产管理系统船舶协同制造数字化及智能化应用示范	船舶	完成非标件管理业务流程的优化，满足智能化仓储和物流管理模式需求，面向船舶建造非标件从外委托制作、订单结算、入库、出库、配送到生产现场的典型业务流程，依据船舶产品的设计要求、工程计划要求及成本控制要求等，按照厂区布局、制造过程和工艺流程实现非标件在船厂内部、仓库与作业区域及各不同作业阶段之间的流动，掌握每一个物流环节，结合通畅的数据流、无缝衔接、完整的全局考量，最终实现船舶建造物流的全面智能化升级	提升船舶非标件智能物流水平，提高建造过程中配送与建造效率，开展非标件管理系统应用研发，通过信息化手段实现仓储资源信息的采集，以及数据的分析、预警、预判等，监控仓储物资的分布与存储情况、仓储资源利用情况，辅助进行物资采购计划、仓储资源调配决策，实现船舶非标件制作和采购完成后的舾装集配管理，对船舶非标件物流各个环节进行合理有效的计划、组织、控制和调整

续表

序号	案例名称	所属行业	主要解决的问题	项目价值
6	基于5G+工业边缘云的机器视觉带钢表面检测平台	钢铁	能够在带钢高速生产条件下，快速拍摄带钢表面高清图像并实时上传至工业边缘云与缺陷库进行比对分析，通过缺陷分类记录和实时控制，可以大幅提升识别率和检出率	1. 节省成本。原有工作站模式采购一套表检设备，价格在100万元/套，每年要付出12万元成本进行备件和维护服务。表检设备生命周期一般为7年，7年TCO为184万元。采用服务模式，每年支出服务费20万元，7年内总拥有成本为140万元，每套节省成本44万元。鞍钢共有冷轧生产线13条，共计节省成本572万元 2. 提升检出率和识别率。基于5G+工业边缘云的机器视觉带钢表面检测平台每秒可处理带钢图像10米以上，常规缺陷检出率在95%以上，常规缺陷识别率为73%~95%。通过对带钢缺陷的实时检出，可降低可控重复缺陷的持续产生，减少因产品质量产生的客户异议，避免因缺陷引起的废品产生、停机和伤辊等事故 3. 自主可控。采用自主研发的表检系统，机器视觉表面检测技术不再受制于美国、日本、韩国、德国，可以很方便地升级维护、更新补丁
7	基于IoT新能源车辆租赁平台实践案例	交通	在新能源车辆物联大数据平台基础之上，打造新能源车辆租赁运营管理平台	1. 建立在线租赁运营和营销管理平台，拓展客源，增加二次销售，车辆租赁销量提升30% 2. 通过远程监控和系统化管理，保障租赁资产安全，降低租赁运营管理成本15%以上 3. 通过远程诊断和故障预判，将一次修复率提升20%以上，降低了设备故障率，计划外故障停机减少了10%以上 4. 准确预测配件需求，增加配件销售，车辆原厂服务比例提升15%

续表

序号	案例名称	所属行业	主要解决的问题	项目价值
8	万泰机电智能工厂	机电	1. 以物联网技术监控设备实时状态等,结合标杆化KPI管理看板和后台数据分析,找到了数据可视化方法,实现了对机床生产状态、主轴温度、负载、刀具信息等基础数据进行采集,可以对NC程序代码进行上传和下载 2. 通过可视化数据,进行设备综合效率评估、机床报警信息统计分析、磨齿检测和了解在制品的分布 3. 实时了解所有机床状态,及时调整生产计划,提高稼动率	1. 打通设备的信息孤岛及不同系统间的沟通壁垒 2. 机台稼动率提升20%以上,单一机台产出率也提升了 3. 实现实时预警与记录,预警提前1小时通报 4. 及时传递能源消耗信息,能源使用量减少6% 5. 提前获知何时需要更换刀具并做好准备,降低刀具异常导致的设备停机工时15%,减少未及时更换导致的品质不良
9	智慧供热云平台	热电	综合运用物联网、云计算、大数据和数据模型应用技术,形成"以信息流为核心,以大数据为导向,以并行运算为支撑"的服务支撑体系。对现有业务系统进行数据整合,实现热网循环各环节数据的获取、融合、挖掘、建模、可视化等功能,通过对供热全过程、全要素数据的挖掘分析,深挖供热数据的潜在价值,为智慧供热提供决策服务支持,最终达到供热调节经济化、安全化、智能化的结果	1. 经济效益:针对30个换热站、5台锅炉、348万平方米供热面积,将模型与大数据技术相结合,室温合格率从97%上升到100%,系统可靠性从99%上升到100%,"三来"上访率降至0 2. 管理效益:分散系统归集统一,提升供热管控水平和管网的可靠性 3. 社会效益。①兴业:通过能源热力数据帮助企业做好能效管理,帮助企业节能,减少成本支出;②惠民:促进合理用能和能源消费模式变革,降低污染,提升环境质量,以用户热舒适度为核心目标,提高用户满意度;③善政:推动跨领域大数据资产的共享融合,有利于实现数据开放,为国家大数据发展战略的实现提供基层支撑和坚实保障,履行能源企业的责任

续表

序号	案例名称	所属行业	主要解决的问题	项目价值
10	中兴通讯长沙智能工厂	电子制造	项目以精益生产为基础，运用ICT、大数据、机器人、自动化、仿真等技术，试点5G+智能制造应用，实现了产品研发数字化、物流输送自动化、制造过程自动化、数据采集自动化、运营管理智能化，建立了家庭信息终端产品智能制造新模式，缩短了研发周期，提升了生产效率、产品质量、能源利用率，降低了运营成本	1. 通过项目实施，长沙智能工厂运营能力明显提升，竞争力行业领先，产品研制周期、产品不良率、单位产出能耗三项指标明显降低 2. 关键实施效果：生产效率提高30%，运营成本降低20%，研制周期缩短20%，产品不良率降低20%，单位产出能耗降低10%
11	多品牌大型放射设备运营管理可视化	医疗	1. 基于中国医疗机构的痛点定制了基于物联网的设备数据管理工具 2. 可以对医疗大型放射设备运行过程、运行环境、运营结果进行实时全维度监测 3. 充分发挥医疗专用设备使用价值，降低运营成本和闲置浪费，赋能临床诊疗服务	1. 提高医院设备运营效益 2. 提升患者看病体验 3. 实现可持续创新
12	通用设备资产管理	机械	本项目在短期内，将全集团近万台设备接入互联网平台。项目采用接入电流的方式，对整个集团所有的设备进行统一接入，并采用电流AI算法，对设备状态进行智能识别、分析	1. 通过项目建设发现集团9 000多台设备中，竟然有近3 000台冗余，通过灵活调配，盘活了近2 000台设备资产；并对100多台瓶颈设备进行了优化，使瓶颈设备产能提升了60% 2. 通过对真实生产状况的洞察，近两年，集团的产值复合增长率超过55%，特别是2019年上半年销售额比2018年同比增长60%，而且是在不增加设备投资的情况下实现的，员工从7万多人降至目前的3万多人

续表

序号	案例名称	所属行业	主要解决的问题	项目价值
13	湛江钢铁智慧质量项目	钢铁	本项目面向现场工序工程师和产品工程师，构建数据采集与接入系统、炼钢工序质量系统、热轧工序质量系统、冷轧工序质量系统和产品一贯质量系统 1. 数据采集与接入系统：结合现场的情况，因地制宜地采集炼钢、热轧和冷轧的高频工艺过程数据，并将数据接入大数据中心 2. 工序质量系统：为现场构建基于高频工艺过程数据的精细化在线监控和判定规则，并实现在线监控和判定功能，以及区域级的数据地图、工序级的SPC分析、质量预分析、大数据分析应用等功能 3. 产品一贯质量系统：从产品的维度，提升质量管理效率和产品工程师的工作效率，实现的功能主要包括全流程质量数据模型、合同设计自动检查与释放、性能封闭二次判定与解封、动态取样优化、异常炉次二次判定与处置、质量工程师工作台等	1. 促进一贯质量管理由结果管理向过程、状态管理转变 2. 提升工艺过程异常响应速度 3. 提供全流程产品质量、工艺过程等关键信息的共享平台 4. 提供各方面应用开发的公用数据平台，减少质量工程师、管理人员数据收集工作量60%以上，极大地提升了质量工作人员的工作效率 5. 为知识传承创造环境，促进湛江钢铁综合制造技术进步
14	面向动摩行业解决方案	动摩	针对动摩行业打造具有全供应链视角的轻量级生产制造管理产品，主要包括生产计划模块、制造执行模块、仓储管理模块及设备管理模块等制造管理核心模块。忽米制造云赋能重庆宗申发动机制造有限公司，针对需求管理、计划协同、生产拉动、物料配送、生产过程控制等环节进行了改造升级	投入使用以来，实现了装配作业智能、柔性，物料配送准时、到位，过程信息实时存储、分析。与传统的自动流水线相比，智能改造后的1011生产线人员减少近60%，自动纠错防错能力提升了10.6倍，作业自动化率增长了10倍，人均产出效率提升了2.2倍，过程装配质量数据采集分析点增加了10.8倍

续表

序号	案例名称	所属行业	主要解决的问题	项目价值
15	智慧物流与供应链优化平台	物流	智慧物流与供应链优化平台以同城物流为研究背景，以大马鹿网络科技有限公司的实际业务为研究对象，构建了响应快、柔性强、准确性高的复杂物流系统，提出了突破传统同城物流限制的新模式，为大马鹿网络科技有限公司实现同城2~4小时极速、低价、安全、精准送达的物流服务提供了强有力的技术支持	1. 末端配送的智慧VRP算法及实践，通过算法设计逐步靠近该公司的智慧化物流愿景，进一步帮助该公司节省了大量的人力成本并提高了客户满意度 2. 干线运输的智能动态调度算法及其实践，已实现该公司货物的灵活转运及车辆的灵活调配，大大降低了发车数量并提高了运输时效 3. 智慧物流的数字孪生系统及其应用 4. 动态定价、需求预测、司机评价体系构建、ETA等研发与应用
16	三维激光扫描技术实现船舶堆场无人化、数字化和智能化	船舶	智能仓储物流管理系统是以车间为单位，基于数字化、信息化技术，承接生产计划，根据工艺流程自主分解计划、自主决策设备选用与材料存储过程，并通过工作指令调度自动化设备完成生产任务的智能化过程管理系统。本项目建设实体框架基于大连船舶重工集团钢加公司的库区生产管理需求开发，采用模块化设计理念，包含设备管理、物料管理、库位管理、作业管理、接口管理、数据管理、系统管理等模块	1. 精简人员，降低成本。目前在市场上招聘起重机操作员比较困难，其原因是多方面的。通过实现起重机无人化，起重机操作员可于远端进行远程监控，并且可以在远端进行操作权限覆盖，规避钢板堆场，现场恶劣的条件；通过提升起重机自动化水平，可有效降低现场人员劳动强度，大幅提升劳动安全性，有利于精简人员，降低成本，预计最终至少可减少50%起重机操作员 2. 提高效率，降低能耗。通过提升起重机状态检测水平，可提高设备运行数据透明度，能多角度、多方式展示设备的工作状况和使用情况，对设备维护、检修、成本分析和生产计划的优化都有极大帮助；通过使用调度算法指导起重机运行，能有效提升出入库效率，降低能耗；起重机控制系统采用业界领先的架构式平台式技术，体系结构先进，性能优越，易维护，可扩展，能够充分满足起重机未来升级扩展的要求

续表

序号	案例名称	所属行业	主要解决的问题	项目价值
17	洗衣机互联工厂	家电	面对洗衣机洗护需求向多样化发展，产品趋向于更加智能化，如产品的远程控制，产品附属性功能多样化的需求，通过新一代信息技术和先进制造技术的深度融合，实现企业价值网络的横向集成，贯穿设备层、控制层、管理层的纵向集成，以及产品全生命周期端到端的集成，实现海尔"智造"升级，助推传统家电设备制造业的转型升级，实现提质增效、节能减排、绿色制造，满足用户多样化需求	1. 以产品模块化设计与制造为基础，通过五大信息系统集成及大数据智能分析，实现自动接单、智能排产、智能物流、智能装配、智能发货的智慧供应链，快速满足用户个性化需求。探索"互联工厂"的创新研发及应用转化模式，引领智能制造实践，创造和把握新的商业机会，并通过家电智能制造和互联工厂建设的标准体系的研发和管理，为家电行业树立工业智能研发的标杆 2. 可定制型号超过 3 300 种，产品导入周期由 120 天缩短为 100 天，总前置期由 3.5 天缩短为 1.5 天，良品率上升至 99.8%。满足用户多样化需求，实现用户智慧洗护最佳体验
18	钢制品智慧物流	钢铁	钢制品物流是钢铁企业工艺生产重要的神经中枢，宝钢湛江钢铁有限公司在高水平的自动化、信息化的基础上，基于工业互联网的模式，选取钢制品智慧物流项目作为提升物流效率和劳动效率、降低物流成本、缩短成品出厂周期、提升框架运输能力的手段，以构建先进、绿色、智能的钢制品物流体系，通过传感技术、网络技术、人工智能技术、大数据技术、工业互联网、工业软件技术的交叉融合打造流程工业智能制造示范工程	将实现物流计划与指令智能模型化、仓储管理自动化、运输调度自动化、吊装搬运无人化等，从而持续优化物流活动组织管理，提升劳动效率与作业效率，建成集信息化、智能化、可视化及集约化等功能于一体的先进智慧物流体系。在具体指标方面，项目的实施预计可实现劳动效率提升，产品发运周期缩短 25%，周转库存量下降 3 万吨，产成品直装比例提升 20%，自提车排队时间缩短 50%，在节约人力劳动成本、物流运行成本及库存资金占用成本等方面取得了良好成效

续表

序号	案例名称	所属行业	主要解决的问题	项目价值
19	绿色工厂	装备制造	企业能源管理项目于2018年年底立项启动，各子公司中高层亲自牵头负责，所有厂区同时展开行动，经过半年时间实现24家子公司的能耗数据采集，通过网络通信上传至能源管理系统平台进行展示与分析，构建高效、节能、环保、舒适的绿色工厂	提升管理效益，借助数据平台掌握全厂用能情况，实时监控设备运行情况。帮助企业节能提效，实时监测用电量，计算峰谷价差、容（需）电费等，为企业选择基本电价交易方式提供支撑。减少人力成本投入，缩减现场配电值守人员、巡检人员，在减少现场抄表人员的同时提升用能数据的准确性。提升工厂生产安全性，实时监测用电线路高温、漏电等安全问题
20	同位素仪表智慧维护管家	钢铁	工业同位素仪表是同位素与辐射技术在工业领域应用中重要的组成部分，已经发展成工业自动化仪表的一个新分支。钢铁行业是工业同位素设备广泛应用的一个领域，存量达数千台，作为产线上关键的计量设备，其稳定性、可用性及测量精度是工业产成品质量的直接影响因素，这对其维护工作和维护水平提出了高要求	同位素仪表设备智慧维护管家JARVIS能有效降低维护成本，提升设备效能，支撑智慧制造

近年来，工业互联网深入发展，产业规模与参与主体快速壮大，加速传统工业支撑体系变革，并带动新兴产业发展。工业互联网给以ISA-95为代表的传统制造体系带来了数字化、网络化和智能化赋能与升级。一是强化传统产业产品的数字化功能，如为工业装备提供数据采集、传输和分析能力，形成工业数字化装备产业；二是催生融合创新技术下的新型产品，如工业互联网平台、工业边缘计算等近年来蓬勃发展，有望成为未来关键新兴产业。

对工业互联网核心产业范围的理解,有狭义和广义之分。从狭义范围来看,工业互联网核心产业只包含工业互联网平台、新型网络、边缘计算等融合创新带来的全新产业领域。从广义范围来看,工业互联网核心产业基本等同于工业数字化的相关产业,其根植于传统制造支撑体系,融合了数据感知、互联互通、先进计算、智能分析等能力,带来了传统产业的升级和新产业环节的诞生。

从产业界定看,工业互联网核心产业体系既包括融合形成的两类全新产业子领域,即工业自动化、工业网络向边缘计算延拓形成的边缘计算子领域,汇聚工业数据、机理模型和创新应用形成的工业互联网平台及软件子领域;也包括工业软件、工业自动化、工业网络、工业装备、工业安全等传统产业的智能化升级部分,如数字化性能不断提升的工业互联自动化子领域,支撑泛在互联并融入新型网络技术的工业互联网网络子领域,强化综合防护与深度应用的工业互联网安全子领域,强化数据分析与应用创新的工业软件与 App 子领域,以及工业装备叠加数据采集和智能分析功能形成的以设备感知连接、数字化控制、数据智能分析为主的工业数字化装备子领域。工业互联网核心产业体系如图 6-1 所示。

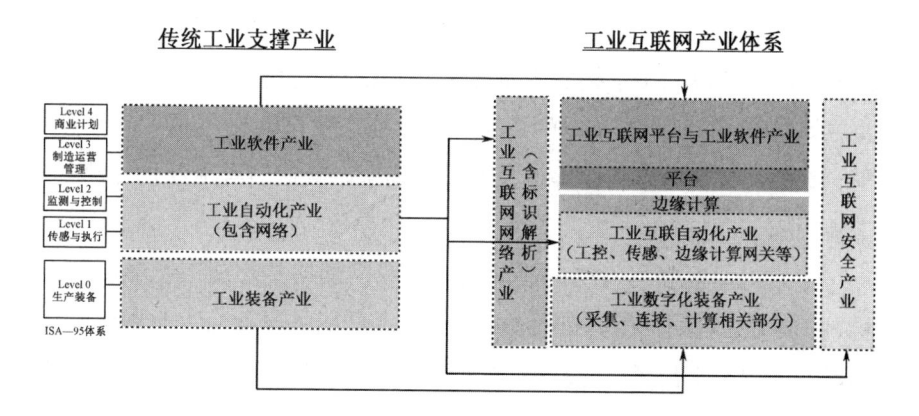

资料来源:中国信息通信研究院

图 6-1 工业互联网核心产业体系

在就业带动方面，工业互联网产业快速发展，为掌握工业化与信息化技能的复合型人才提供了高技能就业岗位，工业互联网软件开发工程师、工业互联网架构师、工业互联网系统工程师、工业网关技术支持工程师等相关岗位应运而生，丰富了社会就业岗位的种类，促进了就业结构优化升级。2020 年，我国工业互联网带动超过 255 万个新增就业岗位。当前，我国稳就业压力依旧不减，未来随着工业互联网与各行业融合应用逐渐深化，将进一步释放稳就业巨大潜力。

工业互联网核心产业具体包括以下几个。

（1）工业数字化装备产业。工业数字化装备是指除工业装备基本功能外，具有数字通信、数字控制、智能分析等附加功能的设备、模块或装置，通常具有数字化感知、分析、推理、决策、控制能力，是先进制造技术、信息技术和智能技术的集成和深度融合。工业数字化装备产业涵盖面向工厂内制造、加工、检测、搬运等生产活动的通用设备、专用设备和智能仪器仪表等设备，其产值测算不包括装备本体，只覆盖装备的数字化和智能化部分。工业数字化装备可提高生产效率，降低生产成本，实现柔性化、数字化、网络化及智能化的全新制造模式，对工业互联网发展至关重要。

（2）工业互联自动化产业。工业互联自动化包括工业控制、工业传感器、边缘计算网关等提供数字化感知、控制、执行等能力的产品与解决方案。工业互联自动化产业范围与传统工业自动化不同，其聚焦数采、数控、分析、可视化等相关产品，伺服、减速器等工业执行部分并未被列入。

（3）工业互联网网络产业。工业互联网网络是实现工业环境下人、机、物全面互联的网络基础设施。工业互联网网络产业由工业通信网关、物联网模组、交换机、光纤接入设备等网络设备，工业无线、专线等网络服务，以及标识解析 3 个部分构成。

（4）工业互联网安全产业。工业互联网安全是工业生产运行过程中的信息安全、功能安全与物理安全的统称。工业互联网安全产业涉及工业互联网领域的各个环节，通过监测预警、应急响应、检测评估、攻防测试等手段确保工业互联网健康有序发展，对工业互联网发展意义重大。

（5）工业互联网平台与工业软件产业。该产业涵盖应用于工业领域或工业场景的各类工业互联网平台和软件，包括研发设计、生产执行、经营管理等软件应用，以及实现边缘连接、生产优化、资源配置等功能的工业互联网平台。工业互联网平台面向制造业数字化、网络化、智能化需求，构建基于海量数据采集、汇聚、分析的服务体系，是支撑制造资源泛在连接、弹性供给、高效配置的工业云平台，包括边缘、平台（工业 PaaS）、应用三大核心层级。工业软件指应用于工业领域或工业场景的各类软件，主要包括研发设计、生产执行、经营管理三大类。当前，工业软件正从本地部署的复杂系统软件向云化轻量化应用软件转变，基于平台的工业 App 成为工业软件新形态。工业 App 承载工业知识和经验，运行在各类工业终端上，用于解决某一业务问题或面向某一业务场景，具有轻量化特征。

6.3.3 工业互联网的全球化与经济双循环

1. 工业互联网的全球化

工业互联网产业联盟与美国 IIC 基于顶层架构的共性开展了 IIRA 与体系架构 1.0 的对接和映射，也在积极与德国对接开展体系架构互认并联合发布实践报告等成果，并组建了工业互联网专家工作组等多个执行对接组，为工业互联网技术、产业、标准等层面的国际合作与共识达成奠定基础。

2. 工业互联网与经济双循环

2020年中国国际服务贸易交易会期间，中国工业互联网研究院原院长徐晓兰在现场接受人民网专访时表示，工业互联网是打造国内、国际双循环的重要引擎。未来应该牢牢抓住发展新机遇，充分发挥我国在场景、市场、人才等多方面的先天优势，加强政府和企业合力，推动工业互联网深入发展，同时应充分发挥各地区的区位优势，以区域产业链、供应链高水平应用为指引，促进区域经济高质量发展。

工业互联网建设的推进有望带来制造业的二次升级，将科技创新融入产业链的转型升级。《工业互联网产业经济发展报告》（2020年）显示，2019年工业互联网核心产业（工业互联网建设涉及的网络、平台、安全等软硬件基础设施）增加值达到5 361亿元，仅占全部工业增加值的1.7%，未来仍有较大扩容空间。《2019年全球数字经济新图景》报告显示，中国目前是全球第二大数字经济体，数字经济规模达到4.73万亿美元，与美国数字经济规模12.34万亿美元相比仍有差距。未来，随着5G、工业互联网、人工智能等新型基础设施建设的推进，科技创新与产业链有望实现深度融合。

工业互联网在助力各类企业快速转型转产方面发挥了很大作用。新型冠状病毒肺炎疫情的发生加速了数字时代的全面到来，以工业互联网为代表的"在线新经济、数字新基建"蓬勃发展，成为支撑疫后经济复苏、构筑未来产业竞争新优势的重要载体。工业互联网正在成为新基建加速的赋能剂、融合发展的连接器、创新应用的倍增器。与此同时，工业互联网正在成为新型工业底座，大大促进了产业数字化和数字产业化。在抗击新型冠状病毒肺炎疫情的过程中，工业互联网的价值被释放出来。企业端打破了传统企业组织形态，企业的管理方式加快从线下往线上迁移，组织形式从企业内部向外部延伸，加快构建了协同的生产方式。

6.4 工业互联网的重要模块

工业互联网的核心是基于全面互联形成数据驱动的智能,网络、数据、安全是产业和互联网两个视角的共性基础和支撑。

"网络"是工业系统互联和工业数据传输交换的支撑基础,包括网络互联体系、标识解析体系和应用支撑体系,表现为通过泛在互联的网络基础设施、健全适用的标识解析体系、集中通用的应用支撑体系,实现信息数据在生产系统各单元之间、生产系统与商业系统各主体之间的无缝传递,从而构建新型的机器通信、设备有线与无线连接方式,支撑形成实时感知、协同交互的生产模式。

"数据"是工业智能化的核心驱动,包括数据采集交换、数据集成处理、建模、仿真与分析、决策优化和反馈控制等功能模块,表现为通过海量产业数据的采集交换、异构数据的集成处理、机器数据的边缘计算、经验模型的固化迭代、基于云的大数据计算分析,实现对生产现场状况、协作企业信息、市场用户需求的精确计算和复杂分析,从而形成企业运营的管理决策及机器运转的控制指令,驱动从机器设备、运营管理到商业活动的智能和优化。

"安全"是网络与数据在工业系统中应用的安全保障,包括设备安全、网络安全、控制安全、数据安全、应用安全,表现为通过涵盖整个工业系统的安全管理体系,避免网络设施和系统软件受到内部和外部的攻击,降低企业数据未经授权访问的风险,确保数据传输与存储的安全性,实现对工业生产系统和商业系统的全方位保护。

工业互联网体系架构如图 6-2 所示。

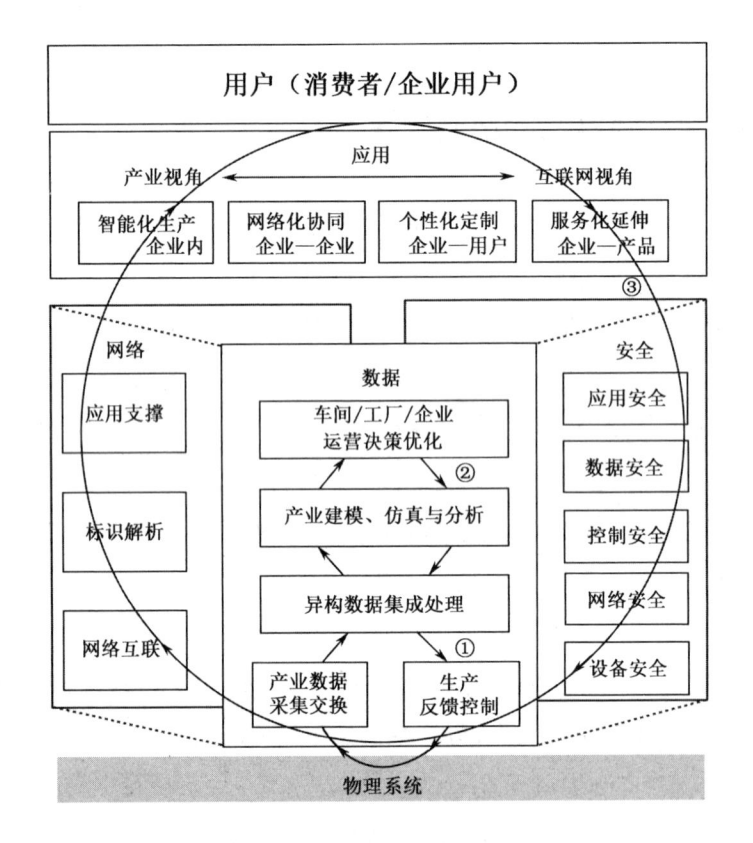

图 6-2 工业互联网体系架构

6.4.1 物联网技术

物联网指的是将无处不在的末端设备和设施，通过无线和/或有线的长距离和/或短距离通信网络实现互联互通、应用大集成、基于云计算的 SaaS 运营等模式，在内网（Intranet）、专网（Extranet）、互联网（Internet）环境下，采用适当的信息安全保障机制，提供安全可控乃至个性化的实时在线监测、定位追溯、报警联动、调度指挥、预案管理、远程控制、安全防范、远程维保、在线升级、统计报表、决策支持、领导桌面等管理和服务功能，实现对"万物"的"高效、节能、安全、环保"的"管、控、营"一体化。

工业物联网指将具有感知、监控能力的各类采集、控制传感器或控制器，以及移动通信、智能分析等技术，不断融入工业生产过程的各个环节，从而大幅提高制造效率、改善产品质量、降低产品成本和资源消耗，最终推动传统工业进入智能化的新阶段。从应用形式上看，工业物联网的应用具有实时性、自动化、嵌入式（软件）、安全性和信息互联互通性等特点。

6.4.2 边缘计算技术

边缘计算技术是计算技术发展的焦点，通过在靠近工业现场的网络边缘侧进行处理、分析等操作，就近提供边缘计算服务，能够更好地满足制造业敏捷连接、实时优化、安全可靠等方面的关键需求，改变传统制造控制系统和数据分析系统的部署运行方式。边缘计算技术的赋能作用主要体现在以下两个方面。

一是降低工业现场的复杂性。目前在工业现场存在超过 40 种工业总线技术，工业设备之间的连接需要边缘计算提供"现场级"的计算能力，实现各种制式的网络通信协议相互转换、互联互通，同时能够应对异构网络部署与配置、网络管理与维护等方面的巨大挑战。

二是提高工业数据计算的实时性和可靠性。在工业控制的部分场景下，计算处理的时延要求在 10 ms 以内。如果数据分析和控制逻辑全部在云端实现，则难以满足业务的实时性要求。同时，在工业生产中要求计算能力具备不受网络传输带宽和负载影响的"本地存活"能力，避免断网、时延过大等意外因素对实时性生产造成影响。边缘计算在服务实时性和可靠性方面能够满足工业互联网的发展要求。

6.4.3 IT 基础设施

工业互联网的 IT 基础设施包含 3 个重要体系，即网络互联体系、地址与标识解析体系和应用支撑体系，如图 6-3 所示。

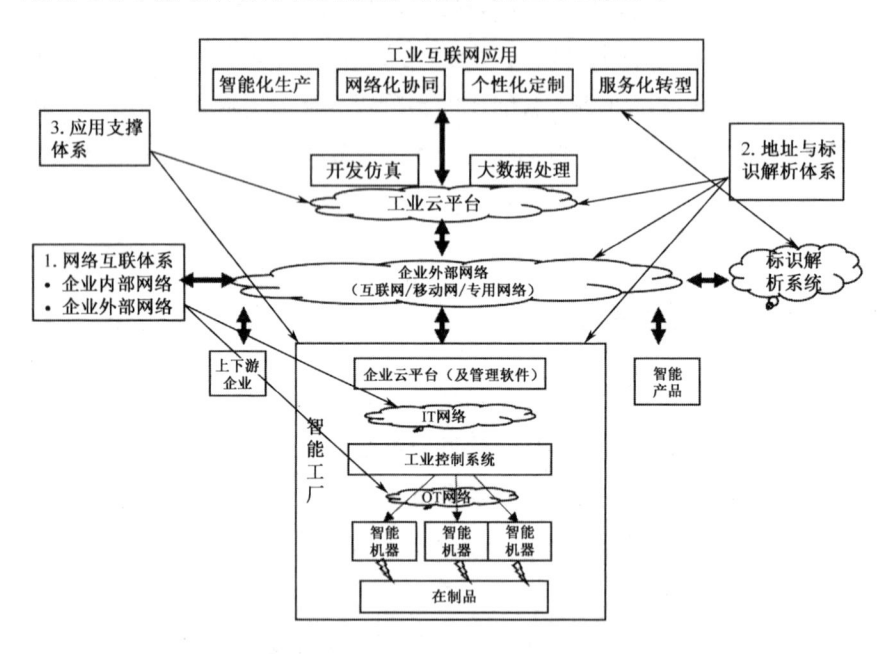

图 6-3 工业互联网的 IT 基础设施

网络互联体系，即以企业网络 IP 化改造为基础的工业网络体系。它包括企业内部网络和企业外部网络。企业内部网络用于连接在制品、智能机器、工业控制系统、人等主体，包含企业 IT 网络和企业 OT（工业生产与控制）网络。企业外部网络用于连接企业上下游、企业与智能产品、企业与用户等。

地址与标识解析体系，即由网络地址资源、标识解析系统构成的关键基础资源体系。工业互联网标识类似于互联网域名，用于识别产品、设备、原材料等物品。工业互联网标识解析系统用于实现对上述物品的解析，即通过将工业互联网标识翻译为物品的地址或其对应信息服务器的地址，从而找到该物品或其相关信息。

应用支撑体系用于提供工业互联网应用交互和支撑能力，包含工业云平台和企业云平台，以及它们提供的各种资源的服务化表述、应用协议。

6.4.4 平台

平台是工业互联网的重要支撑。工业互联网的平台是建立在云计算基础之上的，具体包括以下 3 个层面。

（1）以 IaaS 模式为基础开展工厂私有云和公共云建设。云计算为工业企业 IT 建设提供了更加高效率、低成本、可扩展的方式，通过 IaaS 可以在不对现有企业 IT 架构进行较大改动的情况下，实现系统到云端的平滑迁移。大企业通常自建私有云平台，或者采用混合云模式以充分利用公共云的能力；而中小企业则更多利用公共云服务，提升其 IT 建设能力。

（2）以 PaaS 平台构建工业应用新模式。PaaS 平台既有后端强大计算、存储能力的支撑，同时前端又能以简单易用的 REST 接口实现应用的快速构建，从而满足工业企业对预测维护等创新应用的快速开发、部署需求。对传统 PaaS 平台来说，面对工业互联网应用需求，需要实现对设计、生产、供应等各个环节的数据采集能力，并在云端构建面向工业各领域的特有分析模型和通用应用支撑能力。

（3）以 SaaS 平台向企业直接提供 IT 应用服务。目前已经有厂商针对企业管理、协同研发等领域提供 SaaS 服务，随着工业互联网的发展，面向工业领域的 SaaS 服务将逐步丰富，形成覆盖研发设计、协同制造、企业管理、产品服务等全流程的应用产品。中小企业利用 SaaS 服务可以快速构建覆盖全生命周期的多样化应用。

6.4.5 数据与标识体系

1. 工业大数据

工业大数据是指在工业领域信息化应用中产生的数据。工业大数据是工业互联网的核心，是工业智能化发展的关键。工业大数据是基于网络互联和大数据技术，贯穿于工业的设计、工艺、生产、管理、服务等各个环节，使工业系统具备描述、诊断、预测、决策、控制等智能化功能的模式和结果。工业大数据主要分为现场设备数据、生产管理数据和外部数据。现场设备数据是来源于工业生产线设备、机器、产品等方面的数据，多由传感器、设备仪器仪表、工业控制系统进行采集，包括设备的运行数据、生产环境数据等。生产管理数据是指传统信息管理系统中产生的数据，如 SCM、CRM、ERP、MES 等。外部数据是指来源于工厂外部的数据，主要包括来自互联网的市场、环境、客户、政府、供应链等方面的信息和数据。

工业大数据具有五大特征。一是数据体量巨大，大量机器设备的高频数据和互联网数据持续涌入，大型工业企业的数据集可达到 PB 级甚至 EB 级。二是数据分布广泛，如机器设备、工业产品、管理系统、互联网等各个环节。三是结构复杂，既有结构化和半结构化传感数据，也有非结构化数据。四是数据处理需求多样，生产现场要求实时分析达到毫秒级，管理与决策应用要求支持交互式或批量数据分析。五是对数据分析的置信度要求较高，相关关系分析不足以支撑故障诊断、预测预警等工业应用，需要将物理模型与数据模型相结合，追踪挖掘因果关系。

2. 工业互联网标识体系

《工业互联网体系架构（版本 1.0）》中指出工业互联网发展需要大量 IP 地址。工业互联网需要支持海量智能机器、智能产品的接入，IPv6

是工业互联网发展的必然选择。IPv6 在解决工业互联网地址需求的同时，也能为工厂内网各设备提供全球唯一地址，从而为更好地进行数据交互和信息整合提供条件。工业生产关系国计民生，提前开展 IPv6 地址在工业互联网中分配和管理的研究，将有利于提高主管部门的互联网监管水平。

《工业互联网体系架构（版本 2.0）》中明确给出了标识解析体系的实施方案。标识解析体系提供标识数据采集、标签管理、标识注册、标识解析、标识数据处理和标识数据建模功能。标识数据采集主要定义了标识数据的采集和处理手段，包含标识读写和数据传输两个功能，负责标识的识读和数据预处理。标签管理主要定义了标识的载体形式和标识编码的存储形式，负责完成载体数据信息的存储、管理和控制，针对不同行业、企业需求，提供符合要求的标识编码形式。标识注册是在信息系统中创建对象的标识注册数据，包括标识责任主体信息、解析服务寻址信息、对象应用数据信息等，并存储、管理、维护该注册数据。标识解析能够根据标识编码查询目标对象网络位置或相关信息的系统装置，对机器和物品进行唯一性的定位和信息查询，是实现全球供应链系统和企业生产系统的精准对接、产品全生命周期管理和智能化服务的前提和基础。标识数据处理定义了对采集后的数据进行清洗、存储、检索、加工、变换和传输的过程，根据不同业务场景，可依托数据模型来实现不同的数据处理过程。标识数据建模是指构建特定领域应用的标识数据服务模型，建立标识应用数据字典、知识图谱等，基于统一标识建立对象在不同信息系统之间的关联关系，提供对象信息服务。

标识解析具有以下发展趋势：一是基于标识解析的数据服务成为工业互联网应用的核心，闭环的私有标识及解析系统逐步向开环的公共标识及解析系统演进；二是工业互联网标识解析安全机制成为工业互联网应用的基础，发展安全高效的标识解析服务成为共识。

6.4.6 应用

工业互联网场景下的应用支撑体系方案包括4个主要环节，一是工厂云平台，在大型企业内部建设专有云平台，实现企业或工厂内的IT系统集中化建设，并通过标准化的数据集成，对内开展数据分析和运营优化，还可以考虑混合云模式，将部分数据能力及信息系统移植到公共云平台上，便于实现基于互联网的信息共享与服务协作；二是公共工业云服务平台，面向中小型工业企业开展设计协同、供应链协同、制造协同、服务协同等新型工业互联网应用模式，提供SaaS类服务；三是面向行业或大型企业的专用工业云服务平台，面向大型企业或特定行业，提供以工业数据分析为基础的专用云计算服务；四是工厂内各生产设备、控制系统和IT系统间的数据集成协议，以及生产设备、IT系统与工厂外云平台间的数据集成和传输协议。

工业互联网的应用改变了生产制造方式、生产组织方式，借助新的生产技术基础，实现新的平台商业模式。因此，有些学者也将以工业互联网为支撑的制造称为新制造。

（1）新的生产方式。其核心思想是为满足消费者个性化消费需求而进行个性化定制生产服务，并且是可以大规模定制的全新模式。

（2）新的组织方式。基于新的智能生产系统、在线控制体系及C2M平台，产品制造既可以实现集中大规模定制，也可以实现单个定制。生产组织过程是根据消费者个性数据生成消费者满意的订单，然后将订单发送至离消费者最近的区域生产制造，最后将产品配送到家的过程。

（3）新的生产技术基础。一是以5G通信、新材料、新能源、新配送等为代表的新制造运行需要的"硬基础"；二是以大数据、人工智能、IT技术与软件等为代表的新制造运行需要的"软基础"；三是以工业互联网、智能物联网、C2M平台等为代表的"互联性技术基础"。

（4）新的平台商业模式。该模式的载体是 C2M 平台，背后依托工业互联网与智慧物联网。C2M 平台是直接连接消费者与制造商的平台，消费者可以根据自己的偏好直接下单给制造商生产，也可以先由制造商根据消费者数据分析出消费者偏好，再由消费者确认下单给制造商生产。这样的平台不仅连接制造商与消费者，还连接供应商、服务商等，实现多方互动、交流与协同配合。制造商通过平台可以掌握消费者消费偏好的大数据，与定制生产的大数据实现互动，提高生产制造品质，实现消费者消费效用最大化。

6.4.7 安全

工业互联网的安全需求可从产业和互联网两个视角分析。从产业视角看，安全的重点是保障智能化生产的连续性、可靠性，关注智能装备、工业控制设备及系统的安全；从互联网视角看，安全主要保障个性化定制、网络化协同及服务化延伸等工业互联网应用的安全运行，以提供持续的服务能力，防止重要数据泄露，重点关注工业应用安全、网络安全、数据安全及智能产品的服务安全。因此，工业互联网安全保障体系主要包括设备安全、网络安全、控制安全、应用安全和数据安全。

其中，设备安全是指工业智能装备和智能产品的安全，包括芯片安全、嵌入式操作系统安全、相关应用软件安全及功能安全等；网络安全是指工厂内有线网络、无线网络的安全，以及工厂外与用户、协作企业等实现互联的公共网络安全；控制安全是指生产控制安全，包括控制协议安全、控制平台安全、控制软件安全等；应用安全是指支撑工业互联网业务运行的应用软件及平台的安全；数据安全是指工厂内部重要的生产管理数据、生产操作数据及工厂外部数据（如用户数据）等各类数据的安全。

6.5 困境与保障

6.5.1 新型制造业的诞生

2016年8月,中国工业互联网产业联盟发布了《工业互联网体系架构（版本1.0）》（简称"体系架构1.0"）。体系架构1.0提出了工业互联网网络、数据、安全三大体系。其中,"网络"是工业数据传输交换和工业互联网发展的支撑基础,"数据"是工业智能化的核心驱动,"安全"是网络与数据在工业中应用的重要保障。基于这三大体系,工业互联网重点构建三大优化闭环,即面向机器设备运行优化的闭环、面向生产运营决策优化的闭环,以及面向企业协同、用户交互与产品服务优化的全产业链、全价值链的闭环,并进一步形成智能化生产、网络化协同、个性化定制、服务化延伸四大应用模式。体系架构1.0推动了工业互联网相关基础的研究,促进了工业互联网技术创新与产品开发,指导了工业互联网标准体系的建设,引导了工业互联网应用探索与实践,推进了国际对接与开放合作。

2020年4月,中国工业互联网产业联盟发布了《工业互联网体系架构（版本2.0）》（简称"体系架构2.0"）。体系架构2.0提供了一套可供企业开展实践的方法论,从战略层面为企业开展工业互联网实践指明了方向,结合规模化应用需求对功能架构进行了升级和完善,提出了更易于企业应用部署的实施框架,旨在构建一套更全面、系统、具体的总体指导性框架。体系架构2.0中指出,从发展目标看,工业互联网通过将自身的创新活力深刻融入各行业、各领域,最终将有力推进工业数字化转型与经济高质量发展。

为实现这一目标，构建全要素、全产业链、全价值链全面连接的新基础是关键，这也是工业数字化、网络化、智能化发展的核心。全面连接能显著提升数据采集、集成管理与建模分析的水平，使各类生产经营决策更加精准和智能，同时使各类商业和生产活动的网络化组织成为可能，从而大幅提高资源配置效率。基于这一新基础，一是一批以数据为核心，提供数据采集、网络传输、数据管理、建模分析、应用开发与安全保障等相关产品和解决方案的企业快速成长，形成工业数字技术的"新产业"，并成为各行业数字化转型的关键支撑；二是各行业纷纷探索运用工业互联网提升现有业务，形成智能化生产、网络化协同、个性化定制、服务化延伸等一系列数字化转型的"新模式"，其中既有数据智能对现有业务的优化提升，也有基于网络化组织带来的模式创新与重构；三是伴随产业数字化转型的深入，将在如网络众包众创、制造能力交易、产融结合等领域涌现一批服务企业，形成数字化创新的"新业态"。

6.5.2　工业全要素的产业链重构

产品链、价值链、资产链是工业企业最关注的三个核心业务链条（包括这三者交汇的生产环节），工业互联网赋能三大链条的创新优化变革，推动了企业业务层面数字化发展。一是工业互联网通过对产品全生命周期的连接与贯通，强化产品设计、流程规划和生产工程的数据集成与智能分析，实现产品链的整体优化与深度协同。例如，通过工业互联网网络互联实现项目人员异地远程在线协同，以及模型、机理等各类数据远程共享，企业可以低成本、高效率地完成产品、工艺的协同研发和优化。二是工业互联网面向企业业务活动，一方面，支撑计划、供应、生产、销售、服务等全流程、全业务的互联互通；另一方面，面向单环节重点场景开展深度数据分析优化，从而实现全价值链的效率提升与重点业务的价值挖掘。例如，企业通过工业互联网实现生产过程数据实时采集与连接,叠加机器学习、边缘计算、工业大数据分析等技术,实现产品质量提升、能耗降低,提升生产制造环节价值。三是工业互联网将孤立的设备资产单元转化为整合互联的资产体系,支撑系统设计、建造、投产、运维、退役、报废与回收等设备全生命周期多个环节数据集成串联,这可以为设备管理难度大的企业,尤其是重资产企业,提供轻便化、灵活化、智能化的设备管理方式和产品服务,实现资产链的全面运维保障与高质量服务。例如,企业可以通过工业互联网构建面向边缘设备的全面互联和感知能力,优化设备维护,预测关键设备的故障,并进行远程在线维护,从而提高资产资源的可靠性和资产管理的经济效益。工业互联网业务视图应用层架构如图6-4所示。

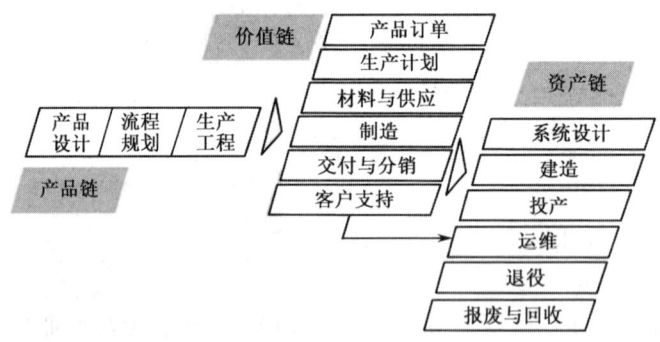

资料来源:《工业互联网体系架构(版本2.0)》

图6-4 工业互联网业务视图应用层架构

6.5.3 项目建设的模式与难点

1. 实施框架总图

工业互联网实施框架是体系架构2.0中的操作方案,用于解决"在哪做""做什么""怎么做"的问题。当前阶段工业互联网的实施以传统制造体系的层级划分为基础,适度考虑未来基于产业的协同组织,按

"设备、边缘、企业、产业"4个层级开展系统建设,指导企业整体部署。设备层对应工业设备、产品的运行和维护功能,关注设备底层的监控优化、故障诊断等应用;边缘层对应车间或产线的运行维护功能,关注工艺配置、物料调度、能效管理、质量管控等应用;企业层对应企业平台、网络等关键能力,关注订单计划、绩效优化等应用;产业层对应跨企业平台、网络和安全系统,关注供应链协同、资源配置等应用。工业互联网实施框架总图如图 6-5 所示。

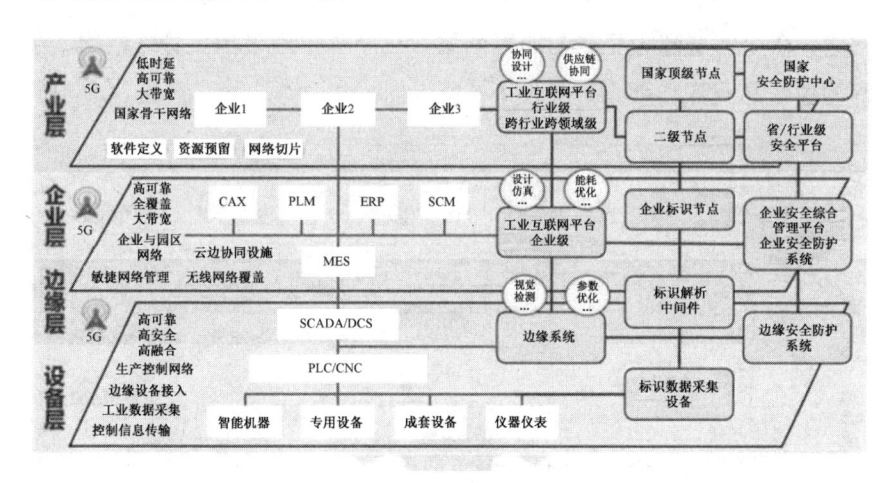

图 6-5 工业互联网实施框架总图

工业互联网的实施重点明确工业互联网在制造系统各层级的功能分布、系统设计与部署方式,通过"网络、标识、平台、安全"四大实施系统的建设,指导企业实现工业互联网的应用部署。其中,网络系统关注全要素、全系统、全产业链互联互通新型基础设施的构建;标识系统关注标识资源、解析系统等关键基础的构建;平台系统关注边缘系统、企业平台和产业平台交互协同的实现;安全系统关注安全管控、态势感知、防护能力等的建设。

工业互联网的实施不是孤立的行为,需要将上述四大系统打通并深度集成,在不同层级形成兼具差异性和关联性的部署方式,通过要素联动优化实现全局部署和纵横联动。另外，需要注意的是，工业互联网的实施离不开智能装备、工业软件等基础产业的支撑，新一代信息技术的发展与传统制造产业的融合将为工业互联网的实施提供核心供给能力。

2. 网络实施框架

工业互联网网络建设目标是构建全要素、全系统、全产业链互联互通的新型基础设施。从实施框架来看，在设备层和边缘层建设生产控制网络，在企业层建设企业与园区网络，在产业层建设国家骨干网络，全网构建信息互操作体系，如图6-6所示。

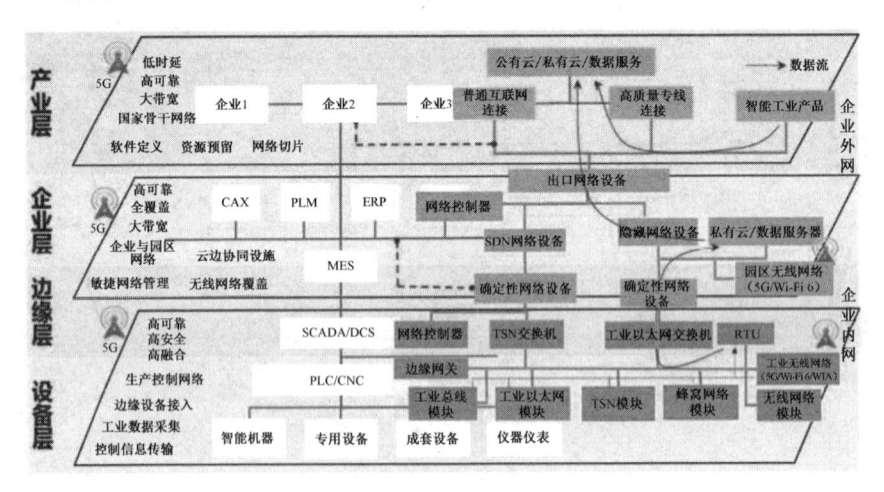

图6-6　工业互联网网络实施框架

3. 标识实施框架

工业互联网标识实施贯穿设备、边缘、企业和产业4个层级，形成了以设备层和边缘层为基础，以企业层和产业层节点建设为核心的部署架构，如图6-7所示。

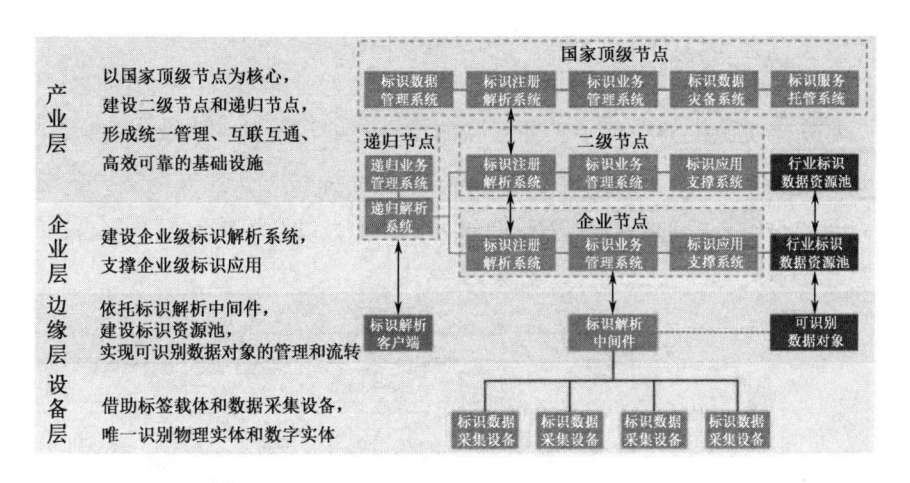

图 6-7 工业互联网标识实施框架

4. 平台实施框架

工业互联网平台实施总体目标是打造制造业数字化、网络化、智能化发展的载体和中枢。其实施框架贯穿设备、边缘、企业和产业 4 个层级，通过实现工业数据采集、开展边缘智能分析、构建企业平台和打造产业平台，形成交互协同的多层次、体系化建设方案，如图 6-8 所示。

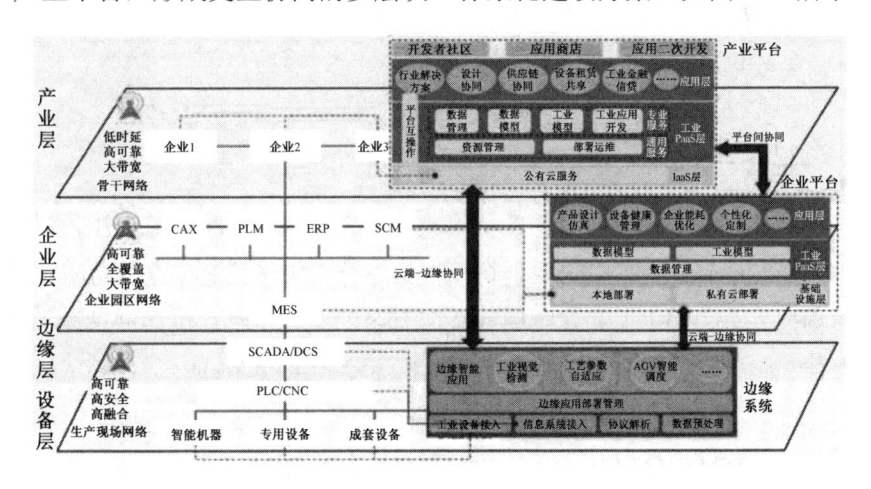

图 6-8 工业互联网平台实施框架

5. 安全实施框架

安全实施框架体现了工业互联网安全功能在设备、边缘、企业、产业 4 个层级的层层递进，包括边缘安全防护系统、企业安全防护系统、企业安全综合管理平台、省/行业级安全平台，以及国家级安全平台，如图 6-9 所示。

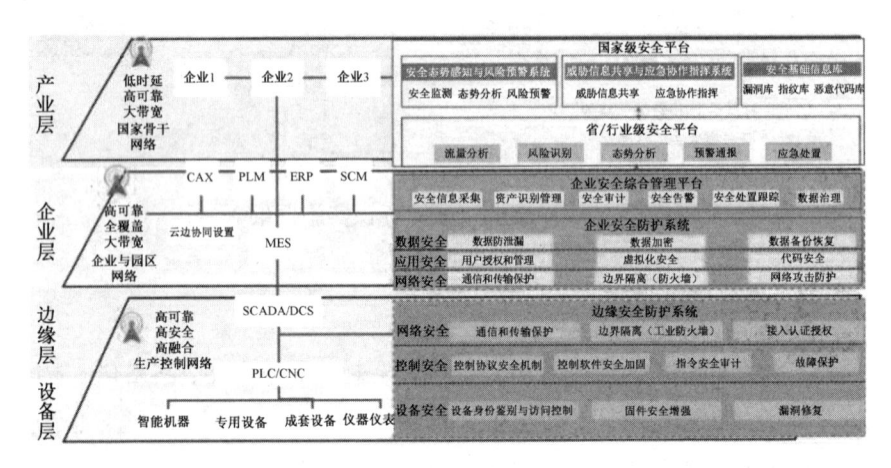

图 6-9　工业互联网安全实施框架

6.5.4　安全保障体系

1. 安全功能框架

为应对工业互联网面临的网络攻击等新型风险，确保工业互联网健康有序发展，工业互联网安全功能框架充分考虑了信息安全、功能安全和物理安全，聚焦工业互联网安全所具备的主要特征，包括可靠性、保密性、完整性、可用性及隐私和数据保护，如图 6-10 所示。

可靠性指工业互联网业务在一定时间内、一定条件下无故障地执行指定功能的能力或可能性。一是设备硬件可靠性，指工业互联网业务中的工业现场设备、智能设备、智能装备、PC、服务器等在指定的操作环

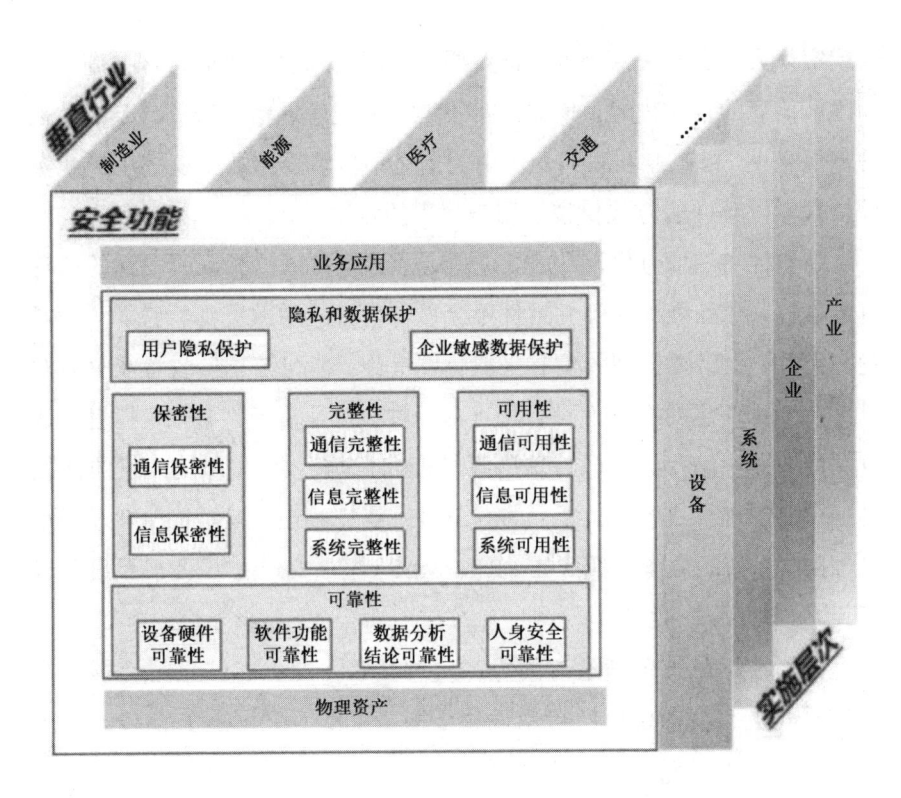

图 6-10　工业互联网安全功能框架

境与条件下,其硬件部分在规定的时间内正确执行要求功能的能力。二是软件功能可靠性,指工业互联网业务中的各类软件产品在规定的条件下和时间区间内完成规定功能的能力。三是数据分析结论可靠性,指工业互联网数据分析服务在特定业务场景下、一定时间内能够得出正确的分析结论的能力。在数据分析过程中出现的数据缺失、输入错误、度量标准错误、编码不一致、上传不及时等情况,最终都可能对数据分析结论的可靠性造成影响。四是人身安全可靠性,指对工业互联网业务运行过程中相关参与者的人身安全进行保护的能力。

保密性指工业互联网业务中的信息按给定要求不泄露给非授权的个人或企业加以利用的特性,即杜绝有用数据或信息被泄露给非授权个人或实体。一是通信保密性，指对要传送的信息内容采取特殊措施，从而隐蔽信息的真实内容，使非法接收者不能理解通信内容的含义。二是信息保密性，指工业互联网业务中的信息不被泄露给非授权的用户和实体，只能以允许的方式供授权用户使用的特性。

完整性指工业互联网用户、进程或硬件组件可以验证所发送的信息的准确性，并且进程或硬件组件不会以任何方式被改变的特性。一是通信完整性，指对要传送的信息采取特殊措施，使得信息接收者能够对发送方所发送信息的准确性进行验证的特性。二是信息完整性，指对工业互联网业务中的信息采取特殊措施，使得信息接收者能够对发送方所发送信息的准确性进行验证的特性。三是系统完整性，指对工业互联网平台、控制系统、业务系统（如 ERP、MES）等加以防护，使得系统不以任何方式被篡改的特性。

可用性指在某个考察时间段，工业互联网业务能够正常运行的概率或时间占有率期望值，可用性用于衡量工业互联网业务在投入使用后实际使用的效能。一是通信可用性，指在某个考察时间段，工业互联网业务中的通信双方能够正常与对方建立信道的概率或时间占有率期望值。二是信息可用性，指在某个考察时间段，工业互联网业务使用者能够正常对业务中的信息进行读取、编辑等操作的概率或时间占有率期望值。三是系统可用性，指在某个考察时间段，工业互联网平台、控制系统、业务系统（如 ERP、MES）等正常运行的概率或时间占有率期望值。

隐私和数据保护指对工业互联网用户个人隐私数据或企业拥有的敏感数据等提供保护的能力。一是用户隐私保护，指对与工业互联网业务用户个人相关的隐私信息提供保护的能力。二是企业敏感数据保护，指对参与工业互联网业务运营的企业的敏感数据进行保护的能力。

2. 现状与问题

当前，工业系统安全保障体系建设已较为完备。伴随新一代信息通信技术与工业经济的深度融合，工业互联网步入深耕落地阶段，工业互联网安全保障体系建设的重要性越发凸显。世界主要发达国家均高度重视工业互联网的发展，并将安全放在突出位置，发布了一系列指导文件和规范指南，为工业互联网相关企业部署安全防护提供了可借鉴的模式，在一定程度上保障了工业互联网的健康有序发展，但随着工业互联网安全攻击日益呈现新型化、多样化、复杂化的趋势，现有的工业互联网安全保障体系还不够完善，暴露出一些问题。

一是隐私和数据保护形势依旧严峻。工业互联网平台采集、存储和利用的数据资源存在体量大、种类多、关联性强、价值分布不均等特点，因此平台数据安全存在责任主体边界模糊、分级分类保护难度较大、事件追踪溯源困难等问题。同时，工业大数据技术在工业互联网平台中的广泛应用，使得平台用户信息、企业生产信息等敏感信息存在泄露隐患，加上数据交易权属不明确、监管责任不清等问题，工业大数据应用存在安全风险。

二是安全防护能力有待进一步提升。大部分工业互联网相关企业重发展、轻安全，对网络安全风险认识不足。同时，缺少专业机构、网络安全企业、网络安全产品服务的信息渠道和有效支持，工业企业风险发现、应急处置等网络安全防护能力普遍较弱。此外，工业生产迭代周期长，安全防护部署滞后且整体水平低，存量设备难以快速进行安全防护升级换代，整体安全防护能力提升时间长。

三是安全可靠性难以得到充分保证。一些工控系统和设备在设计之初缺乏安全考虑，自身计算资源和存储空间有限，大部分不能支持复杂的安全防护策略，很难确保系统和设备安全可靠。此外，仍有很多智能工厂内部未部署安全控制器、安全开关、安全光幕、报警装置、防爆产品等，并缺乏针对性的工业生产安全意识培训和操作流程规范，使得人身安全难以得到保证。

3. 发展趋势

伴随着工业互联网在各行各业的深耕落地，安全作为其发展的重要前提和保障，将会受到越来越多的重视。在未来的发展过程中，传统的安全防御技术已无法抵御新的安全威胁，防护理念将从被动防护转向主动防护。

（1）态势感知将成为重要技术手段。借助人工智能、大数据分析及边缘计算等技术，基于协议深度解析及事件关联分析机制，分析工业互联网当前运行状态并预判未来安全走势，实现对工业互联网安全的全局掌控，并在出现安全威胁时通过网络中各类设备的协同联动机制及时进行抑制，阻止安全威胁继续蔓延。

（2）内生安全防御成为未来防护的大势所趋。在设备层面，可通过对设备芯片与操作系统进行安全加固，并对设备配置进行优化的方式，实现应用程序脆弱性分析；可通过引入漏洞挖掘技术，对工业互联网应用及控制系统采取静态挖掘、动态挖掘，实现对自身隐患的常态化排查；引入各类通信协议安全保障机制，在新版协议中加入数据加密、身份验证、访问控制等机制，提升其安全性。

（3）工业互联网安全防护智能化将不断发展。未来，工业互联网安全防护的思维模式将从传统的事件响应向持续智能响应转变，旨在构建全面的预测、基础防护、响应和恢复能力，抵御不断演变的高级威胁。工业互联网安全架构的重心也将从被动防护向持续普遍性的监测响应及自动化、智能化的安全防护转移。

（4）平台在防护中的地位将日益凸显。平台作为工业互联网的核心，汇聚了各类工业资源，因此在未来的防护中，对平台的安全防护将备受重视。平台使用者与提供商之间的安全认证、设备和行为的识别、敏感数据共享等安全技术将成为刚需。

（5）对大数据的保护将成为防护热点。工业大数据的不断发展，对数据分类分级保护、审计和流动追溯、大数据分析价值保护、用户隐私保护等提出了更高的要求。未来，对数据的分类分级保护、审计和流动追溯将成为防护热点。

面对不断变化的网络安全威胁，企业仅依靠自身力量远远不够，未来构建具备可靠性、保密性、完整性、可用性及隐私和数据保护的工业互联网安全功能框架，需要政府和企业、产业界统一认识、密切配合，安全将成为未来保障工业互联网健康有序发展的重要基石。应建立健全运转灵活、反应灵敏的信息共享与联动处置机制，打造多方联动的防御体系，充分处理好信息安全与物理安全，保障生产管理等环节的可靠性、保密性、完整性、可用性、隐私和数据保护，进而确保工业互联网健康有序发展。

6.6 工业互联网产业图谱

6.6.1 工业互联网技术体系

工业互联网技术体系是支撑功能架构实现、实施架构落地的整体技术结构，其超出了单一学科和工程的范围，需要将独立技术联系起来，构建相互关联、各有侧重的新技术体系，在此基础上考虑功能实现或系统建设所需的重点技术集合。以人工智能、5G为代表的新技术正加速融入工业互联网，不断拓展工业互联网的能力内涵和作用边界。工业互联网的核心是通过更大范围、更深层次的连接实现对工业系统的全面感知，并通过对获取的海量工业数据建模分析，形成智能化决策，其技术体系由制造技术、信息技术,以及两大技术交织形成的融合技术组成,如图 6-11 所示。制造技术和信息技术的突破是工业互联网发展的基础,如增材制造、现代金属、复合材料等新材料和加工技术不断拓展制造能力边界,云计算、大数据、物联网、人工智能等信息技术快速提升人类获取、处理、分析数据的能力。制造技术和信息技术的融合强化了工业互联网的赋能作用,催生了工业软件、工业大数据、工业人工智能等融合技术,使机器、工艺和系统的实时建模和仿真,产品和工艺技术隐性知识的挖掘和提炼等创新应用成为可能。

图 6-11　工业互联网技术体系

制造技术支撑起工业互联网的物理系统,其基于机械、电机、化工等工程学中提炼的材料、工艺等基础技术,叠加工业视觉、测量技术、传感技术等,以及执行驱动、自动控制、监控采集、安全保护等控制技术,面向运输、加工、检测、装配、物流等需求,构成了工业机器人、数控机床、3D 打印机、反应容器等装备技术,进而组成产线、车间、工厂等制造系统。

从工业互联网的视角看，制造技术一是构建了专业领域技术和知识基础，指明了数据分析和知识积累的方向，成为设计网络、平台、安全等工业互联网功能的出发点；二是构建了工业数字化应用优化闭环的起点和终点，工业数据绝大部分产生于制造物理系统，数据分析结果最终也作用于制造物理系统，制造技术贯穿设备、边缘、企业、产业等各层工业互联网系统的实施落地。

信息技术勾勒了工业互联网的数字空间。新一代信息通信技术一部分直接作用于工业领域，构成了工业互联网的通信、计算、安全基础设施；另一部分基于工业需求进行二次开发，成为融合技术发展的基石。在通信技术中，以 5G、Wi-Fi 为代表的网络技术提供更加可靠、快捷、灵活的数据传输能力，标识技术为对应工业设备或算法工艺提供标识地址，保障工业的互联互通和精准可靠。边缘计算、云计算等计算技术为不同工业场数据景提供分布式、低成本数据计算能力。数据安全和权限管理等安全技术保障数据的安全、可靠、可信。信息技术一方面构建了数据闭环优化的基础支撑体系，使绝大部分工业互联网系统可基于统一的方法论和技术组合构建；另一方面，打通了互联网领域与制造领域技术创新的边界，统一的技术基础使互联网中的通用技术创新可以快速渗透到工业互联网中。

融合技术驱动工业互联网物理系统与数字空间全面互联与深度协同。制造技术和信息技术只有根据工业互联网中的新场景、新需求进行不同程度的调整，才能构建出完整可用的技术体系。工业数据处理与分析技术在满足海量工业数据存储、管理、治理需求的同时，基于工业人工智能技术形成更深层次的数据洞察，与工业知识整合，共同构建数字孪生体系，支撑分析预测和决策反馈。工业软件技术基于流程优化、仿真验证等核心技术，将工业知识进一步显性化，支撑工厂/产线虚拟建模与仿真、多品种变批量任务动态排产等先进应用。工业交互和应用技术基于 VR/AR 改变制造系统交互使用方式，通过云端协同和低代码开发技术改变工业软件的开发和集成模式。融合技术一方面构建符合工业特点的数据采集、处理、分析体系,推动信息技术不断向工业核心环节渗透;另一方面,重新定义工业知识积累、使用的方式,提升制造技术优化发展的效率和效能。

随着新一代信息技术的发展及其面向工业场景的二次开发,5G、边缘计算、区块链、工业人工智能、数字孪生等技术已成为影响工业互联网后续发展的核心重点技术和工业互联网不可或缺的组成部分。

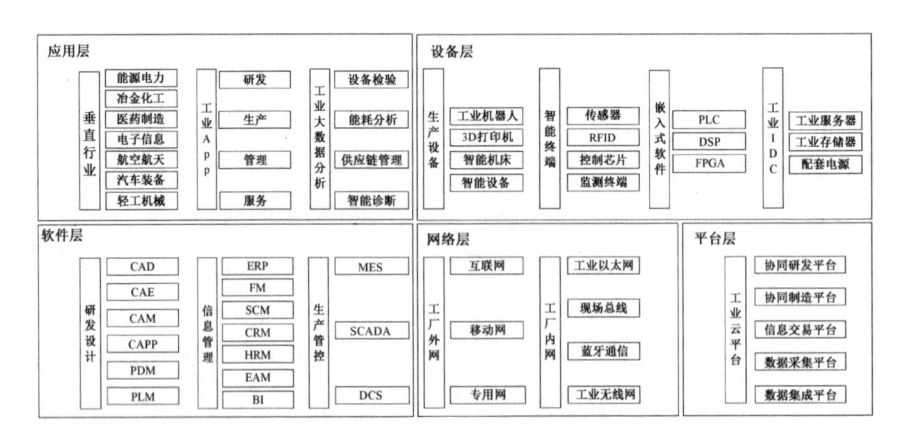

6.6.2 工业互联网产品体系

工业互联网产品体系由设备层、网络层、平台层、软件层、应用层和安全体系六大部分构成,如图 6-12 所示。其中,设备层包括生产设备、智能终端、嵌入式软件及工业 IDC;网络层包括工厂内网和工厂外网;平台层包括协同研发、协同制造、信息交易、数据采集和数据集成等工业云平台;软件层包括研发设计、信息管理和生产管控软件,是帮助企业实现数字化价值的核心环节;应用层包括垂直行业应用、工业 App 及工业大数据分析应用;而安全体系则渗透于以上各层中,是产业重要的支撑保障。

图 6-12 工业互联网产品体系

6.6.3 工业互联网企业体系

在工业互联网产业链中，不仅有传统 IT 企业，而且有通信运营商和通信设备提供商、互联网巨头、传统工业设备厂商、芯片企业和创业公司。不同类型的企业，其职责也有所不同。传统 IT 企业的职责是将原有的解决方案向工业领域延伸；通信运营商和通信设备提供商的职责是借助渠道优势提供工业解决方案；互联网巨头的职责是提供工业互联网基础平台支撑；传统工业设备厂商的职责是发挥其在设备和细分行业经验方面的优势，为客户提供整体解决方案；芯片企业的职责是研发低功耗互联网芯片；而创业公司的职责则是在工业互联网的不同层次或不同环节等细分领域提供专业服务，如工业互联网底层数据平台创业企业。工业互联网产业链中的部分重要企业如图 6-13 所示。

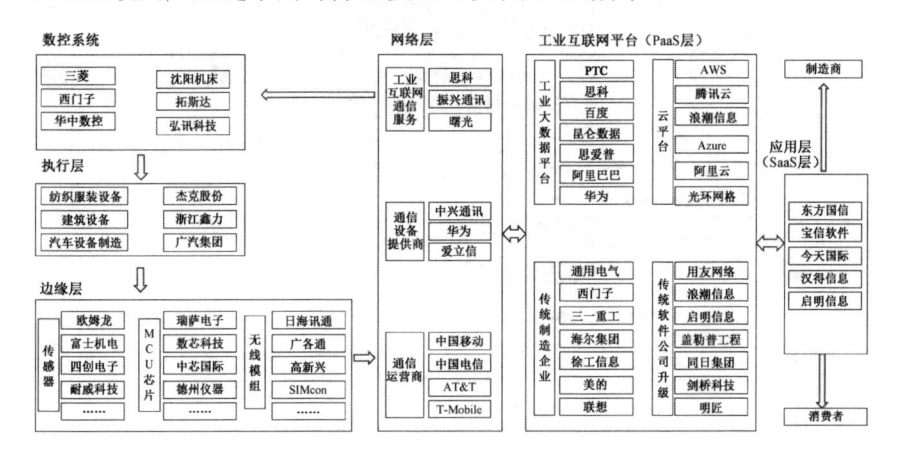

图 6-13 工业互联网产业链中的部分重要企业

6.6.4 工业互联网全球主要参与者

工业互联网的发展吸引并推动各方力量的加入。制造业龙头企业、自动化企业、工业软件企业、通信设备提供商、电信运营商、互联网公司、安全厂商、集成运维服务提供商等主体，综合考虑细分领域能力要求、市场空间、竞争格局、自身资源能力等因素，对制造业数字化产业中的关键领域进行动态战略布局，努力推陈出新、自我突破。这些主体与不断涌现出来的创新企业，以及技术研究、标准制定、行业监管组织机构，共同构成了当前的工业互联网产业生态，如图6-14所示。正是制造业数字化产业内各类主体的主动创新，推动了技术的不断进步和生产力的不断升级，进而推动了制造业数字化产业的不断演进。

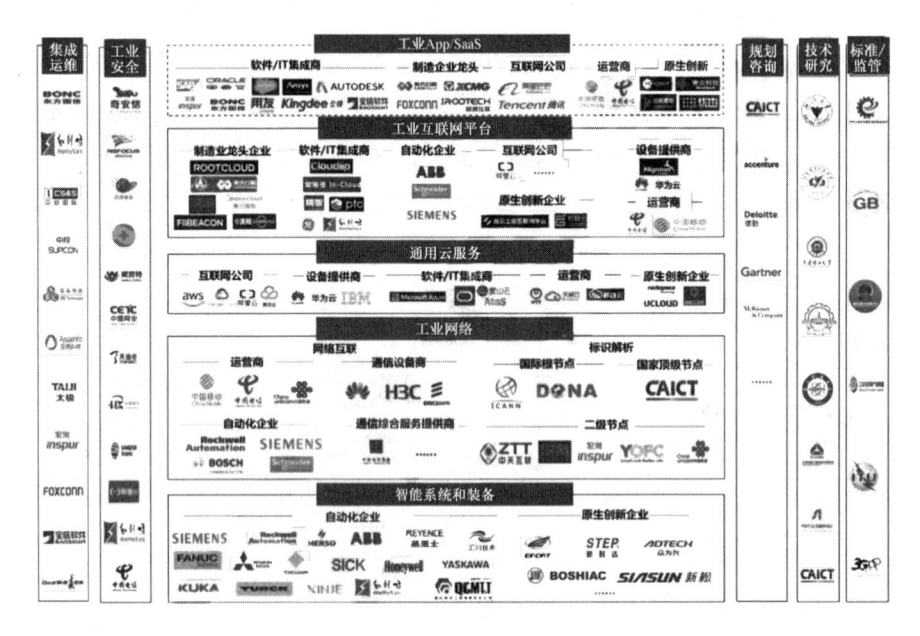

资料来源：中国信息通信研究院

图 6-14 工业互联网产业生态图谱

6.6.5 工业互联网平台参与企业

工业互联网平台参与企业大致分为6类：头部制造企业、传统系统解决方案提供商、传统软件企业、互联网企业、单点突破的创业企业和通信公司，见表6-2。早期参与者主要是国外企业，如美国的GE公司、德国的西门子公司等。伴随着国内市场的崛起，我国传统制造企业在自身实践的基础上，为自己公司服务的工业互联网平台向外进行服务延伸，包括航天科工、三一重工、徐工信息等公司。互联网企业，如阿里巴巴、腾讯、百度等公司，也参与到这个市场竞争中来。还有众多的工业装备公司、软件公司、传感器公司以开源的工业互联网平台为基础，封闭自己公司的工业互联网平台。传统企业借助工业互联网转型升级，并催生出工业互联网平台服务其他产业与公司是本轮工业互联网发展的一个特点。

表6-2 工业互联网平台参与企业

企业类型	作用	代表企业
头部制造企业	制造行业龙头企业在践行企业平台化转型的过程中，孵化出专业的工业互联网平台公司，建设运营平台，提升第三方平台服务能力	航天科工、中船工业、三一重工、海尔、美的、富士康、徐工信息
传统系统解决方案提供商	传统系统解决方案提供商基于服务行业的长期经验，从传统解决方案服务商向平台解决方案服务商转型	华为、宝信软件、石化盈科、浙江中控、华龙讯达、浪潮
传统软件企业	传统软件企业基于平台架构加速软件云化发展，强化工业机理模型的开发部署	东方国信、用友、金蝶、索为、盖勒普工程
互联网企业	在消费互联网向产业互联网转型的过程中，互联网企业纷纷向各工业领域拓展，或者与传统制造企业合作共建互联网平台	阿里巴巴、腾讯、百度
单点突破的创业企业	创业企业在工业大数据、工业互联网浪潮下，重点围绕解决特定工业行业或领域业务痛点，提供平台解决方案服务	优也、寄云、天泽智云、昆仑数据
通信公司	借助传统通信公司的优势，落实国家战略，结合新一代信息技术，提供工业互联网的基础设施，并与传统制造企业合作共建平台	中国电信、中国移动、中国联通等

6.6.6 工业互联网平台竞争格局

工业互联网平台竞争格局分析见表 6-3。软件企业的主要代表有用友、东方国信等，它们以 SaaS 服务转型为战略目标。制造企业以三一重工、海尔等为代表，其优势是熟悉生产制造流程，但云计算技术较为薄弱。互联网企业以阿里巴巴、腾讯、百度为代表，它们虽然云计算技术领先，但缺乏专业和全面的工业知识。在系统解决方案服务商方面，华为和宝信软件等可为制造企业提供基础设施、平台、应用服务等整体信息化服务，但云计算技术稍弱。初创企业以昆仑数据、树根互联等为代表，其领域专注度高，创始团队通常来自头部信息科技和工业企业，但资金实力较弱。

表 6-3 工业互联网平台竞争格局分析

企业类型	代表企业	优势	劣势	战略目标
通信公司	中国电信、中国移动、中国联通等	基础设施、平台、应用服务等整体信息化服务	缺乏专业、全面的工业知识	向平台解决方案服务商转型
软件企业	用友、东方国信、索为、盖勒普工程	将原有成熟软件解决方案向工业领域延伸	云计算技术稍弱	SaaS 服务转型
制造企业	航天科工、三一重工、海尔、中船工业	熟悉生产制造流程	云计算技术稍弱	孵化专业平台公司
互联网企业	阿里巴巴、腾讯、百度	云计算技术领先	缺乏专业、全面的工业知识	向产业互联网转型
系统解决方案服务商	华为、浪潮、宝信软件	可为制造企业提供基础设施、平台、应用服务等整体信息化服务	云计算技术稍弱	向平台解决方案服务商转型
初创企业	昆仑数据、树根互联等	领域专注度高，创始团队通常来自头部信息科技与工业企业	资金实力较弱	提供特定工业行业解决方案

6.6.7 国内前十大跨行业跨领域工业互联网平台

2019 年 8 月,工业和信息化部发布了国内前十大跨行业跨领域工业互联网平台,确立了行业标杆,具体见表 6-4。行业领先平台在设备连接数、数字模型数、工业 App 数、活跃用户数、活跃开发者数等指标方面相比 2018 年有大幅提升,综合上述指标计算得出的"平台活力指数"从 55.3 提升至 62.4。

表 6-4 国内前十大跨行业跨领域工业互联网平台

工业互联网平台	设备连接数(个)	数字模型数(个)	工业App数(个)	活跃用户数(人)	活跃开发者数(人)	技术研发与创新能力	应用实现能力	发展潜力	总分
海尔 COSMOPlat	71 万	1 536	2 379	6.3 万	5 336	34.5	35	28.5	98
东方国信 Cloudiip	75 万	1 450	2 329	22 万	6 500	35	34	28.5	97.5
用友精智	57 万	1 050	1 949	46 万	5 112	34.5	34	28.5	97
树根互联	40 万	—	—	—	—	34	34	28.5	96.5
航天云网 In-Cloud	79 万	39 万	2 072	35.2 万	2 030	34	34	28	96
浪潮云 In-Cloud	145 万	2 445	3 528	75 万	8.8 万	34	34	27.5	95.5
华为 FusionPlant	700 万	—	—	—	—	35	33	27	95
富士康 BEACON	68.5 万	477	1 228	11 万	3 011	34.5	33	27	94.5
阿里 supET	14 万	40	450	1 000	19 000	34.5	32.5	27	94
徐工信息汉云	70 万	474	1 452	13.5 万	3 113	34	32.5	27	93.5

6.6.8 工业互联网平台代表企业的对比

根据国务院发布的《关于深化"互联网+先进制造业"发展工业互联网的指导意见》,将工业互联网落地措施归纳为网络平台、网络基础、安全保障和融合应用4个方面。在网络平台方面,东方国信为用户提供企业级大数据和云计算产品,以及行业整体解决方案;在网络基础方面,中国电信以生产线数据采集与设备接口为基础,以大数据、云计算为引擎,实现数据互联互通,打通从生产到企业运营的全旅程服务;在安全保障方面,启明星辰为政企用户提供网络安全软硬件产品、安全管理平台、安全运营与服务;在融合应用方面,安德软件主营钢铁信息化业务,并立足钢铁信息化产品朝其他行业横向扩展,持续布局工业互联网、5G等新兴领域。工业互联网平台代表企业分析见表6-5。

表6-5 工业互联网平台代表企业分析

对比内容	网络平台	网络基础	安全保障	融合应用
政策目标	推动网络改造升级、提速降费、推进标识解析体系建设	加快工业互联网平台建设,提升平台运营能力	提升安全防护能力,建立数据安全保护体系,推动安全技术手段建设	提升大型企业工业互联网创新和应用水平,加快中小企业工业互联网应用普及
代表上市企业	东方国信	中国电信	启明星辰	安德软件
主营业务	为客户提供企业级大数据和云计算产品,以及行业整体解决方案	以生产线数据采集与设备接口为基础,以大数据、云计算为引擎,实现数据互联互通,打通从生产到企业运营的全流程服务	为政企用户提供网络安全软硬件产品、安全管理平台、安全运营与服务	主营钢铁信息化业务,并立足钢铁信息化产品向其他行业横向扩展,持续布局工业互联网、5G等新兴领域

6.6.9 相关政策解读与汇总

1. 国家政策规划产业发展目标

表6-6列出了2016—2021年与工业互联网有关的部分国家政策,受篇幅限制,这里不做详细解读。

第6章 工业互联网

表 6-6 2016—2021 年与工业互联网有关的部分国家政策

政策	时间	颁布主体	主要内容及影响
《物联网新型基础设施建设三年行动计划（2021—2023 年）》	2021 年	工业和信息化部等八部门	到 2023 年年底，在国内主要城市初步建成物联网新型基础设施，社会现代化治理、产业数字化转型和民生消费升级的基础更加稳固。突破一批制约物联网发展的关键共性技术，培育一批示范带动作用强的物联网建设主体和运营主体，催生一批可复制、可推广、可持续的运营服务模式，导出一批赋能作用显著、综合效益优良的行业应用，构建一套健全完善的物联网标准和安全保障体系
《工业互联网创新发展行动计划（2021—2023 年）》	2021 年	工业和信息化部	到 2023 年，新型基础设施进一步完善，融合应用成效进一步彰显，技术创新能力进一步提升，产业发展生态进一步健全，安全保障能力进一步增强。工业互联网新型基础设施建设量质并进，新模式、新业态大范围推广，产业综合实力显著提升
《关于推动工业互联网加快发展的通知》	2020 年	工业和信息化部	改造升级工业互联网内外网络。推动基础电信企业建设覆盖全国所有地市的高质量外网。打造 20 个企业工业互联网外网优秀服务案例。鼓励工业企业升级改造工业互联网内网。打造 10 个标杆网络，推动 100 个重点行业龙头企业、1 000 个地方骨干企业开展工业互联网内网改造升级。面向垂直行业新建 20 个以上标识解析二级节点，新增标识注册量 20 亿
《关于 2019 年工业互联网试点示范项目名单的公示》	2020 年	工业和信息化部	将包括"5G+工业互联网"集成创新应用、标识解析集成创新应用及网络化改造集成创新应用在内的网络方向、平台方向及安全方向等 81 个项目核定为 2019 年工业互联网试点示范项目
《关于印发"5G+工业互联网"512 工程推进方案的通知》	2019 年	工业和信息化部	到 2022 年，突破一批面向工业互联网特定需求的 5G 关键技术，"5G+工业互联网"的产业支撑能力显著提升；打造 5 个产业公共服务平台，构建创新载体和公共服务能力；加快垂直领域"5G+工业互联网"的先导应用，内网建设改造覆盖 10 个重点行业；打造一批"5G+工业互联网"内网建设改造标杆、样板工程，形成至少 20 大典型工业应用场景
《关于深化"互联网+先进制造业"发展工业互联网的指导意见》	2017 年	国务院	面向企业低时延、高可靠、广覆盖的网络需求，大力推动工业企业内外网建设。加快推进宽带网络基础设施建设与改造，扩大网络覆盖范围，优化升级国家骨干网络。推进工业企业内网的 IP（互联网协议）化、扁平化、柔性化技术改造和建设部署。推动新型智能网关应用，全面部署 IPv6（互联网协议第 6 版）

2018年7月，工业和信息化部印发了《工业互联网平台建设及推广指南》和《工业互联网平台评价方法》，正式开始了我国工业互联网建设。

2019年1月18日，工业和信息化部印发了《工业互联网网络建设及推广指南》；同年3月，"工业互联网"成为"热词"并被写入2019年国务院《政府工作报告》。

2020年3月6日，工业和信息化部发布了《关于推动工业互联网加快发展的通知》，提出加快新型基础设施建设、加快拓展融合创新应用、加快健全安全保障体系、加快壮大创新发展动能、加快完善产业生态布局、加大政策支持力度6方面20条举措，为我国加快工业互联网创新发展提供了行动指南。

2. 地方政策积极配合促进产业发展

全国各省市区响应国家政策号召，陆续出台政策规划，以促进工业互联网行业的发展，具体见表6-7。根据"是否有明确指标"可将这些省市区划分为三类：有明确指标、无明确指标但是最新政策出台时间为2020年，以及无明确指标但是最新政策出台时间为2020年前。

表6-7 截至2020年各省市区支持工业互联网发展的政策汇总

省市区	政策名称
上海市	《上海市促进在线新经济发展行动方案（2020—2022年）》
北京市	《北京市加快新型基础设施建设行动方案（2020—2022年）》
山东省	《关于加快工业互联网发展若干措施的通知》
江苏省	《关于深入推进数字经济发展的意见》
浙江省	《关于印发浙江省实施制造业产业基础再造和产业链升级工程行动方案（2020—2025年）的通知》《关于印发浙江省新型基础设施建设三年行动计划（2020—2022年）的通知》
福建省	《关于印发福建省新型基础设施建设三年行动计划（2020—2022年）的通知》
山西省	《关于深化"互联网+先进制造业"发展工业互联网的实施意见》
江西省	《关于印发江西省数字经济发展三年行动计划（2020—2022年）的通知》
湖北省	《关于印发湖北省数字政府建设总体规划（2020—2022年）的通知》
辽宁省	《辽宁省工业互联网创新发展三年行动计划（2020—2022年）》

续表

省市区	政策名称
广东省	《关于印发广东省深化"互联网+先进制造业"发展工业互联网实施方案及配套政策措施的通知》
安徽省	《关于促进线上经济发展的意见》
河北省	《河北省数字经济发展规划（2020—2025年）》
湖南省	《湖南省数字经济发展规划（2020—2025年）》
贵州省	《贵州省推动大数据与工业深度融合发展工业互联网实施方案》
重庆市	《关于印发重庆市深化"互联网+先进制造业"发展工业互联网实施方案的通知》
内蒙古自治区	《关于推动数字经济发展的意见》
黑龙江省	《关于印发黑龙江省工业强省建设规划（2019—2025年）的通知》
河南省	《关于印发河南省推进"5G+工业互联网"融合发展实施方案的通知》
广西壮族自治区	《广西加快推动工业互联网发展工作方案（2020—2022年）》
海南省	《智慧海南总体方案（2020—2025年）》
四川省	《关于深化"互联网+先进制造业"发展工业互联网的实施意见》
云南省	《云南省工业互联网发展三年行动计划（2018—2020年）》
西藏自治区	《西藏自治区深化"互联网+先进制造业"发展工业互联网的实施方案》
陕西省	《关于深化"互联网+先进制造业"发展工业互联网的实施意见》
吉林省	《关于深化工业互联网发展的实施意见》
甘肃省	《甘肃省工业互联网发展行动计划（2018—2020年）》
青海省	《关于深化"互联网+先进制造业"发展工业互联网（2018—2020年）的实施意见》
宁夏回族自治区	《关于加快"互联网+先进制造业"发展工业互联网的实施意见》
天津市	《关于深化"互联网+先进制造业"发展工业互联网的实施意见》

我国工业互联网规划表现最为积极的是南方地区及中部地区，其中有明确指标的省市区达17个。以广东省为例，其2025年将在全国率先建成具备国际竞争力的工业互联网网络基础设施和产业体系，形成1~2个达到国际水准的工业互联网平台，建立完备可靠的安全保障体系，在工业互联网创新发展、技术产业体系构建及融合应用方面达到国际先进水平。

6.6.10 法律法规的建设与配套

工业互联网是互联网产业的一个重要组成部分，为互联网制定的法律法规同样适用于工业互联网领域。以下选择部分重要的法律法规做简要介绍。

1.《互联网平台分类分级指南（征求意见稿）》

2021年10月，国家市场监督管理总局组织起草了《互联网平台分类分级指南（征求意见稿）》并向社会征求意见。

2.《关于修改〈中华人民共和国电子商务法〉的决定（征求意见稿）》

2021年9月，国家市场监督管理总局起草了《关于修改〈中华人民共和国电子商务法〉的决定（征求意见稿）》并向社会公开征求意见。

3.《中华人民共和国个人信息保护法》

2021年8月20日，十三届全国人大常委会第三十次会议表决通过了《中华人民共和国个人信息保护法》，自2021年11月1日起施行。《中华人民共和国个人信息保护法》明确了个人信息处理的规则、个人信息跨境提供规则、个人在个人信息处理活动中的权利、个人信息处理者的义务等方面的内容。

4.《互联网域名管理办法》

2017年8月16日，工业和信息化部第三十二次部务会议审议通过了《互联网域名管理办法》，自2017年11月1日起施行。其中明确了部和省级通信管理局的职责分工,完善了域名服务许可制度,规范了域名注册服务活动,完善了域名注册信息登记和个人信息保护制度,加强了事中事后监管。为了深化"放管服"改革,《互联网域名管理办法》还规定了违法从事域名服务的法律责任,明确了域名注册管理机构、注册服务机构违法开展域名注册服务、未对域名注册信息的真实性进行核验、为违法网络服务提供域名跳转等违法行为的处罚措施。

5.《关于印发加强工业互联网安全工作的指导意见的通知》

2019年8月,为加快构建工业互联网安全保障体系,提升工业互联网安全保障能力,促进工业互联网高质量发展,推动现代化经济体系建设,护航制造强国和网络强国战略实施,十部门联合发布了《关于印发加强工业互联网安全工作的指导意见的通知》。

当前,全球工业互联网的发展呈现关键技术加速突破、基础支撑日益完善、融合应用逐渐丰富、产业生态日趋成熟的良好态势,各国面临重大战略机遇。我国是网络大国,也是制造大国,发展工业互联网具备良好的产业基础和巨大的市场空间。在政府引导下,在产业各方积极推动下,我国工业互联网政策体系不断完善、功能体系加快构建、融合应用创新活跃、产业生态逐步形成。未来,要紧抓历史机遇,立足工业互联网发展的现实基础和客观需要,加快创新发展,深化融合应用,筑牢安全防线,营造良好的环境,开创工业互联网发展的新局面,全面支撑制造强国、网络强国建设,为经济高质量发展贡献力量。

第 7 章
物联网

第 7 章 物联网

7.1 物联网的背景与发展

物联网是指通过传感器、射频识别技术、全球定位系统等，实时采集任何需要监控、连接、互动的物品或过程的各种信息，通过各类可能的网络接入，实现物与物、物与人的泛在连接，实现对物品和过程的智能化感知、识别和管理的网络。物联网是继计算机、互联网之后的第三次信息技术发展浪潮。

7.1.1 互联网的产生

互联网诞生于 20 世纪 60 年代末，成长于 20 世纪 70～90 年代，最开始应用于研究领域，后来逐渐应用于商业领域。互联网是由众多计算机网络按照一定的协议组成的全球化网络。互联网实现了物理世界范围内的信息互联互通，用于解决人与人、组织与组织之间的通信连接。互联网是由不同类型和规模、能够独立运行和管理的计算机网络组成的，包括小规模的局域网、城市规模的城域网和更大规模的广域网。互联网作为一个全球化的信息和服务基础设施，可以为人们提供各种各样、简单便捷的通信和信息检索服务。互联网的产生和发展为物联网的诞生奠定了基础。互联网可以分为两代，第一代互联网是 PC 互联网，即计算机与计算机之间联网，主要媒介是固网宽带；第二代互联网是移动互联网,其本质是人和人联网,载体为智能手机等可移动设备,连接方式也由固定线路向无线网络发展。随着互联网的发展成熟,物与物联网也逐渐变成了现实,即本章讲述的重点——物联网。

7.1.2 物联网的发展

物联网的发展经历了3个阶段:萌芽阶段、初步发展阶段和快速发展阶段。

1. 萌芽阶段

20世纪90年代末,美国麻省理工学院最早明确提出物联网的概念。1995年,比尔·盖茨在其《未来之路》一书中构想物物互联,但当时并未引起广泛关注。1999年,美国麻省理工学院首先提出物联网的定义,将物联网定义为把所有物品通过RFID和条码等信息传感设备与互联网连接起来,实现智能化识别和管理的网络。自此,人们对物联网的关注度逐渐提升。2003年,美国《技术评论》将传感网络技术列为改变未来人们生活的十大技术之首。2004年,"物联网"这个术语开始出现在各种书名中,并在媒体上传播。

2. 初步发展阶段

2005年,以物联网为主题的国际电信联盟峰会提出无所不在的"物联网"通信时代即将来临。此次峰会后,物联网开始受到广泛关注。射频识别技术、传感器技术、纳米技术、智能嵌入技术得到更加广泛的应用,这标志着物联网行业进入初步发展阶段。2007年,第一部iPhone手机出现,为消费者提供了与世界联网设备互动的全新方式,物联网的概念日益深入人心。

3. 快速发展阶段

2009年以来，物联网成为多个国家的国家级发展战略。美国政府率先将新能源和物联网作为美国国家战略。之后，欧盟执委会发布欧洲物联网行动计划，提出要加强对物联网的管理，促进行业发展。2010年，中国政府将物联网列为关键技术，并宣布物联网是其长期发展计划的一部分。美国、欧盟、中国在物联网行业的部署计划标志着物联网进入快速发展阶段。2013年，谷歌眼镜（Google Glass）正式发布，这是物联网和可穿戴技术的一次革命性进步。随着5G的部署和落地，物联网发展进入了全面爆发期。物联网的发展水平能有力体现国家的综合竞争力。从物联网概念的提出，到不断出现的物联网应用，物联网逐步走向从量变到质变的进化过程。

物联网应用不断深入人类生产生活的方方面面，物联网技术不断融入其他跨学科技术，促进全球信息的交换和共享，让世界变得更加智能。

7.1.3 卫星物联网的诞生

在地面布设基站及连接基站的通信网会受到许多限制。例如，在海洋、沙漠和其他极端条件下的地区建立基站难以实现，在人迹罕至的偏远地区建设基站的成本极高；在面临自然灾害（洪水、地震、海啸等）时，地面物联网基础设施会受到严重破坏，导致互联服务受阻。

卫星物联网作为地面物联网的延伸和补充，能有效弥补地面网络的不足，且具有传感器的布设几乎不受空间限制、能覆盖全球范围、受天气和地理条件的干扰很小等优势。随着现代电子技术的发展，卫星制造、生产和发射成本大大降低。近几年，卫星物联网得到了快速发展。

卫星物联网的关键要素之一是卫星通信网络，它通过卫星导航、遥感等服务实现人与物的互联互通。卫星通信是将人造地球卫星作为无线电波发射机的两个或多个终端之间的通信。卫星通信系统一般包括空间分系统、通信地球站、跟踪遥测及指令分系统和监控管理分系统，许多卫星处于多个轨道平面，在结构上相互连接，形成一个巨大的平台。服务区的用户至少被一个卫星覆盖，可以随时访问系统。

卫星通信系统通常包括空间段、地面段和用户段。空间段卫星可以分为对地静止轨道（GSO）卫星和非对地静止轨道（non-GSO）卫星。

（1）对地静止轨道卫星：轨道高度为 35 786km，运行周期为地球在惯性空间中的自转周期。

（2）非对地静止轨道卫星：根据轨道高度划分为三类，第一类是低地球轨道（LEO）卫星，轨道高度小于 1 000km；第二类是中地球轨道（MEO）卫星，轨道高度在 1 000～20 000km；第三类是高地球轨道（HEO）卫星，轨道高度大于 20 000km。

7.1.4 万物互联时代的到来

以互联网、移动通信为代表的网络技术是计算机科学发展的伟大成果，给人们的生产生活带来了深刻变化。进入 21 世纪，物联网应运而生，为人们提供了无数便利，它是继互联网之后又一项重大科技创新与应用创新，正给人们生产生活的方方面面带来更深刻的变化。互联网技术与物联网技术的完美结合，不仅可以实现人人相连、物物相连，而且可以实现人物相连，万物互联的时代已经到来！

7.2 物联网的技术架构及重要模块

物联网可以分为感知层、网络层、平台层和应用层。感知层是物联网的最底层，其主要功能是收集数据，通过芯片、模组和传感器等从物理世界采集信息；网络层是物联网的管道，主要负责传输数据，将感知层采集和识别的信息进一步传输到平台层，网络层如同人的神经系统，负责对感知到的信息进行传输，网络层主要采用无线传输方式，无线传输可以分为远距离传输和近距离传输；平台层负责处理数据，在物联网体系中起到承上启下的作用，主要将来自感知层的数据进行汇总、处理和分析，主要包括 PaaS 平台、通用交付能力平台和支撑平台；应用层是物联网的最顶层，主要基于平台层的数据解决具体垂直领域的行业问题。目前，物联网已被应用于家居、公共服务、农业、物流、工业、医疗等领域，各个细分场景都具备巨大的发展潜力。物联网体系架构示意如图 7-1 所示。

图 7-1　物联网体系架构示意

物联网的快速发展离不开感知技术、传输技术、应用技术的融合推进，下面对这 3 种技术进行介绍。

7.2.1 物联网的感知技术

物联网的感知技术的核心是信息采集,即通过智能感知设备进行物理世界信息的采集。物联网感知技术主要包括标识技术、传感技术、特征识别技术、位置感测技术和人机交互技术。

1. 标识技术

标识即标定识别,物品经标识后就具备唯一性。物联网中常见的标识技术有自动识别技术(Automated Identification Technology,AIT)、射频识别(Radio Frequency Identification,RFID)技术、产品电子代码(Electronic Product Code,EPC)技术。

2. 传感技术

传感技术用于获取物理世界的各种物理量、化学量、生物量等信息,是物联网感知层的核心。基于传感技术的主要产品是各种各样的传感器,常见的传感器有温度传感器、湿度传感器、力觉传感器、加速度传感器、光传感器、测距传感器、磁性传感器、微机电传感器、生物传感器、智能传感器等。

3. 特征识别技术

特征识别是指利用与生俱来的、与众不同的特征进行个体与群体的辨识。物联网中不仅要感知和识别物品,还需要感知和识别人。随着技术的发展,身份识别的难度和重要性越来越突出,传统的密码、IC卡等识别方法存在易丢失、易忘记、易伪造、易破解等局限性,在高新技术的推动下,基于生物特征的电子身份识别技术已发展并得到广泛应用。常见的特征识别技术包括指纹识别、面部识别、眼球与虹膜识别、行为和复合特征识别等。

4. 位置感测技术

位置感测技术被广泛应用于交通工具的导航、大地测量、摄影测量、探测、搜救、跟踪定位等领域。其中的典型代表是定位技术，包括卫星定位、无线电波定位、传感器节点定位、RFID 定位、蜂窝网定位等。

5. 人机交互技术

物联网是为人类提供服务的，所以其实际应用场景离不开人机交互。人机交互技术主要包括视觉智能化、听觉智能化、触觉智能化、嗅觉智能化、味觉智能化、VR/AR 等。

7.2.2 物联网的传输技术

物联网的传输技术包括有线传输和无线传输。有线传输通过有线传输介质将物与物连接起来，有线传输适用于对稳定性要求高、传输带宽较大、时延低等应用场景。物联网无线传输是基于移动通信网络技术发展起来的，适用于移动场景。物联网无线传输包括卫星通信网络、LPWA 通信网络等，分为短距离无线接入及 2G、3G、4G、5G 移动接入。物联网的传输技术也可以实现有线与无线的结合、宽带与窄带的结合、传感网接入和网络承载的结合。随着 5G 的普及，5G 具有的大带宽、高速率、广连接、广覆盖、低成本、低功耗、优架构等特点将使物联网的用户体验大幅提升。

7.2.3 物联网的应用技术

物联网的应用是物联网发展的根本目的。物联网的应用技术是物联网架构中连接设备与应用场景的桥梁。物联网应用技术包括数据采集、数据处理、数据存储、云平台、挖掘分析、监控管理等。数据处理及分析服务降低了物联网解决方案的复杂度和成本，为各大应用场景的实现奠定了基础。应用技术以 PaaS 平台为主。物联网 PaaS 平台居于整个架构的枢纽位置，向下通过网络层与感知层相连，对终端收集到的信息进行处理、分析、优化等；向上服务于应用场景，为应用服务商提供应用开发的基础平台及连接物理世界的统一数据接口。物联网 PaaS 平台包括云计算、数据管理、连接管理、设备管理、应用使能、业务分析等功能，根据功能类型可以分为连接管理平台、设备管理平台、应用开发平台等。除物联网 PaaS 平台外，人工智能开放平台的渗透率也逐渐提升。人工智能开放平台是由人工智能算法、算力、开发工具聚合而成的平台。使用者通过调用平台接口，可依靠平台的 AI 能力，高效地开发 AI 产品，从而规避重新开发 AI 的成本高、难度大、周期长的问题。

7.3 卫星物联网的发展与应用

7.3.1 卫星物联网的发展现状

自 1990 年以来，全球星（Globalstar）、轨道通信（Orbcomm）、铱星（Iridium）等低轨卫星通信系统均支持卫星物联网服务。随着科学技术的进步和工业的发展，卫星物联网已成为物联网体系重要的发展分支，全球已有 20 多家公司推出了星座计划，一些运营商也推出了一系列试验星和业务星。微软和谷歌等信息技术公司利用其技术资源进行了一系列测试，积极开拓卫星物联网市场。

1. 低轨卫星物联网在国外的发展现状

国外已经建成了多个能够提供物联网服务的低轨卫星通信系统，比较有代表性的有 Iridium、Globalstar、Orbcomm 和 ARGOS 等系统，其中，Orbcomm 和 ARGOS 系统专门提供物联网服务。

美国的 Orbcomm 系统于 1997 年投入使用，由地面段、空间段及用户段组成。Orbcomm 系统已被广泛应用于交通运输、油气田、水利、环保、资源勘探、工业物联网等领域。

ARGOS 系统由法国和美国联合建立，该系统利用低轨卫星传送各种环境监测数据，并对测量仪器的运载体进行定位，为高纬度地区的水文、气象监测仪器提供了一种很好的通信手段。ARGOS 系统的应用领域包括气候变化监测、海洋与气象监测、生物多样性保护、水资源监控、海上资源管理和保护等。

2. 低轨卫星物联网在国内的发展现状

目前，国内还没有正式投入使用的低轨卫星物联网系统，但已经提出了很多建设计划，其中比较有代表性的是"鸿雁系统"和"行云系统"。

由航天科技集团公司东方红卫星移动通信有限公司负责建设和运营的"鸿雁系统"是一个全球低轨卫星移动通信与空间互联网系统，系统初期将由 50 多颗卫星组成，最终将由 300 多颗低轨道小卫星组成，其可在全球范围内提供移动通信、宽带互联网接入、物联网、导航增强、航空数据业务、航海数据业务六大应用服务。

由航天科工运载技术研究院旗下航天行云科技有限公司建设和运营的"行云系统"计划发射 80 颗低轨道小卫星，建成一个覆盖全球的天基物联网。根据计划，80 颗卫星将分 α、β、γ 3 个阶段逐步建设完成。其中，α 阶段计划建设由"行云二号"01 星与 02 星组成的系统，同步开展试运营、示范工程建设；β 阶段将实现小规模组网；γ 阶段将完成全系统构建，并进行国内及国外市场的开拓。

国内一些民营企业，如北京国电高科科技有限公司、北京九天微星科技发展有限公司、北京和德宇航技术有限公司等，也在低轨卫星物联网系统建设方面开展了实质性工作。

7.3.2 卫星物联网的业务特点

在卫星物联网系统中,终端获取数据后通过卫星传输给地面站处理,其具有数据量小、数据传输速率低、传输周期短、突发性强等业务特点。就终端而言,卫星覆盖范围广,半径范围内有大量终端,但其处理数据和信号的能力有限。卫星通信的时延较大,因而其业务通常具有一定的时延容忍度。卫星物联网系统业务指标见表 7-1。

表 7-1 卫星物联网系统业务指标

关键指标	取值范围
数据包长度	10～100B
传输速率	10～100kbps
传感器终端数量	一个波束内 10^6 级别以上
业务类型	突发型/泊松型
时延要求	时延容忍(非容忍)
终端成本	非常低
激活参数	非常低,不大于 1%
终端能耗	能耗敏感(可通过 EH 充电)
移动性	固定、游牧或移动

7.3.3 卫星物联网的体系架构

低轨卫星通信系统有两种典型架构:Iridium 系统架构和 Orbcomm 系统架构。

1. Iridium 系统架构

以为用户提供具有全球个人通信功能的移动电话为目标,摩托罗拉公司建造了世界上第一个低轨卫星通信系统——Iridium 系统。

Iridium 系统由 4 个部分组成:铱星星座、系统控制站、信关站和用户终端,如图 7-2 所示。

第 7 章 物联网

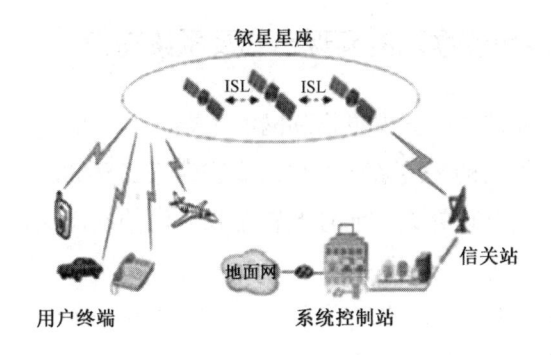

图 7-2 Iridium 系统架构图

Iridium 系统解决了卫星和地面通信网络之间的移动性问题,主要用于现场研究、应急救援、海上通信等场景。它的主要特点是星间链路和星上处理功能在当时性能先进,但系统的复杂性和建设成本较高。

2. Orbcomm 系统架构

Orbcomm 系统是采用分组交换的双向广域卫星通信系统,通过 LEO 卫星系统实现用户终端和网关通信,能够与互联网相连。

整个系统由地面段、空间段及用户段组成,如图 7-3 所示。

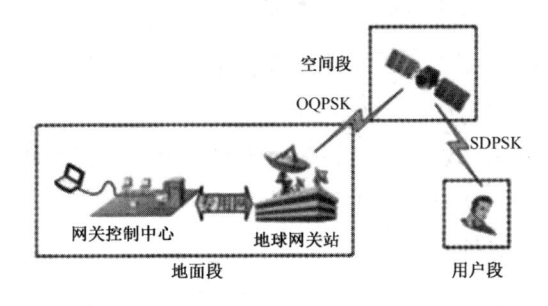

图 7-3 Orbcomm 系统架构图

每颗卫星大概能覆盖半径 5 100km 的地面,Orbcomm 系统的每日可用时长取决于卫星、网关及用户位置的数量。

7.3.4 卫星物联网的实现方式及系统特点

低轨卫星通信是建立卫星物联网的主要方式。在全三维覆盖下,卫星通信可以在不同的环境条件下与人或物体进行连续通信。卫星通信不仅是地面通信的合理补充,而且改善了物联网的层次结构。

在卫星轨道选择方面,高轨道移动通信系统技术起步较早,发展迅速。它具有卫星数量少、覆盖范围大、系统简单等优点,也存在着轨道资源封闭、轨道高度高、运行时间长、传输损耗大等缺点。低轨卫星通信系统具有在复杂地面条件下在大气中进行快速通信的能力。低轨卫星的主要优点是低损耗、低时延、广覆盖和高数量级。集群由几个低轨卫星组成,这些卫星持续覆盖全球(包括两极),扩大通信网络的覆盖范围,提供空中通信,并以较少的地面通信效果解决特定问题(如城市、山谷、山脉和森林等对地静止轨道卫星视野有限的区域的通信)。

在当今的全球通信网络中,60%的终端需要大规模的广域低功耗窄带技术连接,全球 50 亿个传感器只需 28 颗卫星即可实现监测、连接,能很好地满足物联网设备的连接需求。用于连接和安装网络的卫星非常适合如短数据、远程或移动监测、传感器数据采集等应用场景,在某些情况下,它们可以发挥独特而重要的作用。

低轨卫星物联网系统的主要特点如下:

- 覆盖范围广

由多颗卫星组成的星座可以满足全球需求,即使地球传感器矩阵超出区域空间,也可以在卫星和终端之间任意使用,而不影响通信成本。

- 系统可靠性高

由于卫星部署在高空,地形和气候条件对系统影响不大,所以系统可以全天工作。

- 容量高,支持海量连接

卫星的频带宽,广泛使用的多波束技术提高了系统的容量,使其能够支持海量终端需求。

地面物联网与低轨卫星物联网的对比见表 7-2。

表 7-2 地面物联网与低轨卫星物联网的对比

项目	地面物联网	低轨卫星物联网
覆盖范围/基站	数千米	数千千米
服务终端/基站数	小于 5 万个	海量，大于 100 万个
传输机制	NB-IoT、LoRa	星地融合、5G
技术方案	成熟	国外有成熟案例，国内正从技术验证走向工程实践
系统稳定性	受天气、地理条件制约，受自然灾害影响较大	几乎不受天气、地理条件影响，可全天时、全天候工作
应用场景	共享单车、智能家居、智慧城市等	物流监控、环境保护、水文监测等

7.3.5 卫星物联网的标准化

物联网是新基建的重要组成部分，但其标准化工作尚处于初级阶段。推动物联网标准建立和提升是推进中国物联网产业发展、壮大数字经济的核心要素。《物联网新型基础设施建设三年行动计划（2021—2023 年）》从标准体系建设与关键标准制定方面推动物联网标准化工作，依托全国信息技术标准化技术委员会及相关标准化技术组织，进一步完善物联网标准体系，计划三年内组织国内产学研力量加快制修订 40 项以上国家标准或行业标准。同时，深度参与国际标准化工作，提升中国在国际标准化活动中的贡献度。

1. 卫星物联网涉及的标准化组织

国外与物联网标准化有关的组织主要有 ISO（国际标准化组织）、IEC（国际电工委员会）、ITU（国际电信联盟）、IEEE（电气电子工程师协会）、IETF（互联网工程任务组）等。国内物联网标准化组织主要包括物联网标准化协调工作组织和物联网相关的标准化技术委员会。物联网标准化协调工作组织包括物联网国家标准推进组、国家物联网标准化专家委员会、国家物联网基础标准工作组等。物联网相关的标准化技术委员会主要有全国信息技术标准化技术委员会（SAC/TC28）、全国物品编码标准化技术委员会（SAC/TC287）、全国通信标准化技术委员会（SAC/TC485）等。相关组织情况见表 7-3。

表 7-3　国内外物联网标准化组织情况

性质	名称	简介
国际标准化组织	ISO/IEC JTC1	ISO（国际标准化组织）和 IEC（国际电工委员会）于 1987 年联合成立了 JTC1（第一联合技术委员会），负责制定信息技术领域的国际标准
	ITU-T	ITU（国际电信联盟）是世界各国政府的电信主管部门之间协调电信事务方面的一个国际组织
国际性社会团体标准化组织	OneM2M	OneM2M 是在无线通信解决方案联盟（ATIS）、中国通信标准化协会（CCSA）、欧洲电信标准协会（ETSI）、韩国电信技术协会（TTA）、日本电信技术委员会（TTC）、美国电信工业协会（TIA）、日本电波产业协会（ARIB）7 家通信标准化组织的积极推动下成立的全球性标准化组织，用于确保高效地部署机器到机器（M2M）通信系统标准化工作
	IEEE	IEEE（电气电子工程师协会）的前身是 AIEE（美国电气工程师协会）和 IRE（无线电工程师协会），主要致力于电工技术在理论方面的发展和应用方面的进步
	ZigBee 联盟	由英国 Invensys 公司、日本三菱电气公司、美国摩托罗拉公司及荷兰飞利浦半导体公司组成
	IETF	IETF（互联网工程任务组）于 1985 年成立，是松散的、自律的、志愿的民间学术组织，其主要任务是负责互联网相关技术规范的研制

续表

性质	名　称	简　介
国际性社会团体标准化组织	3GPP	3GPP（第三代合作伙伴计划）是一个致力于 3G 及长期演进分组域网络研究的国际标准化组织
	GSI	GSI（国际物品编码协会）系统提供了 GSI 标识代码的语法、分配和自动数据采集标准，也用于电子数据交换（EDI）、XML 电子报文、全球数据同步（GDSN）和 GSI 网络系统
国内物联网标准化协调工作组织	物联网国家标准推进组	国家标准化管理委员会和国家发展和改革委员会同科技部、工业和信息化部、公安部、财政部、环境保护部、交通运输部、农业部、国家林业局等部门联合成立了物联网国家标准推进组
	国家物联网标准化专家委员会	国家物联网标准化专家委员会由物联网相关技术领域的权威专家组成，主要职责是对物联网标准体系建设及规划工作进行总体技术论证及提供技术咨询等
	国家物联网基础标准工作组	国家物联网基础标准工作组由物联网标准化相关各技术机构的代表组成，主要职责是起草国家物联网标准体系及工作规划，对物联网国家标准立项建议进行技术审查等
	国家物联网行业应用标准工作组	为加强物联网顶层设计，支撑物联网试点示范工作，国家标准化管理委员会于 2011 年先后成立了国家物联网社会公共安全领域、环保领域、交通领域、农业领域、林业领域应用标准工作组。这 4 个标准工作组的主要职责是研制物联网在各自领域的应用标准并组织实施
国内物联网相关的标准化技术委员会	全国信息技术标准化技术委员会（SAC/TC28）	主要负责全国信息技术领域及与 ISO/IEC JTC1 相对应的标准化工作
	全国物品编码标准化技术委员会（SAC/TC287）	主要负责物品分类编码、标识编码和属性编码、物品品种编码、单件物品编码的国家标准制修订工作等
	全国通信标准化技术委员会（SAC/TC485）	主要负责通信网络、系统和设备的性能要求、通信基本协议和相关测试方法等领域的国家标准制修订工作
	全国信息分类编码标准化技术委员会（SAC/TC353）	主要负责国家基础性和综合性信息分类与编码标准化工作
	全国工业过程控制标委会（TC124）	是 IEC/TC65（工业过程测量、控制与自动化）和 ISO/TC30（封闭管理中流体流量的测量）的国内对口标准化组织

2. 物联网标准化发展建议

依据不同产业的技术应用需求，物联网标准化应形成相匹配的应用标准。在不同应用中求得共性，形成统一的技术标准内容。

标准体系的形成应依据体系架构、组网通信协议、接口、协同处理组件、网络安全、编码标识、骨干网接入与服务等技术基础规范和产品、行业应用规范，以支持相关产业产品开发中对标准的应用需求。

7.3.6 卫星物联网的应用场景

地面物联网覆盖范围有限是当前面临的一个重点问题，建设低轨卫星物联网是解决此问题的有效途径。其应用领域包括协调控制物资与车船、监管自然资源、监测自然灾害、海洋监测和海上救生、监管能源设施等。

对卫星物联网而言，农业、工程、海运、能源产业是最重要的应用方向，其相关产业生态也备受关注。

1. 农业应用

可以通过卫星物联网采集大型农场的土壤数据。Milk Smarts 公司使用低功耗广域（LPWA）卫星蜂窝移动系统在澳大利亚提供精准农业解决方案。国际海事卫星组织利用基于 LoRa 的卫星物联网的广泛覆盖优势，有效跟踪农场内的动物，并通过识别动物的异常行为为患病动物提供早期治疗。

2. 工程应用

在偏远地区，土木建筑工程项目需要远程监控，这一点可以通过卫星物联网实现。在许多工业化国家，土木工程行业目前正处于从增加新资产到维护现有资产的过渡阶段,基于卫星物联网技术的结构健康监测系统(SHMS)可以为所有类型的资产提供维护手段。根据预测,该市场将以25%的速度逐年增长,2022年将达到34亿美元。

3. 海运应用

通过对海上船只、集装箱的追踪,卫星物联网可以提高海洋货运的效率。海上运输是跨境运输网络的核心。据国际海事组织估计,全球90%以上的贸易是通过海运进行的。据麦肯锡预测,在集装箱跟踪中进一步综合使用卫星物联网将产生显著的经济效益。到2025年,该市场可能达到300亿美元。卫星物联网可以将集装箱利用率提高10%～25%,每年减少130亿美元的成本。

4. 能源应用

可以通过卫星物联网监测产业上下游能源的流动,分析数据,从而得到更好的解决方案,提高投资回报率。同时,监测水资源可以改善缺水地区的水资源利用情况,促进区域资源的可持续发展。瑞士物联网初创公司Astrocast于2019年宣布启动全球卫星物联网试点项目,其首批客户包括瑞士淡水公司。同时,Astrocast将在偏远地区提供通信和水监测服务。

7.4 物联网与经济的关系

7.4.1 物联网与宏观经济的关系

物联网行业与全球经济的发展相辅相成,一方面,物联网促进全球经济发展;另一方面,全球经济的发展会反过来推动物联网行业的进步。

Market Data Forecast 数据显示，2020 年，物联网对全球经济的影响达到 3 300 亿美元，预计到 2025 年，物联网对全球经济的影响将达到 8 750 亿美元，年复合增长率高达 27%。物联网的发展已经融入城市发展、能源规划、交通物流、农业发展等一系列宏观经济生活的方方面面，政府制定经济政策时必须考虑物联网在宏观经济层面的影响。下面通过两个例子从宏观经济的角度进行详细阐述。

（1）城市发展：政府全面倡导智慧城市建设，智慧城市是指以物联网、互联网（移动互联网）、云计算、大数据、空间地理信息系统集成等新一代信息技术为基础，在城市基础设施、资源环境、社会民生、市政管理等领域通过城市中智能终端信息的感知传输、分析挖掘，让城市变得更加美好和智能。政府打造智慧城市的目的是为城市居民生活和工作提供更人性化、更美好的环境，为城市管理与运营提供更高效灵活的决策支持，为城市公共服务提供更便捷的模式。智慧城市建设的直接成果是带动国家经济循环发展，其建设目标和方式与宏观经济政策息息相关。

（2）交通物流：在交通物流系统中已嵌入亿万数量级的感知层智能设备，用于识别和收集基础交通信息和位置信息，进而通过信息技术手段让交通物流变得及时、高效、安全，让交通物流以更智能的方式服务于城市的发展和人们的日常生活。大量的智能设备需求，推动制造经济的发展；交通物流方面的物联网应用开发及实施交付服务需求增多，推动服务产业的经济增长。

7.4.2 物联网与微观经济的关系

据估计，到 2025 年，物联网产业链延伸将产生 11 万亿美元的经济影响；同时，全世界消费者手中的物联网设备将多达 750 亿台。在许多情况下，支持物联网的设备都是经济高效的、易于制造和部署的，并具有重大影响。

下面从微观经济的角度分析物联网的特定功能。

（1）远程监控：可以远程监控任何东西，从公用事业电网、整个城市的状况，到植入患者体内医疗设备的性能和状况。从微观到宏观，远程监控有着千变万化的应用，这促使设备的性能更加高效，并能减少执行手动监控需要的资源。这些都能推动经济发展。

（2）预测性维护：预测性维护是指主动识别基本维护任务，并将远程监控与保持设备处于最佳状态的实际任务融为一体。这将使设备长期处于最佳状态，并减少影响运营的事故。这些都会对利润增长产生积极影响。

（3）资产跟踪：资产跟踪涉及对设备的远程监控，能实现大量资源的动态、灵活分配，并减少盗窃和事故。这有助于企业开拓新的收入来源，并减少可能损害利润增长的事件。

7.4.3　物联网是新基建的神经系统

可以将物联网理解为具备通信功能、搭载传感器的智能设备，通过互联网或移动通信网络，与其他智能设备或者人连接起来所形成的网络。如今，传输网络已经遍布物理世界的各个角落，具备智能的物联网设备已能够根据实际应用场景变得非常小巧，通过智能终端就可以进行数据的传输和处理。例如，某山顶附近装有很多检测降雨量的传感设备，传感设备通过数据传输网络与物联网应用中台连接，将检测到的数据实时传递给物联网应用中台，物联网应用中台经过分析与判断，能够预测未来一段时间的天气情况。这样，山脚下的游客或登山者就可以通过智能手机上的应用程序提前了解山上的天气情况，并对接下来的行动做出决策，避免因遭遇自然灾害而处于危险境地。

类似的物联网应用已遍布全球，涵盖农业、工业、交通运输、能源、医疗等领域。物联网在生产生活的方方面面起着重要作用，将其称为新基建的神经系统一点也不为过。

7.5 物联网产业链及应用场景

7.5.1 物联网产业链

物联网体系架构是由感知层、网络层、平台层、应用层构成的，其体系架构的每个层级又是由不同的物联网产业集群构成的。物联网产业链的构成见表 7-4。

表 7-4 物联网产业链的构成

架构层级	构成	描述	主要厂商
感知层	芯片	芯片是感知层的运算和控制中心，也是设备的核心，包括运算控制芯片和通信芯片	国外：ARM、英特尔、高通、飞思卡尔等 国内：华为海思、展讯、北京君正、华天科技等
	传感设备	传感设备是感知层的数据采集设备，类似人的感觉器官	博世、意法半导体、德州仪器、飞思卡尔、汉威电子、歌尔股份、高德红外、耐威科技、华工科技等
	模组	模组是芯片的最小集成单元，用于实现某一特定功能，常用的模组有功能控制模组和通信模组	Telit、Sierra Wireless、华为、中兴通讯、环旭电子、移远通信、芯讯通等
	终端硬件	终端硬件是集成芯片、模组和传感设备，实现特定功能或服务的智能器件	国外：东芝、西门子、通用、苹果、三星、索尼等 国内：三川智慧、新天科技、汉威电子等
网络层	通信网络	网络层是由蜂窝通信网络、LPWA 通信网络、Wi-Fi 通信网络、卫星通信网络和固网组成的数据和指令的传输通道	通信网络设备提供商：Cisco、Ericsson、华为 通信运营商：AT&T、Vodafone、Verizon、中国移动、中国电信、中国联通等

续表

架构层级	构成	描述	主要厂商
平台层	PaaS 平台	提供基础设施云服务能力、设备管理、连接管理和业务管理等服务能力	国外：亚马逊、微软、思科、谷歌、爱立信、沃达丰等 国内：阿里巴巴、华为、腾讯、百度、小米等
	通用交付能力平台	提供语音交互、VR/AR、生物识别和视觉处理等通用的交互能力	科大讯飞、云知声、商汤科技、依图科技、中科虹霸、北大高科、眼神科技、Unity、Vuforia、华宸互动等
	支撑平台	支撑平台由大数据、存储、AI 和物联网安全等能力平台构成，可丰富上层应用	谷歌、苹果、华为、阿里巴巴、赛门铁克、启明星辰、比特大陆、360 安全等
应用层	消费物联网应用	消费物联网应用为个人或家庭提供智能化服务，如智能家居、智慧出行、休闲娱乐等	小米、京东、阿里巴巴、美的、海尔、创感科技、亿航科技、大疆等
	产业物联网应用	产业物联网应用为行业或组织提供智能化综合应用，如智慧城市、智能安防、智慧农业等	西门子、飞利浦、阿里巴巴、苏宁、海康威视、浙江大华、宇视科技、三川智慧、神州数码、轻停科技、普天通达等

7.5.2 物联网应用场景

物联网应用场景涉及智慧医疗、VR/AR、智能家居、智慧零售、工业互联网、智能制造、智慧能源、智慧农业、智慧物流、智慧城市、智慧交通、车联网、智能停车等，下面介绍几个具有代表性的应用场景。

1. 智慧公共事业

物联网已经在智慧公共事业中得到广泛应用，而且随着新基建的推进和落实，仍然具有巨大的发展空间。智慧公共事业可以分为智慧政务、智能安防、智慧城市基础设施、智慧楼宇和智慧环保 5 个细分应用领域。

智慧政务：通过物联网、超高清视频、VR/AR 等技术，可提升智慧政务远程服务水平与用户体验。当前，各地均在布局和发展智慧政务，积极打造智慧政务大厅，法院、海关等委办局也陆续开展个性化应用试点。

智能安防：通过物联网、边缘计算、视频监控等技术，可有效改善传统安防系统反应迟钝、监控效果差等问题，以更快的速度提供更加精确的监控数据。与此同时，物联网使安防监控范围进一步扩大，通过机器人、无人机等方式获取更丰富的监控数据，为安防部门提供更周全、更多维度的参考数据。

智慧城市基础设施：通过物联网、5G、边缘计算、人工智能、视频监控等技术，将底层感知设备与城市基础设施运维管理部门的平台系统互联，对城市基础设施智慧化维护、城市整体管理与运营效率的提升产生积极作用。

智慧楼宇：通过物联网、5G、人工智能、视频监控、建筑信息建模等技术，将各类楼宇系统、运维与管理体系，以及人的行为有序地结合在一起，从而使楼内环境更为舒适、安全。

智慧环保：物联网和5G可为海量环境监控设备提供数据接入与传输支撑，结合大数据、视频监控、无人机等技术，可实现环境与平台、平台与人之间的实时信息交互，传输污染位置、污染成因、污染图片与视频，提高污染溯源准确率，还可为城市之间提供共享数据，协助联防联控。

2. 智能制造

远程操控：利用物联网、5G、毫米波雷达、惯性测量单元等数据采集与传感设备，对采矿运输车、AGV、采煤设备、挖掘机、工业机器人、建筑机械等工业生产设备进行远程操控，实现远程采矿、远程施工、远程制造、物流运输调度等应用。

智慧工业园区：利用物联网、5G、视频监控、巡检机器人或无人机、工业传感器、园区路侧传感器、园区交通信号灯、园区无人车等设备，实现园区安全管控和智能制造,以及引导、停车、调度等园区智能交通解决方案,并在此基础上实现对园区人、车、路、楼、设备资产的数据融合、综合运营和管理。

新基建的落地加速推进技术融合,扩展应用场景。工业互联网、厂区 5G、云计算等信息基础设施的建设,一方面,打造了泛在感知和高速互联能力,建立了车间生产环境的连接和智能控制能力,减少了现场作业人员,提高了作业效率;另一方面,构建了智能融合能力,推动集成产业链上下游企业,形成敏捷响应、透明可视的供应链网络,使得柔性制造成为可能。部分龙头企业借助自身资金优势与供应链优势,形成工业互联网产品,打造了新商业模式,创造了新利润增长点。

3. 智慧医疗

物联网在智慧医疗中的应用主要体现在远程诊断、远程手术和应急救援 3 个细分应用领域。远程设备操控(远程机器人超声、远程机器人手术)、目标与环境识别(手术识别、病情识别)是物联网在智慧医疗中的主要应用。

远程诊断:远程诊断可支撑边远地区医院的医疗工作,提升医疗专家的工作效率。利用物联网、医用摄像头、超声机器人、查房机器人等设备,实现远程会诊、远程机器人超声和远程查房等应用。

远程手术:远程手术有利于解决小城市和边远地区病人集中到大城市进行手术的问题,提升小城市和边远地区医院的重大疾病医疗水平。利用物联网、生命监护仪、医用摄像头、AR 智能眼镜、内窥镜头、手术机器人等设备,实现远程机器人手术、远程手术示教和指导等应用。

应急救援:应急救援可提升救援工作效率和服务水平,为抢救患者生命赢得时间。利用物联网、医用摄像头、超声仪、心电图机、生命监护仪、除颤监护仪、AR 智能眼镜等设备,实现救护车或现场的应急救援救治远程指导、救护车交通疏导等应用。

4. 智慧生活

智能家居：通过物联网、传感器、射频识别等技术，连接和控制家居设备，为人们提供更加智能化的家居环境。

智慧文博：通过物联网、云计算、VR/AR、全息、超高清视频等技术，打造新型智慧博物馆，以更为广泛的渠道和多样化的体验方式为广大群众提供文化服务，同时实现对馆内文物和设施的智慧化管理。

智慧院线：通过物联网、5G 与云存储技术，实现片源远程传输与在线存储，缩短发行周期，降低发行成本；基于物联网、VR/AR 与超高清视频播放技术，打造全新观影环境与体验，提升观众黏性；基于物联网、视频监控、人工智能等技术，实现人脸自动检票、智能安防等智能管理功能，降低运营成本。

云游戏：随着物联网和 5G 的普及，云游戏带宽瓶颈将不复存在，云游戏将成为物联网和 5G 时代一项重要的个人应用场景，与 VR/AR、语言识别、视野跟踪、手势感应等技术的结合也将更加紧密。

7.5.3　物联网的全球化与经济双循环

近年来，物联网的发展引起了全球各界的关注。由于物联网产业体系涵盖领域非常广泛，所以未来全球市场难以准确预测，但人们普遍估计在今后 5 年其规模在几万亿美元，甚至数十万亿美元。毫无疑问的是，物联网将是对全球经济影响最深刻的领域之一，因此物联网带来的是一场比互联网更具爆发性的变革。物联网是由复杂的技术体系构成的，需要强大的产业链及产业集群支撑，一个经济体或一个经济组织是不可能完全控制物联网所有产业的，不同经济体或经济组织要协同发展，发挥各自的优势，带动整个产业经济的发展。物联网产业的全球化是必然趋势。世界上还没有任何一个国家形成完整的物联网经济市场和完整的产业链体系。物联网针对特定需求，将人、物、数据和流程整合在一起，其中每个部分都可以智能地连接到互联网全网和部分网络上。物联网是实体经济与新一代信息技术深度融合的全球化新经济载体。全球 5G 网络的加速部署,将给全球物联网产业经济的发展带来重要的推动力。

物联网一方面可以提高经济效益,极大地节约成本;另一方面可以为全球经济的复苏提供技术动力。此外,物联网产业在自身发展的同时,还将带动传感器、微电子、视频识别系统等一系列产业的同步发展,带来巨大的产业集群生产效益。

从技术、手段和业态的角度看,物联网已经进入智慧物联网的发展阶段,典型表现是把最新的人工智能技术应用到物联网领域。当前,针对实体经济和数字经济融合创新发展,全球已达成共识。从这个角度看,物联网实际上既是数字经济的重要载体,也是连接实体经济和数字经济的重要桥梁。

物联网将形成多个经济增长点,无论是基础设施、设备平台服务还是行业应用都有巨大的市场潜力。例如,医疗保健行业对智能传感器的需求不断增长。医疗保健部门使用智能传感器来监控远程患者。这些智能传感器与患者相连并测量他们的生命体征,如血糖水平、大脑活动、血压和心脏状态。在任何位置的医生都可以访问这些数据。这有助于医生分析患者的数据,然后为他们提供正确的建议。因此,预计未来几年,医疗保健行业的高需求将有利于全球物联网市场的增长。此外,精准农业、智慧城市等都是通过物联网引发的经济增长点。

就区域来讲,亚太地区尤其是中国预计将保持主导地位并占据全球最大的物联网市场份额。中国有望成为物联网领域的领导者,机器人、自动驾驶和电动汽车、人工智能、5G 通信等行业的发展,将促进物联网解决方案的需求不断增长。中国正在从出口驱动的经济模式向国际国内双循环带动的经济模式转变,物联网将成为推进经济双循环发展的新引擎。

7.6 物联网产业图谱

物联网产业大致可以概括为端、管、边、云、用。其中，云表示物联网数据处理分析应用云平台，管表示通信网络，端表示智能设备或智能传感器，边表示边缘技术，用表示应用。物联网产业图谱如图 7-4 所示。

图 7-4 物联网产业图谱

7.6.1 端

"端"即物联网产业中的终端设备及相关软硬件,主要包括底层通信芯片、AI 芯片、控制芯片、传感器、识别技术、操作系统等。"端"是整个物联网庞大系统中的"神经末梢",承担着底层数据采集、信息传输,以及提供基础算力、算法等职能。

1. 物联网芯片供应商

芯片是物联网的"大脑",低功耗、高可靠性的半导体芯片几乎是物联网所有环节必不可少的关键部件之一。物联网芯片包括通信芯片、AI 芯片和控制芯片。通信芯片涉及广域通信和局域通信。AI 芯片在消费终端、智能驾驶、数据中心、边缘计算等领域都有广阔的应用前景。控制芯片在主板上起着核心作用。部分物联网芯片供应商见表 7-5。

表 7-5 部分物联网芯片供应商

类别	公司名称	主要产品或服务
国外	先科电子	无线通信芯片设计
	英特尔	芯片设计、制造、封测
	高通	无线通信芯片设计
	三星	无线通信芯片设计
	英伟达	显示芯片设计
	博通	无线通信芯片设计
	ARM	芯片设计开发
	德州仪器	传感器芯片、嵌入式微控制设计
	意法半导体	传感器芯片、嵌入式微控制设计
	飞思卡尔	传感器芯片、嵌入式微控制设计
国内	华为海思	无线通信芯片设计
	大唐电信(联芯科技)	无线通信芯片设计
	新岸线	无线通信芯片设计
	联发科	无线通信芯片设计
	北京君正	嵌入式 CPU 芯片
	上海贝岭	光电收发芯片、计量控制
	东软载波	电力载波通信芯片、Wi-Fi/蓝牙芯片

2. 传感器供应商

传感器是物联网的"五官",是感知物品及其所处状态、环境各种信息数据的底层元器件,是数据收集环节的基础和关键。传感器可以采集身份标识、运动状态、地理位置、姿态、压力、温度、湿度、光线、声音、气味等信息。广义的传感器包括传统意义上的敏感元器件、RFID、条形码、二维码、雷达、摄像头、读卡器、红外感应元件等。

传感器行业由来已久,目前主要由美国、日本、德国的几家龙头公司主导。中国传感器市场中有70%左右的份额被外资企业占据。

传感器逐步走向智能化和集成化。MEMS(Micro-Electro-Mechanical System)即微机电系统,是利用集成电路制造技术和微机械加工技术,把微传感器、微执行器制造在一块芯片上的微型集成系统,具有体积小、重量轻、功耗低、可靠性高、灵敏度高、易于集成等优点,MEMS正逐渐取代传统传感器。部分物联网传感器供应商见表7-6。

表7-6 部分物联网传感器供应商

类别	公司名称	主要产品
国外	博世	压力传感器、气体传感器、陀螺仪、加速度传感器、MEMS
	意法半导体	压力传感器、加速度传感器、陀螺仪、MEMS、REID
	德州仪器	温度传感器、流量传感器、湿度传感器、压力传感器、RFID芯片
	飞思卡尔	压力传感器、加速度传感器
	霍尼韦尔	压力传感器、温度传感器、超声波传感器、磁阻传感器、流量传感器
	意联科技	REID芯片、标签、天线
	易腾迈	REID标签、天线
国内	汉威电子	气体传感器、红外传感器、流量传感器、环境传感器
	瑞声科技	MEMS麦克风
	歌尔股份	MEMS麦克风
	耐威科技	MEMS传感器、陀螺仪等
	中航电测	压力传感器、微型传感器、板式传感器等
	盾安环境	MEMS压力传感器

续表

类别	公司名称	主要产品
国内	士兰微电子	加速度传感器、磁传感器
	苏州固锝	MEMS 惯性传感器、MEMS 封装
	华工科技	家电、汽车用的温度传感器、雨量传感器
	远望谷	RFID 标签、天线、读写器
	先施科技	RFID 标签、天线、读写器、终端
	奥迪威	声波、流量、电声器件及超声波换能器件
	昆仑海岸	温度传感器、湿度传感器、压力传感器、液位传感器

7.6.2 管

"管"主要指物联网产业链中负责连接的网络,它承担着将终端设备、边缘、云端连接起来的职责。物联网管理平台按照功能可划分为设备管理平台、连接管理平台、应用开发平台等。

设备管理平台:主要用于对物联网终端设备进行远程监管、系统升级、软件升级、故障排查、生命周期管理等,所有设备的数据均可以存储在云端。

连接管理平台:用于保障终端联网通道的稳定、网络资源用量的管理、资费管理、账单管理、套餐变更、号码和地址资源管理。

应用开发平台:主要为物联网开发者提供应用开发工具、后台技术支持服务、中间件、业务逻辑引擎、API 接口、交互界面等。此外,还提供高扩展的数据库、实时数据处理、智能预测离线数据分析、数据可视化展示应用等,让开发者无须考虑底层的细节问题,快速进行开发、部署和管理,从而缩短开发时间,降低开发成本。

随着物联网产业的发展,物联网设备数量快速增加,设备种类、设备应用场景日益丰富,更灵活的无线网络连接能力将是市场的必然选择。同时,低时延、大带宽、广连接的 5G 网络也将为物联网应用带来更多可能性。部分物联网管理平台供应商见表 7-7。

表 7-7　部分物联网管理平台供应商

类别	公司名称	主要产品
国外	爱立信	设备管理平台、连接管理平台
	思科	设备管理平台、连接管理平台
	博世	设备管理平台
	沃达丰	连接管理平台
	诺基亚	设备管理平台
国内	华为	设备管理平台、连接管理平台
	中国移动	连接管理平台
	中兴通讯	设备管理平台
	浩鲸科技	通信软件
	亚信科技	通信软件
	华星创业	网络分析优化
	中国通服	设备管理平台、业务分析平台

7.6.3　边

"边"是相对于"中心"而言的概念，指的是靠近数据源头的区域。边缘智能指的是将智能处理能力下沉至更靠近数据源头的网络边缘侧，就近提供智能化服务，从而满足当前市场对实时性、隐私性、节省带宽等方面的需求。边缘计算不仅可以帮助解决物联网应用场景对更高安全性、更低功耗、更短时延、更高可靠性、更低带宽的要求，还可以最大限度地利用数据，进一步缩减数据处理成本，在边缘计算的支持下，大量物联网场景的实时性和安全性得到保障。"云—边—端"协同实现的纵向数据赋能是边缘计算在物联网中的最大价值。因此，云边协同和移动边缘计算是未来边缘智能的重要发展方向。只有边缘计算与云计算协同运用才能满足各种物联网应用场景的需求。例如，应用开发在云端完成，可以充分发挥云端多语言、多工具、算力充足的优势，应用部署则可以按照需要分布到不同的边缘节点；对人工智能来说，可以把深度学习相关的训练任务放在云端，把需要快速响应的推理任务放在边缘处理。云边协同参考架构如图 7-5 所示。

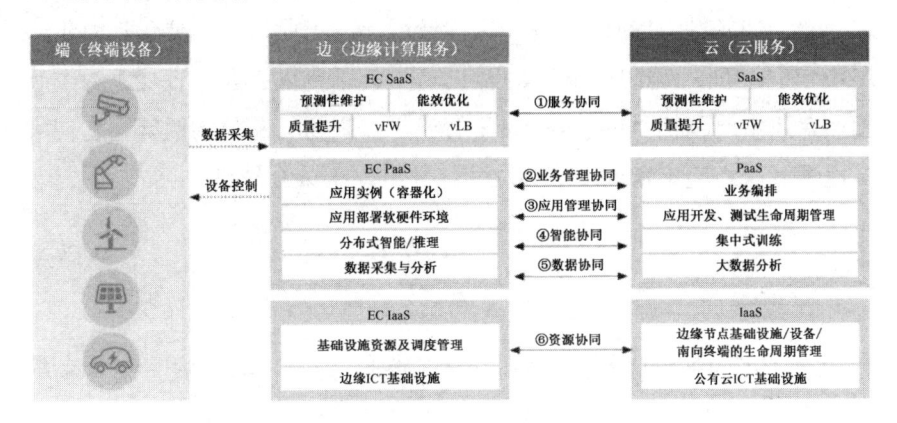

资料来源：边缘计算产业联盟

图 7-5 云边协同参考架构

国内外巨头企业纷纷布局边缘计算硬件，包括英特尔、思科、戴尔、惠普、ARM、诺基亚等，国内以华为、中兴通讯为代表，还有很多中小企业在细分领域寻找机会。尤其是在移动边缘智能方面，5G 为边缘计算产业的落地和发展提供了良好的网络基础，大带宽、低时延、广连接三大场景的支持及网络切片的能力等可以全面支撑边缘智能部署，可以将边缘智能节点灵活部署在不同的网络位置来满足对时延、带宽有不同需求的边缘计算业务。

7.6.4 云

在物联网产业链中，云平台层（PaaS 平台）是连接设备与应用场景的关键桥梁，是硬件层和应用层之间的媒介，在设备管理、集成、监控、分析、预测、控制等方面为物联网能力的实现提供基础。物联网 PaaS 平台市场参与方众多，主要分为通信厂商、互联网厂商、IT 厂商、工业厂商、创业企业等。通信厂商主要包括通信运营商（中国联通等）和通信设备供应商（华为等）。互联网厂商主要包括阿里巴巴、腾讯、百度等。IT 厂商主要包括 IBM、SAP、中国通服等。工业厂商主要包括海尔、ABB、树根互联、施耐德电气、西门子等，其平台以工业垂直能力为主。创业企业主要包括 AbleCloud、机智云、云智易、艾拉物联等，它们大多由领域内经验丰富的专家建立，往往专注于某个领域。

7.6.5 用

"用"指的是物联网产业的应用层，是最贴近应用市场的一层。物联网产业与众不同之处在于能够赋能千行百业，具备与大量应用行业融合的潜力。实际的市场应用是物联网产业的追求，只有大量应用才能支撑庞大的物联网产业，因此绝大多数产业内企业都在密切关注应用市场的动向，努力探索各自产品和方案的应用场景。

物联网应用层产业分为消费驱动应用、政策驱动应用、生产驱动应用，而政策驱动应用和生产驱动应用又合称产业物联网。消费驱动应用包括智慧出行、智能穿戴、智慧医疗、智慧家庭等；政策驱动应用包括智慧城市、公共事业、智能安防、智慧能源、智慧消防、智慧停车等；生产驱动应用包括智慧工业、智慧物流、智慧零售、智慧农业、车联网等。

1. 消费驱动应用

消费驱动应用是指面向需求侧的消费物联网，即物联网与移动互联网相融合的移动物联网，其创新高度活跃，孕育出智慧出行、智能穿戴、智慧医疗、智慧家庭等应用，主要与个人消费者的衣食住行相关。回顾以往消费类应用的发展情况，各企业往往从打造市场爆品入手，如共享单车、智能音箱等，通过沉淀热门产品和应用带来的流量，确立规模化的消费类应用。

2. 政策驱动应用

政策驱动应用主要指以政策为导向，形成相关行业物联网应用，并且能够促成物联网在这些行业快速落地。政策驱动应用包括智慧城市、公共事业、智能安防、智慧能源、智慧停车等。这类应用以城市建设为主，其目的是提高城市管理水平和效率，进而提升居民生活体验，同时形成创新的综合平台。

3. 生产驱动应用

生产驱动应用主要指以企业级需求为主要市场驱动力的物联网应用，主要包括智能制造、智慧物流、智慧零售、智慧农业、车联网和智慧地产等。物联网与传统行业深度融合形成行业物联网，成为行业转型升级所需的基础设施和关键要素。

物联网应用市场是当之无愧的全球最大市场，几乎涵盖所有行业，在物联网应用领域耕耘的企业更是不计其数。图7-4中仅列举了一些规模较大的代表性企业。物联网产业服务也是很重要的一块，主要包括研发与产品服务、资本与投资服务、决策与市场服务等。物联网产业服务承担着组织产业标准制定、共谋发展规划等重要职能，为打破企业壁垒、减少信息不对称、帮助企业对外发声提供基础，既是推动产业发展的动力，也是产业的"黏合剂"。

尽管物联网应用的发展前景令人振奋，但在物联网项目建设过程中还存在很多难题，如智能设备的传感识别精度、集成服务项目实施交付面临的众多智能设备平台应用之间的连接效率等，而这些难点恰恰是物联网未来的商机。

7.7 物联网的发展挑战与未来展望

7.7.1 物联网的发展挑战

近年来，物联网及相关应用的市场规模快速增长。IDC 发布的数据显示，2019 年，全球物联网软硬件方面的支出超过 7 260 亿美元，预计到 2023 年将增长至 1.1 万亿美元。物联网应用在各个行业、各个领域的爆发式增长，为各行各业带来了效率的提升和市场规模的扩展。与此同时，物联网也面临诸多挑战。

1. 技术标准的统一和协调

随着物联网连接数的快速增长，许多设备被部署在有限的频谱中。设备在拥挤的通信网络中共存是迫在眉睫的挑战。传统互联网的标准并不适合物联网。物联网感知层的数据多源异构，不同的设备有不同的接口和不同的技术标准；网络层、应用层也由于使用的网络类型不同、行业的应用方向不同而存在不同的网络协议和体系架构。建立统一的物联网体系架构和统一的技术标准是物联网当前面对的难题。

物联网技术的快速发展也带来了互操作性和协调的要求。未来，一个功能完备的数字生态系统需要实现不同制造商的设备和其他物理系统之间的无缝数据共享。物联网设备之间缺乏互操作性将显著增加物联网部署和集成的复杂性和成本。实现互操作性将因典型工业设备的长寿命而进一步复杂化，需要付出昂贵的代价来翻新或更换设备以使用最新技术。物联网中设备多样性的挑战可以从 3 个方面来解决：多模无线电、软件灵活性、跨技术通信。多模无线电允许不同的物联网设备相互通信。

软件灵活性支持多种协议、连接框架和云服务。跨技术通信主要研究 Wi-Fi、ZigBee 和蓝牙设备之间的通信，无须使用额外的硬件。

2. 管理平台问题

物联网本身就是一个复杂的网络体系，加之应用领域遍布各行各业，因此不可避免地存在很大的交叉性。如果这个网络体系没有一个专门的综合平台对信息进行分类管理，就会出现大量信息冗余、重复工作、重复建设造成资源浪费的状况。这对于工业和商业应用尤其重要。管理平台应能够有效管理各种设备，监控设备使用情况和性能指标，通知设备进行配置调整，检测设备的异常行为并采取相关措施。管理平台应支持安全监视、故障排除和无线固件更新发送，允许将设备属性（如设备名称、类型和生产年份、证书和访问策略等）添加到物联网注册表中。

在数据管理方面也存在很大挑战。在边缘计算中，数据在数据源附近或网络边缘进行处理。在典型的云环境中，数据处理发生在集中式数据存储位置。通过在本地处理和使用某些数据，物联网可以节省数据的存储空间，更快地处理信息并应对安全挑战。但对边缘计算来说，管理平台必须能够应对数据治理策略和元数据管理的伸缩性、敏捷性、安全性和可用性问题。这进一步决定了管理平台是在边缘管理数据还是在将数据发送到云端之后管理数据。传感器会为边缘网关设备生成大量数据，因此管理平台应能够通过分析数据来做出决策。一些高性能系统不仅需要实时收集数据，而且需要组织数据并将其提供给其他系统。传感器和设备可以通过对数据进行集中管理的云平台间接连接，也可以将数据直接发送到其他设备以在本地收集、存储和分析数据，然后与云平台共享信息。管理平台用于数据管理的边缘设备应能够保护最有价值的数据并降低带宽成本。

3. 节能运行

物联网应用通常需要密集部署大量设备，在运行过程中会消耗大量的能量。因此，降低能耗和运营成本至关重要。低功耗广域网技术通过几种节能设计方法实现了低功耗运行。第一，通过形成星形拓扑结构，消除多跳网络中通过分组路由消耗的能量；第二，通过将复杂的内容加载到网关来保持节点设计的简单性；第三，通过使用窄带信道，降低噪声水平并扩展传输范围。另外，有许多方法可以提高能量效率，如使用轻量级通信协议或采用低功率无线电收发器。能量收集是最新的技术趋势，它有助于延长电池寿命。

4. 动态环境中的实时性能

物联网设备通常部署在嘈杂的环境中，而且对及时收集环境数据和正确交付控制决策有严格的时间和可靠性要求。因此，物联网提供的服务质量（QoS）通过其满足系统中执行的实时感知和控制任务的端到端期限的程度来衡量。物联网中的时隙数据包调度在实现所需服务质量方面起着关键作用。例如，许多工业无线网络通过静态数据链路层调度执行网络资源管理，以实现确定性端到端实时通信。通常采取周期性的方法来收集网络健康状态。物联网应用的爆炸式增长，使确保实时性能的难度大幅提升。大多数物联网设备必须处理意外干扰，这进一步加剧了问题的复杂度。意外干扰可分为来自被监测和控制环境的外部干扰（例如，检测到紧急情况、突然的压力或温度变化），以及网络基础设施的内部干扰（例如，多用户干扰或与天气有关的信道信噪比变化导致的链路故障）。为了应对各种干扰，人们提出了许多集中式调度方法。例如，引入速率自适应和节奏性任务模型，允许任务在某些控制系统（如汽车系统）中改变周期和相对截止时间。

5. 安全和用户隐私

安全性也是物联网面临的一个关键挑战。一般来说，物联网是一种资源受限的通信网络，在很大程度上依赖于低带宽通信，传统的保护机制不足以保护复杂的物联网系统，如安全协议、轻量级加密和隐私保护。为了确保物联网基础设施的安全，在构建物联网安全协议之前，可以对工业无线传感器网络的现有加密技术进行审查。为了应对物联网中的隐私和安全威胁，必须考虑平台安全、安全工程、安全管理、身份管理和行业权限管理等方面。

（1）物联网设备应针对潜在的物理攻击采取防篡改措施。

（2）物联网设备应通过数据加密来防止对手的攻击，以保持机密性。

（3）物联网设备之间的通信网络应保持机密性和完整性。

（4）物联网基础设施应采取有效的识别和授权机制，只有经过授权的实体才能访问物联网资源。

（5）即使恶意用户对设备造成物理损坏也要确保系统正常运行。

（6）应找到漏洞并及时修复。同时，可以利用基于 AI 的监控和分析工具预测和预防新的威胁与攻击。

（7）应注意家庭安全防范。

用户隐私的主要挑战在于两个方面：数据收集过程和数据匿名化过程。通常，数据收集过程可对收集的数据进行访问控制；数据匿名化过程通过加密保护和隐藏数据关系来保证数据匿名性。由于私人信息的收集和存储受到限制，所以在数据收集过程中可以保证隐私保护。然而，考虑数据匿名化的多样性，可能会采用不同的加密方案，这对隐私保护是一个挑战。

7.7.2 物联网的未来展望

有挑战就有机遇，物联网面临的挑战也为物联网产业链带来前所未有的机遇。

1. 芯片与技术提供商

物联网面临的挑战为芯片与技术提供商带来机遇，包括广域通信芯片、局域通信芯片、控制芯片、存储芯片、半导体材料、模组芯片、AI芯片、传感器芯片及其相关技术提供商。

2. 网络与应用设备提供商

电信运营商是积极推进物联网产业发展的生力军。电信运营商已经在交通指挥、智能楼宇、路灯监控、动物溯源、环境监测、电梯安全管理等方面进行了广泛布局，而且布局范围将继续扩大。在物联网导入期，首先受益的是 RFID 和传感器厂商，这是因为 RFID 和传感器需求量最大，而且厂商最了解客户需求。RFID 和传感器是整个网络的"触角"，所以潜在需求量最大。在复杂的物联网系统中，云存储、边缘计算等设备厂商的发展空间也越来越大。

3. 平台与软件开发商

平台与软件开发商也将迎来重大发展机遇。由于物联网应用的行业特征比较明显，应用行业非常广泛，所以针对行业的物联网应用软件开发商将面临巨大的发展机遇。

4. 系统集成与服务商

在物联网发展中期，系统集成与服务商开始受益，且最具发展前景。物联网行业对系统集成需求巨大，且系统集成与服务商更贴近市场，更了解客户需求；系统集成及服务与软件、设备形成一个完整的产业链条，对物联网产业链的上游形成掌控能力，未来发展前景广阔。

参 考 文 献

[1] AFIF Ossiran，JOSE F. Monserrat，PATRICK Marsch，等. 5G 移动无线通信技术[M]. 刘明，缪庆育，刘愔，等译. 北京：人民邮电出版社，2017.

[2] BARROSO L A, HÖLZLE U. The datacenter as a computer: An introduction to the design of warehouse-scale machines[J]. Synthesis lectures on computer architecture, 2009, 4(1): 1-108.

[3] 石述红. 信息时代的数据中心[J]. 数字通信世界, 2018, (11): 136-136.

[4] 杨欢. 云数据中心构建实战：核心技术、运维管理、安全与高可用[M]. 北京：机械工业出版社, 2014.

[5] 中国信息通信研究院, 开放数据中心委员会. 数据中心白皮书（2018 年）[R]. 2018.

[6] 中国信息通信研究院. 中国数字经济发展白皮书（2017 年）[R]. 2017.

[7] 中国发展研究基金会, 百度. 新基建, 新机遇：中国智能经济发展白皮书[R]. 2020.

[8] 蔡翠红, 王远志. 全球数据治理：挑战与应对[J]. 国际问题研究, 2020, (6): 33-56.

[9] IRION K. Government cloud computing and national data sovereignty[J]. Policy & Internet, 2012, 4(3-4): 40-71.

[10] 周陈曦,曹军新. 数字货币的历史逻辑与国家货币发行权的掌控——基于央行货币发行职能的视角[J]. 经济社会体制比较, 2017, (01): 104-110.

[11] 王建冬,于施洋. 构建国家经济大脑的实践探索与初步设想[J]. 数据分析与知识发现, 2020, 4(7): 2-17.

[12] 沈秋莲. 大数据时代经济学方法论变革与发展研究[J]. 云南财经大学学报, 2019(9): 3-11.

[13] MAYER-Schönberger V, CUKIER K. Big data: A revolution that will transform how we live, work, and think[M]. Houghton Mifflin Harcourt, 2013.

[14] PEARL J, MACKENZIE D. The book of why: the new science of cause and effect[M]. Basic books, 2018.

[15] 王建冬. 大数据在经济监测预测研究中的应用进[J]. 数据分析与知识发现, 2020, 4(1): 12-26.

[16] 苏晓洲,白田田. 挖掘机指数飙升释放景气信号[J]. 瞭望, 2017, (15): 18-19.

[17] 李华杰,史丹,马丽梅. 基于大数据方法的经济研究：前沿进展与研究综述[J]. 经济学家, 2018, 234(06): 98-106.

[18] 易成岐,刘琦,李慧颖,等. 关于完全数据驱动化的经济监测预测方法的思考与建议[J]. 中国经贸导刊, 2019, 943(16): 6-8.

[19] 魏丽莉,张晶,斯丽娟,等. 循证经济学的逻辑推演、范式变革与发展前景[J]. 图书与情报, 2018, 181(03): 34-40.

[20] 张钹,朱军,苏航. 迈向第三代人工智能[J]. 中国科学：信息科学, 2020, 50(9): 1281–1302.

[21] 中国信息中心,浪潮集团. 智能计算中心规划建设指南[R]. 2020.

[22] 董华丰. 超融合基础架构浅析[J]. 中国新通信, 2019, 021(003): 84.

[23] 巩贺英. 后 100G 时代，400G 光传输何去何从[J]. 通讯世界, 2017(20).

[24] 曾庆珠, 高桂香. 400G 光传输技术研究[J]. 微波学报, 2016, (4): 92-96.

[25] 华为. 数据中心网络技术白皮书[R]. 2018.

[26] 高凯亮, 周荔丹. 数据中心 UPS 系统与 HVDC 系统的效率比较[J]. 电器与能效管理技术, 2015(15): 57-61.

[27] KANT K. Data center evolution: A tutorial on state of the art, issues, and challenges[J]. Computer Networks, 2009, 53(17): 2939-2965.

[28] 潘洋洋, 向军, 肖玮. 基于喷淋液冷系统的数据中心节能降耗研究[J]. 通信电源技术, 2019, 36(S1): 190-192.

[29] 前瞻产业研究院. 2020—2025 年中国 IDC 行业市场前瞻与投资战略规划分析报告[R]. 2020.

[30] 中国信息通信研究院, 开放数据中心委员会. 中国数据中心第三方运营商分析报告[R]. 2020.

[31] 艾瑞咨询. 中国数据中心行业研究报告[R]. 2020.

[32] 王江龙, 雷波, 解云鹏, 等. 云网一体化数据中心网络关键技术[J]. 电信科学, 2020, 036(004): 125-135.

[33] 中国信息通信研究院, 大数据技术标准推进委员会. 数据资产管理实践白皮书（4.0）[R]. 2019.

[34] 韩海庭, 原琳琳, 李祥锐, 屈秀伟, 孙圣力. 数字经济中的数据资产化问题研究[J]. 征信, 2019, 4(243): 72-78.

[35] SOARES S. Big data governance: An emerging imperative[M]. Mc Press, 2012.

[36] 爱分析. 中国非结构化数据中台实践白皮书[R]. 2020.

[37] 吴信东, 董丙冰, 堵新政, 等. 数据治理技术[J]. 软件学报, 2019, 30(09): 266-292.

[38] 边缘计算产业联盟，工业互联网产业联盟. 边缘计算参考架构 3.0[R]. 2018.

[39] 朱晓云. 边缘数据中心：边缘计算风口下数据中心的未来[J]. 信息通信技术与政策, 2019 (2): 14-17.

[40] 边缘计算产业联盟，工业互联网产业联盟. 云边协同白皮书[R]. 2018.

[41] 云计算开源产业联盟. 云计算与边缘计算协同九大应用场景[R]. 2019.

[42] 美国通用电气公司. 工业互联网：打破智慧与机器的边界[M]. 北京：机械工业出版社，2015.

[43] 王建伟. 工业赋能：深度剖析工业互联网时代的机遇和挑战[M]. 北京：人民邮电出版社，2018.

[44] 杜玉河. 工业互联网的财富秘密[M]. 北京：电子工业出版社，2020.

[45] 工业互联网产业联盟. 工业互联网垂直行业应用案例[R]. 2019.

[46] 工业互联网产业联盟. 工业互联网架构体系（版本 2.0）[R]. 2020.

[47] 工业互联网产业联盟. 工业互联网架构体系（版本 1.0）[R]. 2016.

[48] 刘陈，景兴红，董钢. 浅谈物联网的技术特点及其广泛应用[J]. 科学咨询, 2011(9): 86-86.

[49] 张更新，揭晓，曲至诚. 低轨卫星物联网的发展现状及面临的挑战[J]. 物联网学报, 2017, 1(3): 6-9.

[50] 薄智泉，徐亭. 智能与数据重构世界[M]. 北京：电子工业出版社，2020.

[51] 宋航. 万物互联：物联网核心技术与安全[M]. 北京：清华大学出版社，2019.

[52] DE Sanctis M, CIANCA E, ARANITI G, et al. Satellite communications supporting internet of remote things[J]. IEEE Internet of Things Journal, 2016, 3(1): 113-123.

[53] QU Z, ZHANG G, CAO H, et al. LEO satellite constellation for internet of things[J]. IEEE Access, 2017(5): 18391-18401.

[54] 李鹏绪. 卫星物联网系统中多址接入技术研究[D]. 北京：北京邮电大学, 2019.

[55] FOSSA C E, RAINES R A, GUNSCH G H, et al. An Overview of the Iridium Low Earth Orbit (LEO) Satellite System[C]. NJ: IEEE Press, 1998: 152-159.

[56] 靳聪, 和欣, 谢继东, 张更新. 低轨卫星物联网体系架构分析[J]. 计算机工程与应用, 2019, 55(14): 98-104.

[57] 张力平. 异军突起的卫星物联网[J]. 电信快报, 2017(08): 14.

[58] 沈俊, 高卫斌, 张更新. 低轨卫星物联网的发展背景、业务特点和技术挑战[J]. 电信科学, 2019, 35(05): 113-119.

[59] 靳聪. 低轨卫星物联网体系架构研究[D]. 南京：南京邮电大学, 2019.

[60] 《物联网新型基础设施建设三年行动计划（2021—2023 年）》解读[J]. 中国信息化, 2021(10): 19-21.

[61] 杨林. 国内外物联网标准化组织情况[R]. 福建省标准化研究院, 2015: 63-68.

[62] 孙其博, 刘杰, 黎羴, 范春晓, 孙娟娟. 物联网：概念、架构与关键技术研究综述[J]. 北京邮电大学学报, 2010, 33(03): 1-9.

[63] 纪凡策, 李博, 周一鸣. 卫星物联网发展态势分析[J]. 国际太空, 2020(03): 47-52, 63.

[64] 郑建红. 走进物联网[M]. 北京：机械工业出版社, 2019.

[65] CRISP A. M2M and IoT via satellite[M]. Cambridge: Northern Sky Research, 2017.

[66] 中国信通院. 工业互联网经济发展报告[R]. 2020.

[67] 中德工业互联网专家组. 工业 4.0x 工业互联网：实践与启示[R]. 2020.

[68] 中国信通院. 工业互联网产业发展报告[R]. 2020.

[69] 中国信通院. 工业互联网产业经济发展报告[R]. 2020.